나는 왜 작은 일에도 상처받을까

관계에 서툴고 쉽게 상처받는 사람들을 위한 심리 처방

나는왜작은일에도 상처받을까

다장쥔궈 지음 · 오수현 옮김

비즈니스북스

옮긴이 **오수현**

숙명여대 중어중문과를 졸업하고 중국 산동과기직업전문대학 한국어과 교사, (주)효성, 켈리 어소시에이츠Kelley Associates를 거쳐 현재는 바른번역 소속 출판 전문 번역가로 활동 중이다. 옮긴 책으로는 《시의 격려》, 《황제내경, 인간의 몸을 읽다》, 《세포가 팽팽해지면 병은 저절로 낫습니다》, 《오늘, 뺄셈》, 《중국은 무엇으로 세계를 움직이는가》, 《비즈니스 삼국지》, 《똑똑한 리더의 공자 지혜》 외 다수가 있다.

나는 왜 작은 일에도 상처받을까

1판 1쇄 발행   2017년 6월 26일
1판 10쇄 발행   2023년 12월 18일

지은이 | 다장쥔궈
옮긴이 | 오수현
발행인 | 홍영태
발행처 | (주)비즈니스북스
등 록 | 제2000-000225호(2000년 2월 28일)
주 소 | 03991 서울시 마포구 월드컵북로6길 3 이노베이스빌딩 7층
전 화 | (02)338-9449
팩 스 | (02)338-6543
대표메일 | bb@businessbooks.co.kr
홈페이지 | http://www.businessbooks.co.kr
블로그 | http://blog.naver.com/biz_books
페이스북 | thebizbooks
ISBN 979-11-86805-73-2   03190

거울 속 낯선 나를 마주하라

언젠가 밤새도록 뒤척이며 꿈을 꾸었다. 꿈속에서 나는 무섭게 달려드는 적과 맞서 싸우는 장군이었다. 현실에서 나는 연약한 소녀였지만 꿈속에서는 사뭇 달랐다. 장검을 휘두르며 말에 올라 적진을 누볐다. 거침없이 성을 수복하고 영토를 넓혔다. 나의 군대를 상징하는 문양이 그려진 깃발이 사방에 펄럭였다. 그곳에서 나는 거칠 것 없고 강인했다. 그리고 그것은 내가 늘 동경하던 삶이었다.

그 뒤로 나는 그 꿈이 내게 어떤 힌트를 준 것은 아닌지 생각했다. 여태 나는 이 시대, 여성으로 태어난 이상 그런 삶은 이상일 뿐이라고 생각해왔다. 하지만 그날 이후 삶의 수많은 부분 중 아주 일부에서라도 꿈속의 장군과 같은 모습이 될 수 있지 않을까, 이 꿈은 그런 나를 암시했던 것은 아닐까, 이 꿈이 내 현실의 삶과 특별한 연관이 있는 것은 아닌지 계속 찾아 헤맸다.

그렇게 무언가를 찾아 헤매기를 10여 년, 나는 심리상담가로 수백여 건의 상담 사례를 접하면서 다양한 사람을 만나 그들의 인생을 경청했다. 그 과정에서 수많은 상처를 보았고 비탄의 소리를 들었다. 그때마다 나는 꿈속에서 마주했던 전장을 떠올렸다. 내가 할 수 있는 일이라곤 나를 찾아온 사람들의 머리 위에 뒤덮인 검은 구름을 거둬주어 밝은 빛을 쬐도록 돕는 일 뿐이었다. 고요한 상담실, 아홉 시 출근, 여섯 시 퇴근하는 현실 속에서는 한계가 있다고 되뇌면서 말이다.

나는 왜 나를 잘 알지 못할까

과거 상담 사례를 돌아보면 수많은 이야기 중에 가장 많이 들었던, 그래서 가장 선명하게 떠오르는 두 가지 말이 있다.

"전 왜 이 모양일까요?"

"이제 전 어떻게 해야 하죠?"

상담 의뢰인 가운데 이성적이고 지적인 사람이지만 특정 상황과 관계에 있어서만큼은 사리분별이 안 되어 대응할 가치도 없는 사람에게 질질 끌려 다니는 사람이 많았다. 주변에 늘 사람이 끊이지 않고 자연스럽게 그룹을 이끌며 믿음직하고 어른스러운 사람으로 인정받으면서도 유독 어린 시절만 떠올리면 속절없이 무너지며 우는 사람도 있었다. 또 수많은 도시와 회사를 전전하며 온갖 일을 접해봤지만 정작 자신이 진짜 하고 싶은 일이 무엇인지 모르겠다며 의미 없는 일만 반복하는 사람도 있었다. 그들이 하는 말은 한결같았다.

"이건 지금까지 알아왔던 제 모습이 아니에요."

"왜 이 지경에 이르렀는지 모르겠어요."

"어떻게 해야 제가 되고 싶던, 그런 사람이 될 수 있을까요?"

사실 이들의 과거와 현재 스토리를 들여다보면 그들의 문제를 금방 발견할 수 있다. 그러나 그것은 표면적인 문제에 불과해 인지하게 되더라도 해결하기가 힘들다. 왜냐하면 문제의 핵심은 다른 곳에 있기 때문이다. 그것은 바로 자기 자신을 잘 모른다는 점이다. 세월이라는 연륜이 몇 바퀴나 휘감아 돌았지만 자기 자신에 대한 이해가 조금도 깊어지지 않았기 때문이다. 그래서 표면적인 문제에 감춰진 진짜 문제를 알아채지 못한다. 자기 자신의 겉치레에 속아 내면의 진짜 자아를 발견하지 못한다. 그렇게 자기 자신도 제대로 이해하지 못한 상태에서는 아무리 노력해도 자신의 선택과 행동이 옳은 방향인지 확신하지 못한다. 자기 자신이 어떤 사람인지조차 분명하게 파악하지 못하는데 어떻게 세상과 타인을 제대로 바라볼 수 있겠는가?

상처받지 않고 성장하는 사람은 없다. 맞닥뜨리는 수많은 상황과 관계 속에서는 우리는 그 상황과 관계의 수의 배가 되는 크고 작은 충돌을 겪는다. 그 충돌로 인한 파편, 상처는 필연적이다. 상처로 인해

약해진 마음은 사소한 일에도 크게 휘둘릴 수 있다. 그래서 행복한 삶을 위해서는 상처를 견디고 치유하는 요령이 필요하다. 그것이 어디에도 휘둘리지 않고 단단한 마음으로 나다운 행복을 향할 수 있도록 도와준다.

사실 상처를 보듬은 일은 숱한 경험 속에서 자연스럽게 터득할 수 있다. 하지만 인식하지 못할 만큼 갑작스럽거나 헤아릴 수 없이 깊고 큰 상처는 완전히 보듬기 어렵다. 오히려 회복되지 않았는데 다 나았다며 착각하기 일쑤다. 그러면 완전히 치유되지 못한 상처 위로 계속 생채기가 나고 상처는 곪아버리기 쉬워진다. 그렇게 상처가 곪아버리면 마음의 면역력이 약해지고 병으로 발전되기 마련이다. 근본 원인은 애당초 오래전, 다른 곳에서 시작됐는데 일시적이고 표면적인 증상에 속아 엉뚱한 약을 먹는 일도 발생한다.

사소한 일에도 상처를 받고 있다면, 주변 상황에 너무 휘둘리고 있다고 생각한다면, 매번 같은 문제로 충돌을 빚고 있다면 당신도 표면적인 증상에 속아 엉뚱한 약을 먹어왔을지도 모른다. 그렇다면 지금 당장 특별한 검사를 통한 정확한 진단이 필요하다. 그래야 올바른 처방이 가능하니까 말이다. 이 책은 그런 역할을 위해 쓰였다. 나는 수많은 사람들이 표면적인 증상에 속아 미처 보지 못하는 문제의 핵심, 즉 진짜 병을 깨닫고 미처 완전히 보듬지 못했던 마음을 치유하기를 바란다. 지금, 나 자신의 상태를 마주하고 진정한 자신을 깨닫게 되길 바란다.

여전히 낯선 나 자신

자신의 원래 모습을 모른다는 것은 마치 어느 날 문득 거울 속 나를 들여다봤을 때 낯선 얼굴을 마주하는 것과 같다. 낯선 얼굴이 진짜 자신이었음을 알게 되는 순간, 대부분은 크게 놀라고 당황스러워한다. 물론 자기 자신을 누구보다 잘 알고 있다면 그러한 당혹감을 느끼지 않는다. 그리고 이런 사람은 누구보다 순탄하고 아름답게 인생을 만들어 갈 수 있다.

나무를 심기에 가장 좋은 시기는 평생 두 번, 10년 전과 '바로 지금 이 순간'이라고 하듯 늦은 때는 없다. 자기 자신을 알기 위한 '10년 전'을 놓쳐 매일 낯선 나를 마주하고 있다고 해도 '지금 이 순간'이라는 기회는 아직 남아 있다. 만일 우리가 조금이라도 일찍 자기 자신을, 자신의 약점이나 단점을 알았더라면 지금쯤 어떻게 되었을까? 계란으로 바위를 치듯 상처받을 것이 분명한 환경에 자신을 함부로 방치하지 않았을 것이다. 또한 조금만 일찍 자신의 장점이나 강점을 눈치 챘더라면 자괴감의 늪에 빠져 허우적대지 않고 적절한 시기에 적절한 결정을 내렸을 것이다. 그래서 아까운 시간과 에너지를 낭비하지 않았을 것이다.

우리는 낯선 도시를 이해하는 데도 적잖은 시간을 쓰고 낯선 사람을 알아가는 데도 막대한 에너지를 쏟아 부으면서 '나 자신'은 간과한다. 내 삶에서 가장 중요한 것은 결국 '나'다. '나 자신'과 가까워지는 데 모든 에너지를 투자하지 않을 이유가 있을까?

다시 얼마 전의 꿈으로 돌아가서, 지금에서야 나는 그 꿈이 암시하는 바가 있음을 알았다. 비록 지금이 전쟁의 시대는 아니지만 나는 군대를 이끄는 장군이 될 수 있다. 펜은 나의 무기이고 문자는 나의 준마가 되어 오늘날 여러 이유 때문에 전쟁으로 내몰린 사람들을 구해내려고 한다. 그리고 그들 마음에 잡풀처럼 돋아난, 자아에 대한 낯섦을 거침없이 베어갈 것이다. 성을 정복하듯 자아를 향해 난 길을 수복하고, 영토를 확장하듯 자아를 뒤덮은 허구의 안개를 거둬내 그들의 눈앞에 펼쳐진 광활한 인생길을 스스로 개척하게끔 도울 것이다. 상담실 밖에서 내가 줄 수 있는 최선의 도움은 이러한 생각의 흐름과 심리 변화의 과정을 문자화하는 일이라 생각한다. 그 결과물인 이 책이 단단한 무기가 되어 당신을 안전하게 보호하고 자기 자신을 똑바로 바라볼 수 있게 도우리라 믿는다.

살면서 나 자신을 이해하는 것보다 더 중요한 일은 없다. 스스로를 올바로 꿰뚫어 보아야만 굴곡진 내면의 주름을 펴고 삶의 협곡도 문제없이 뛰어넘을 수 있기 때문이다.

| 제1장 |
우리 마음에는 모두 병이 있다

| 제3장 |
있는 그대로의 나로 더 행복해지기 위해

우리 마음에는
모두 병이 있다

당신은 당신의 아픔을
알고 있다

이별은 아프다. 다이어트도, 취업도, 절약하는 것 또한 고통스
럽다. 이것이 해결책이라는 것을 알지만 그 고통을 피하고 싶기
때문에 어떤 행동도 하지 않는다.

며칠 전, 한 여성으로부터 남자친구에 관한 상담 메일을 받았다. 남자
친구가 자신을 함부로 대하고 자주 바람을 피워 여러 차례 잔소리를
해봤지만 고쳐지지 않아 어떻게 해야 할지 모르겠다는 내용이었다. 그
녀에게 되물었다.

  "본인은 어떻게 했으면 좋겠어요?"

  "당연히 헤어져야 한다고 생각해요. 하지만 남자친구는 제 첫사랑
이에요. 저는 첫사랑과 백년해로하고 싶어요. 그리고 더 중요한 건, 제
가 아직도 그를 사랑한다는 사실이에요. 어떻게 하면 좋을까요?"

"당신은 스스로 어떻게 해야 할지 답을 알고 있어요. 다만 본인의 생각이 맞는지 안 맞는지 확인받고 싶어서 묻는 것뿐이죠. 어쩌면 제게 묻기 전에 이미 주변 사람들에게 수도 없이 '헤어져!'라는 충고를 들었을지도 몰라요. 그런데도 아직까지 '어떻게 해야 할지'를 묻고 있는 거예요."

"맞아요. 하나같이 빨리 헤어지라고 난리에요. 저도 알아요! 하지만 아무라도 붙잡고 한 번이라도 더 묻고 싶어요. '어떻게 해야 할지' 말이에요. 계속 묻지 않을 수가 없어요."

지금까지 나는 이런 질문을 수도 없이 들어왔다.

'이제 전 어떻게 해야 할까요?'

'곧 여름인데 살이 5킬로그램이나 쪘어요. 어쩌면 좋죠?'

'이 일은 전망도 밝지 않고 월급도 적은데 어떻게 하면 좋을까요?'

'쇼핑을 멈출 수 없어요. 신용카드 할부금도 아직 다 못 갚았는데, 전 어쩌죠?'

하지만 잘 생각해보면 이런 문제들은 전 세계적인 이슈가 될 만큼 심각한 문제가 아니다. 지구온난화나 미세먼지 같은 전 지구적인 문제도 다 해결방법이 있는데 하물며 한 개인에게 닥친 작은 돌부리 같은 문제에 답이 없겠는가? 답은 무척 단순하다. 그냥 헤어지거나 계속 만나는 것, 다이어트를 하거나 욕심껏 먹는 것, 지금 다니는 직장에 머물거나 이직하는 것, 씀씀이를 줄이거나 신용카드를 계속 긁어대는 것, 둘 중 하나다. 당신은 결코 미련하지 않다. 그래서 이에 대한 정확한

18

답을 누구보다 잘 알고 있다. 그런데도 아직까지 '어떻게 해야 할지' 묻는다는 것은 혹시, '어떻게 하고 싶지' 않기 때문은 아닐까?

낯선 고통보다는 익숙한 고통을

이별은 아프다. 다이어트도, 취업도, 절약하는 것 또한 고통스럽다. 이것을 꺼리는 이유는 고통을 느끼고 싶지 않기 때문이다. 그렇다고 해서 반대의 선택을 한다면 과연 고통에서 벗어날 수 있을까?

"지금 좀 힘들어도 이대로 있는 게 나아요. 겪어본 적도 없고 헤아릴 수 없는 고통보다는 차라리 익숙한 고통이 나으니까요. 최소한 아직까지는 견딜 만하니까…."

이것이 바로 답을 알고 있지만 행동하지 않는 이유다. 이들은 살아가면서 하는 모든 선택이 자기 뜻에 부합하게 이뤄지기만을 바랄 뿐 정작 골치 아픈 선택은 하지 않으려 한다. 그러나 현실의 삶은 동화 속 신데렐라처럼 왕자님과 평생 행복하게 살게 된다는 해피엔딩만 존재하지 않는다. 자정이 되면 마법이 풀리는 저주가 있는가 하면 성질 못된 언니는 유리 구두에 발을 끼워 넣느라 살이 찢기고 피가 나는 대가를 치러야 한다. 이것이 현실이다. 평생 동안 고통이나 걱정 없이 편하게만 사는 사람은 없다.

올바른 선택과 행동을 한다고 늘 즐겁고 행복한 결과가 있으리라 보

장할 수도 없다. 하지만 분명한 사실은 그릇된 일을 하면 반드시 끝없
는 고통에 시달리게 된다는 점이다. 올바른 선택과 행동은 종종 '고통'
이라는 가면을 쓰고 나타나 사람을 헷갈리게 한다. 이 가면의 속임수
에 넘어간 잠재의식은 당신으로 하여금 당장 고통에서 벗어나 순간적
인 쾌락을 누리는 편이 나을 거라고 속삭인다. 이는 영원한 가치보다
지금 이 순간의 소유와 향락을 추구하는 현대인의 철학과도 잘 맞아떨
어진다. 치명적인 유혹이다. 그렇기 때문에 우리는 끊임없이 '전 어떻
게 해야 할까요?'라고 묻기만 한다. 무엇이 올바르고 정확한 일인지,
어떤 일을 선택해야 하는지 누구보다 잘 알지만 그로 말미암아 '고통'
당하고 싶지 않은 것이다. 이는 인생을 진중하게 바라보지 못하는 가
벼운 생각이다. 그저 일시적으로 고통을 마비시키려는 시도일 뿐이다.

선택을 선택하라

다가올 고통을 유예시키면서 '어떻게 해야 할지'만 묻는 당신, 차라
리 지금 당장 행동하라. 지금 당신의 손에는 선택권이 쥐어져 있으니
까. 자잘한 고통을 최소화할 수 있는 선택권 말이다. 그런데도 행동하
지 않는다면 최종 선고만을 기다리는 감옥의 미결수 같은 처지가 될지
도 모른다. 바람난 남자친구는 몇 개월 후 당신을 떠날지도 모른다. 여
름이 되면 당신은 통통하게 살이 오를지도 모르고, 1년 후에 당신은 한

푼도 오르지 않은 급여 명세서를 손에 쥐게 될지도 모른다. 그 순간 당신은 더 큰 고통에 휩싸일 뿐 아니라 자신에게 주어졌던 선택권을 제대로 사용하지 못한 것을 처절하게 후회할 것이다.

우리는 시간이 한참 흐른 뒤에야 '만일 그때 그렇게 했더라면 좋았을 것을…'이라고 후회한다. 안타깝게도 '그때'라는 시간은 이제 돌이킬 수 없는 순간이다. 하지만 희망은 있다. '지금 이 순간'이 있기 때문이다. '지금 이 순간'은 바로 또 다른 '그때'가 될 수 있다. 당신은 지금, 결말을 바꿀 수 있는 바로 '그때'라는 시점에 서 있는 셈이다.

물론 올바른 선택을 한다고 해도 아쉬움과 고통을 반복할 수 있다. 지금 남자친구와 헤어진다고 해서 훗날 더 멋진 짝을 만나게 되리라고 보장할 수 없고, 다이어트에 성공한 당신을 핫한 여름이 기다리고 있다고 장담할 수도 없다. 당신이 무조건 잘못된 길에서 벗어나 옳은 방향으로 나아가게 되리라고 보장할 수도 없다. 다만 지금 해야 할 것과 하지 말아야 할 것을 결정하지 않는다면 당신은 더 많은 가능성을 잃게 되리라는 것만은 분명하다. 그러니 당신은 용감하고 모질어져야 한다.

인생무상이라고 했던가. 어떤 때는 가만히 인내하고 있으면 안 좋은 일도 물 흐르듯 그냥 지나간다. 또 어떤 때는 무턱대고 인내하기만 하다가 소중한 기회를 빼앗겨버리기도 한다. 오늘 자신을 방임하는 것은 내일의 자신을 벌하는 것이나 다름없다. 답을 알면서도 행동하지 않는 것은 시험에서 백지를 내서 유급을 당하는 일처럼 전부 당신 잘못이다.

아직도 '어떻게 해야 할지' 묻는 일에 시간을 낭비하려 하는가? 과감하게 헤어지겠는가, 아니면 평생 불안한 시선으로 바람난 남자친구만 바라보겠는가? 자신에게 더 적합한 일을 찾아 나서겠는가, 아니면 의미 없는 일만 무한 반복할 것인가? 과잉된 욕망을 다스리겠는가, 아니면 카드 연체를 거듭하다 빚의 굴레에 갇히겠는가?

왜 사소한 일에도
고민할까

어떤 문제에 대한 답을 낸 뒤에는 행동이 뒤따라야 한다. 그런데 사람들은 무슨 문제를 만나든 선뜻 결정을 내리려 하지 않는다. 행동으로 옮겨야 하는 게 골치 아파서 그렇다.

오래전 함께 인턴으로 일하던 동료가 오랜만에 연락을 해왔다. 지금 다니고 있는 직장을 계속 다녀야 할지 아니면 이직을 해야 할지 모르겠다며 조언을 해달라는 것이었다. 기억을 더듬어보니 그는 2년 전에도 비슷한 고민을 이야기했다. 그때는 유학을 가야할지 취업을 해야 할지 갈등했었다. 그때와 질문의 내용은 달랐지만 선택을 앞두고 머뭇거리는 태도는 여전했다. 그는 무언가를 결정할 때면 늘 갈팡질팡했다. 진로를 결정하는 일부터 의식주에 이르는 소소한 일까지 그의 앞에는 하나같이 난감한 갈림길만 놓여 있는 듯했다.

왜 결정하지 못하는가

이런 유형의 사람을 가리켜 '선택장애'라고 한다. 비록 '장애'라는 이름이 붙기는 했지만 이것은 타인에게 큰 피해를 주는 증상은 아니다. 단순히 소소한 일을 쉽게 걱정하고 무언가를 결정하는 데 어려움을 느끼는 성격을 말한다. 주변을 둘러보면 선택장애를 겪는 사람이 적지 않다. 그들은 눈만 뜨면 '어떻게 해야 하지?'라는 질문부터 던진다. 머뭇거리는 모습이 안타까워 과감하게 선택하라고 주변에서 조언이라도 할라치면 가련한 표정을 하고는 두 눈을 끔뻑거리며 말한다.

"방법이 없어요. 전 원래 갈대 같은 사람인 걸요."

사실 방법이 없는 것은 아니다. 방법을 다 알고 있지만 행하고 싶지 않을 뿐이다. '갈대'처럼 갈피를 못 잡고 선택에 어려움을 느끼는 것은 '나는 그렇게 빨리 선택을 내릴 수 있는 사람이 아니야'라는 자기암시가 문신처럼 마음 깊이 새겨진 결과다. 이러한 자기암시는 빠른 결정을 방해하는 장애요인으로 작용한다.

보통 '내가 어떤 사람인지' 먼저 인지하게 된 후에 '내가 해야 하는 행동이 무엇인지'를 결정하게 된다. 자신이 선량한 사람이라고 인식하면 기꺼이 남을 돕고자 할 것이고 스스로 성실하다고 여기면 물질을 탐내지 않을 것이며 자신이 약한 사람이라고 믿으면 자기 보호에 치중하는 사람이 될 것이다. 그렇다면 선택의 문제 앞에서 안절부절못하며 결정을 내리지 못하는 건 '나는 갈대 같은 사람이야'라는 자기암시 때문이라 할 수 있다.

한편으로 스스로를 가리켜 갈대라고 하면서 자신의 한계를 설정하는 것은 자신의 성향을 '유머러스하다', '철들었다', '이해심이 많다', '잘 논다', '호기심이 많다'라고 설정하는 것과 다를 바 없는 것이다.

모든 일에 양면이 있듯 갈대라는 자기 설정 역시 자신이 원하는 인생을 살게끔 촉진하는 역할을 한다는 면에서 긍정적인 의미도 함축되어 있다. 갈대 성향을 가진 사람은 무슨 일을 만나든 오래 생각하기 때문에, 스스로 사려 깊고 주도면밀한 사람이라고 믿게 된다. 이런 점은 갈대의 긍정적인 면으로 볼 수 있다. 다만 갈대 같은 사람은 선택 대상 사이의 장단점을 지나치게 오래 분석해 선택에 긴 시간이 걸린다. 그렇게 되면 이것은 주도면밀한 성격이 아니라 도리어 지나친 부담으로 작용하여 갈등을 증폭시킬 수 있다. 이들은 처음에 이리저리 생각하고 고민하는 과정을 은근히 즐겼을지도 모른다. 그 과정은 자신을 마치 모든 문제를 숙고하여 이성적으로 판단하는, 성숙한 사람처럼 느껴지게 하기 때문이다. 그러나 끝에 가서 그 문제는 골칫거리로 변하고 만다. 어떤 결정을 내리든지 모든 결정의 종착역은 '행동으로 실천하는 것'이기 때문이다. 따라서 당신이 섣불리 결정을 내리지 못한 채 차일피일 답안 제출을 미루기만 한다면 백지 상태인 답안지는 늘 당신을 따라다니며 번뇌를 키울 것이다. 이러한 악순환의 고리 속에서 갈대라는 설정은 선택장애 증세를 악화시킨다. 그리고 선택장애는 당신의 갈대 상태를 다시금 확인 사살하는 역할을 한다.

그런데도 당신은 여전히 악순환의 고리를 벗어나려 하지 않는다. 눈과 귀를 가린 채 누구의 말도 들으려 하지 않는다. 그러는 사이 당신을 둘러싼 수많은 선택의 문제는 멈추지 않고 돌아가는 맷돌처럼 영원히 삶의 언저리를 배회할 뿐이다.

선택장애를 가진 사람이 상습적으로 결정을 미루는 것은 아니지만 그들이 보이는 반응은 한결 같다. 그리고 갈대 성향과 망설임의 배후에 있는 문제 또한 유사하다. 재미있는 것은 결정 장애자들이 소위 선택에 어려움을 느낀다고 하는 문제들은 정작 그 사람의 인생에서 근본적이거나 중대한 문제가 아니라는 점이다. 대다수 선택장애 증세가 삶, 그 자체에서 비롯된 것이기보다는 근원적인 문제에서 파생된 단순한 증세에 불과할 뿐이다. 예컨대 사람이 면역력에 문제가 생기면 피부 알레르기나 감기 등의 구체적인 증세로 나타나는데 이럴 때는 알레르기약이나 감기약을 먹는 것보다 면역력 강화에 힘써야만 병의 근원을 치료할 수 있는 것과 같은 원리다.

뒤엉킨 실타래를 먼저 풀어라

최초의 문제로 돌아가서 내 친구는 지금의 직장을 계속 다녀야 할까, 아니면 새로운 직장을 찾아 나서야 할까? 그가 2개월이나 고민했는데도 아직까지 결정을 내리지 못하는 이유는 무엇일까?

A와 B 중 어느 길을 선택하느냐가 중요한 것은 아니다. 정작 중요하고 심각한 것은 문제의 뿌리다. 즉, 자신의 진로와 삶의 목표를 아직도 분명히 정하지 않았다는 점과 이로 말미암아 안개가 낀 듯 자욱해 앞을 내다볼 수 없게 된 그의 미래를 걱정해야 하는 것이다. 2년 전 유학과 취업의 갈림길에서 고민했던 순간부터 이직을 망설이는 지금 이 순간에 이르기까지 그는 항상 과감한 결단을 내리지 못하고 있다. 애초부터 그는 자신이 원하는 길이 무엇인지, 자기에게 가장 적합한 일이 무엇인지, 본인의 능력과 조건에 비추어 어떤 선택을 해야 옳은지 명확하게 깨닫지 못했다.

이러한 근원적인 문제는 단답형처럼 딱 잘라 답을 낼 수 없다. 마치 복잡하게 뒤엉킨 실타래를 푸는 과정과도 같아서 실의 끝을 잡고 거꾸로 따라 들어가 엉킴의 근원을 발견해야 한다. 그러니 엉킨 실뭉치를 손에 쥔 채 머플러를 짤지, 털옷을 짤지 결정하려 하는 건 섣부른 행동일 뿐이다. 진짜 근원적인 문제는 변형된 모습으로 숨어 있어 눈에 잘 띄지 않을 수도 있다.

반면, 이직 문제, 연인과의 휴가 계획, 컴퓨터 구입 등은 너무나도 구체적이고 현실적이어서 눈에 잘 띄고, 이 때문에 가장 시급한 문제처럼 느껴질 수도 있다. 어쩌면 당신은 지금 이 순간에도 이들 사이에서 갈등하는 데 집중하고 있을지도 모른다. 그러나 지금 당신이 해야 할 일은 이 사이에서 고민만 할 것이 아니라 지금 다니고 있는 회사 일부터 차근차근 마무리 짓고, 연인과의 문제를 대화로 해결하며, 컴퓨터 구입을 위한 잔고를 은행 계좌에 채워 넣는 실질적인 행동이다.

당신이 갈팡질팡하며 결정을 내리지 못하는 이유는 답을 낸 다음 직면해야 할 이런 일련의 과제들이 부담스러울 수 있다. 어떤 문제에 대한 답을 낸다는 것은 그에 맞는 행동을 해야 함을 의미하므로 한 번 결정을 내린 뒤에는 더 이상 부담을 회피하거나 지연시킬 수 없다.

자, 이제 고민해야 할 때다. 선택 문제의 이면에 감추어진 진짜 문제는 무엇인가. 그리고 눈앞에 닥친 이 선택의 문제가 과연 당신의 삶에서 정말로 중요한 일인가.

일은 일일뿐, 그 이상의 의미는 없다

물론 당신은 코앞에 닥친 현실적인 선택 문제만으로도 극도의 두려움을 느낄 수 있다. 이 선택의 문제들이 삶에 중대한 영향을 끼치리라 믿으며 혹시라도 잘못 선택해 만회할 수 없는 지경에 이르지 않을지 전전긍긍하면서 말이다. 그래서 선택장애라는 핑계를 내세워 결정을 미룬 채 조심스럽게 판단하려는 것일 수 있다.

그러나 일은 일일 뿐이고 연애도 연애 이상의 의미를 지니지 않는다. 그것들이 아무리 대단한 의미를 지닌다고 해도 인생의 근본적인 문제는 아니라는 말이다. 따라서 이러한 소소한 문제에 넘어져 한 번 실패한다고 해서 다시 일어설 수 없으리라는 생각은 버리자. 신중하다는 것은 좋은 습관이며 최대한 옳은 선택을 하게 하는 동기도 되지만 단 한 번의 선택에 지나치게 많은 의미를 부여할 필요는 없다. 한 번의 결정으로 평생 평탄한 길을 걷게 되는 일은 없으니 말이다.

　업무의 성취는 조금씩 단계적으로 쌓아가는 것이다. 따라서 어떤 사람이 한 분야에서 최고의 권위와 전문성을 갖추게 되었다면 그것은 일시적으로 얻은 것이 아닌 오랜 시간에 걸쳐 조금씩 쌓아올린 결과물이다. 순탄한 연애 또한 두 사람이 오랜 시간 대화로써 조정의 과정을 거친 끝에 가능해진 결과이다. 반려자와의 백년해로도 오랜 세월 수많은 사건을 겪으면서 자기 자신을 끊임없이 고쳐나간 덕분이다. 마찬가지로 한두 번의 선택 문제나 잡다한 일 때문에 인생을 관통하는 큰 줄기가 바뀌지는 않는다. 어떤 신발을 사야 할지, 무슨 옷을 입어야 할지, 어디서 밥을 먹어야 할지 등의 부수적인 문제는 당신을 일시적으로 돋보이게 할 뿐이다. 인생을 진정 빛나게 하는 것은 결정을 내리는 당신이 과연 어떤 존재이냐는 것이다.

　선택장애를 초래하는 또 다른 원인은 바로 결과에 책임지기를 두려워하는 마음이다. 사람들은 실패를 두려워한다. 실패는 자신의 무능을 자각하게 만든다. 이는 잠재의식의 측면에서 접근해야 한다. 살면서 일어나는 일의 모든 인과 관계에서 외부 요인을 제거한 뒤 남는 가장 근본적인 원인은 바로 '자기 자신'이기 때문이다. 특히 자존감이 낮은 사람은 실패의 원인을 자신 탓으로 돌릴 가능성이 더 높다. 사실 잘못된 선택으로 인한 실패, 그리고 그 실패를 인정하는 것, 이런 것들은 큰 문제가 아니다. 진짜 두려운 것은 단 한 번의 선택으로 말미암아 자기 자신을 '치욕'이라는 기둥에 묶어 고문하는 것이다.

단순한 선택의 문제일 뿐인데 당신은 '내가 부족해서 잘못 선택하는 바람에 이렇게 된 거야', '내가 잘났다면 실패하지 않았을 텐데…'라고 하며 이를 삶 전체를 판단하는 유죄 판결문으로 삼는다. 사실 그 선택의 문제는 인생을 이루는 수많은 페이지 가운데 한 페이지도 되지 않는다. 따라서 그 페이지를 넘기지 않고 머물면서 자책하기만 한다면 당신은 영원히 그 안에 갇힌 채 미래의 성공을 꿈꿔볼 기회조차 얻지 못할 것이다. 제아무리 오스카상 수상자라고 해도 누구나 엉터리 영화 한 번쯤 찍어본 경험이 있지 않은가. 하지만 자신이 엉터리 연기자라고 외치는 사람은 단 한 명도 없다. 왜냐면 단 한 번의 실패가 그 사람을 규정하는 근거가 될 수 없기 때문이다.

자신의 시간을 선택하거나 갈등하는 데만 쏟았다면 이제 행동하는 데 사용해보는 것은 어떨까? 그러면 당신은 좀 더 강한 행동 의지를 가진 사람이 될 수 있지 않을까? 거듭 강조하지만 선택장애를 가진 사람이 가야 할 최종 목적지는 '선택 포기'가 아닌 '빠른 결정'이다. 일단 선택이라는 관문을 뛰어넘어야만 앞으로 계속 나아갈 동력을 얻을 수 있다.

어떤 선택을 하든지 나름의 장단점이 있다. 두려움의 진짜 원인이 무엇인지 분명히 인식한다면 선택은 그다지 어렵지 않을 것이다. 진정한 인생은 선택을 마무리 짓고 근심걱정 없이 사는 것이 아니다. 선택을 내린 뒤 그에 맞게 행동해야만 진짜 인생이다.

　고개를 들어 머리 위 펼쳐진 하늘을 바라보자. 우리 인생도 아득하게 펼쳐진 하늘과 같다. 그리고 눈앞에 놓인 소소한 선택의 문제들은 저 하늘 아래 날리는 티끌처럼 작은 것이다. 이 때문에 고민하고 갈등할 필요가 있을까?

온 세상이 당신의
적인 것 같다

이것은 바로 '상처 받음 → 상처의 원인을 다른 사람에게 돌
림 → 나는 피해자 → 내 처지를 동정함 → 상처에 수동적으로
대응함 → 행동하지 않음'으로 이어지는 스스로 만들어낸 부정
적인 심리게임이다.

살다보면 이런 사람이 꼭 있다. 인생이 꼬이면 남 탓으로 돌리고 자신
이 더 나은 삶을 살 수 없게 된 것도 다 남 때문이라고 생각하는 부류
말이다. 이런 사람들에게 세상은 문제투성이 혹은 지옥이나 다름없고
세상 사람들은 자신에게 덫을 치는 사냥꾼쯤에 불과하다. 흡사 이 세
상 전체를 자신의 적으로 삼기라도 하는 듯하다.

　'시대를 잘못 타고 났다'라는 말을 입에 달고 사는 남성이 있었다.
그는 특히 회사 이야기만 나오면 분노를 참지 못한 채 투덜댔다. '사장
은 인재 보는 안목이 없어', '회사 사람들 때문에 도저히 다닐 수가 없

어'라는 말은 그가 밥먹듯 하는 말이었다.

"내 잘못 때문에 잘린 게 아니라 그 사람들하고 도저히 같이 다닐 수 없어서 나온 거야."

연애를 많이 해본 만큼 이별도 많이 경험해본 여성이 있었다. 그녀는 헤어질 때마다 습관적으로 이별의 탓을 남자에게 돌리곤 했다.

"그 남자는 소유욕만 강했지 자상하지도 않고 발전가능성도 없었어."

어찌나 흉을 보는지 중국 13억 인구를 다 싸잡아 욕할 것 같은 기세였다. 그녀가 가장 즐겨 했던 말도 앞의 남성과 비슷하다.

"전 남자친구만 아니었어도 진즉 좋은 곳으로 시집가서 아들딸 낳고 잘 살았을 거예요."

영화 《업인더윈드》Up in the Wind의 여주인공 청위멍程羽蒙은 잡지사의 칼럼니스트로 평소 회사가 늘 불공평한 처사만 한다며 불평했다. 그러던 중 집필을 위해 토스카나 여행을 계획하다가 뜻하지 않게 목적지가 네팔로 바뀌게 되어 시끄러운 아줌마 여행단과 일정을 함께하게 된다. 갑작스러운 여행지 변경, 아줌마 여행단의 돌발적인 행동, 예상치 못한 크고 작은 문제들 때문에 일이 틀어지고 가로막히자 그녀는 자신이 세상에서 가장 불행한 사람일 거라며 좌절한다. 이 세상이 애초부터 불공평하지 않았더라면, 혹은 이 사람들과 엮이지 않았더라면 오늘 자신이 이 지경에 이르지 않았을 거라며 말이다.

그러던 중 위멍은 여행단의 일원인 왕찬王燦에게서 가슴을 울리는 충고를 듣게 된다. 그리고 비로소 깨닫는다. 아무리 답답하고 곤란한 상황에 처하더라도 그렇게 된 근본 원인은 남이 아닌 바로 자기 자신에게 있다는 점을 말이다.

여기서 잠깐 말하자면 그녀가 직접 지은 '위멍'羽蒙이라는 필명은《산해경》山海經에 나오는 인간의 형상을 한 괴수로, 날개는 있지만 멀리 날지 못한다. 괴수는 바람을 탓하거나 가로막힌 산을 원망하지 않고 자신의 짧은 날개만을 탓했는데 이 영화의 주인공을 설명하는 데 꽤 커다란 의미를 담은 필명이 아닌가 싶다. 삶을 돌아보면 이러한 예는 곳곳에 있다.

비참한 배역을 즐기는 사람들

지금의 불행을 남의 탓으로 돌리고 자신은 피해자로 남으려는 심리, 그것은 마치 감기처럼 흔하지만 완치가 어려운 질병이다. 이를 가리켜 '피해자 증후군'이라고 일컫는다. 보통 이런 사람들은 인생을 살면서 피해자나 약자처럼 비참한 배역을 연기하길 즐기는데 가끔 연기에 몰입하다 보면 황당한 논리로 빠지기도 한다.

'내 급여가 낮은 건 이 업계의 급여 대우가 형편없어서야.'

'나만 빼고 동기들이 다 승진한 건 분명 여기저기 연줄을 동원했을 거야!'

'연애하는 내내 싸우기만 한 건 남자친구가 스스로 바뀌려고 노력하

지 않았기 때문이에요!'

이들이 처한 상황을 하나하나 뜯어보면 분명 처참하다. 현실 속 내 삶이 비참하기 그지없는데 행복한 척할 수도 없는 노릇이니 그들의 이야기가 이해가 안 되는 것은 아니다. 이들이 여의치 않은 삶을 살고 있음은 누구나 인정한다. 어찌 '여의치 않기만' 하겠는가? 눈 뜨고 볼 수 없을 정도로 안타깝다. 그렇다고 계속 불평하며 문제를 방치할 수는 없다. 자신과는 전혀 관계없는 일인 것처럼 문제의 원인을 남에게 떠넘겨버리는 것은 더욱 안 된다. 그것은 진정한 어른의 모습이 아니다. 자신이 문제의 핵심 당사자인데도 본인을 문제 밖으로 빼놓은 채 혹여나 옷에 오물이 묻지 않을까 폴짝폴짝 뛰면서 본질을 피해 다니면 되겠는가?

이것을 모르고 많은 사람들이 원망과 불평을 늘어놓으며 피해자 행세를 한다. 애초부터 자기 잘못이 아니라고 발뺌하면 책임질 필요가 없을 거라고 믿기 때문일까? 그들은 책임질 필요가 없어지면 영원히 피해자로만 남을 뿐 상황을 전환시켜 회복하고 발전, 성장할 기회도 잃게 된다는 점은 간과한다.

피해자 심리에 파묻혀 있으면 자신만 불공평한 대우를 받고 있다는 생각이 점차 커진다. 그리고 끝내 본인이 진짜 피해자라고 믿게 되어 하루하루 삶이 원망과 불평 속에 놓이는 악순환에 갇히고 만다. 그런데 이런 사람들은 나쁜 심리상태에서 굳이 벗어나려 하지 않는다. 이유는 피해자처럼 행동하면 잠시나마 자기 보호가 가능하기 때문이다.

자기보호는 심리적 방어 기제 가운데 하나이다.

심리적 방어 기제란 좌절이나 갈등, 충돌 등의 긴급 상황에 부딪혔을 때 이에 적응하고 자신을 보호하기 위해 일어나는 심리 활동이다. 고통으로부터 벗어나 불안감을 줄이고 심리적 평안을 회복하고자 자신도 모르게 일어나는 내면의 활동이다. 어떤 문제에 부딪혔을 때 그 책임을 다른 사람에게 돌려버리는 것도 이러한 방어 기제가 작용한 것이다. 그렇게 하면 내면의 고통이 줄어들고 무력감에서 오는 자괴감도 잠시 피할 수 있다.

또한 타인의 장점을 인정하는 것처럼 속 쓰린 일을 하지 않아도 되고 자신의 가치를 높여줄 기회를 찾아 헤매지 않아도 된다. 그저 그 자리에 선 채 화를 내거나 책임을 전가하기만 하면 된다.

이런 식으로라면 단 한 번의 노력으로 모든 불공평한 문제를 일소할 수 있을 것만 같다. 모든 문제는 다 남의 탓이고 나는 그저 학대의 희생양이 된 것뿐이다. 그러나 이것이 심리적 방어 기제가 과도하게 작용하면서 필연적으로 나타나는 부정적 결과, 즉, 퇴행 현상이라면 얘기는 달라진다. 곤란한 상황에 처했을 때 문제 해결을 위해 적극적, 주동적으로 나서지 않고 물러서거나 움츠러드는 길을 선택하거나 매사에 남을 탓하는 것, 이것은 피해자 증후군에 사로잡힌 사람들에게서 볼 수 있는 전형적인 반응일 뿐이다.

자기연민을 경계하라

불공평한 대우를 받거나 생활에 타격을 입었을 때 그로 말미암은 상처의 강도가 원래 100 정도라면 어떤 사람은 이를 1000의 수준까지 확대해 받아들이기도 한다. 이 같은 상처의 비약은 '나는 피해자'라는 생각, 피해심리가 만들어낸 결과인 경우가 많다. 현실에 안주하고 제자리걸음을 하려는 피해자 역할에 몰입할수록 상처는 고통스럽고 커진다. 마치 현미경으로 세포를 관찰하듯 당신의 눈에는 자신의 상처만 확대되어 보이고 그 외에는 아무것도 들어오지 않는다. 이러한 피해자 증후군은 당신을 끊임없이 자기연민에 빠져들게 만든다. 미국의 소설가 존 가드너 John W. Gardner 는 이렇게 말하지 않았던가.

"자기연민은 당신을 마비시킬 수 있는 가장 쉽고 파괴적인 비약물성 마취제이다. 여기에 중독되면 무슨 일을 당하든지 자기가 피해 입은 부분만 떼어내서 그것을 비약해 일시적인 안위를 얻으려고 한다."

이처럼 자기연민에 빠져버리면 이 세상 전체가 자신과 대치 중인 적이라는 생각에 사로잡힌다.

행동하지 않으면 우울과 자기연민의 공포 속에서 방황할 수도 있다. 그래서 '상처 받음→상처의 원인을 다른 사람에게 돌림→나는 피해자→내 처지를 동정함→상처에 수동적으로 대응함→행동하지 않음'으로 이어지는 스스로 만들어낸 부정적인 심리게임에서 영원한 패자로 남고 만다. 그런데도 당신이 결단하거나 행동하지 않으려는 것은 피해자 연기를 하면 일시적이긴 해도 아래와 같은 이점이 있기 때문일 것이다.

첫째, 전에 없었던 도움을 받을 수 있다. 피해자 연기를 하면 주변 사람들의 대우가 달라진다. 그들 눈에는 당신이 약자로 보이기 때문에 전보다 훨씬 잘 대해줄 것이다. 그러나 이러한 도움은 오래가지 않는다. 설령 생각보다 오래 지속되더라도 그들은 머지않아 이런 상황에 싫증을 느끼고 떠날 것이다.

둘째, 위험에 직접 노출되지 않을 수 있다. 실패를 자기 책임이라고 인정해버리면 상황은 더욱 곤란해진다. 그리고 어떤 일에 결단을 내리거나 행동으로 옮기면 이내 골치 아픈 리스크에 직면하게 된다. 반면, 피해자가 되는 길을 선택하면 당신은 더 이상 행동하지 않아도 되므로 자연히 거절이나 실패에 직면할 확률도 줄어든다.

셋째, 과중한 책임과 부담에서 해방된다. 삶을 책임지는 것은 어려운 일이다. 그래서 가끔 삶의 무게가 지나친 부담으로 다가올 때면 모든 것을 내팽개치고 도망가고 싶기도 하다. 그런데 이 모든 부담을 남에게 전가해버리면 자연히 내 짐은 가벼워진다. 또한 더 이상 내 잘못이나 책임 때문에 고통스러워하지 않아도 된다.

넷째, 기분이 좋아진다. 모든 것이 남의 탓이고 자신은 잘못이 없다고 믿으면, 당연히 기분이 좋아진다. 모든 사람이 술에 취해 있는데 자기 혼자만 깨어 있어서 가장 깨끗하다고 노래했던 어떤 시인처럼 말이다.

하지만 안타깝게도 이 모든 시도는 일시적인 회피일 뿐이다. 평생 피해자의 위치에만 있길 원한다면 자신의 문제를 돌이켜 반성할 수도 없으니 문제점을 개선할 기회도 영원히 사라진다. 이런 사람은 남을 탓하는 데만 길들여져서 인생을 원망하고 주변을 부정적 에너지로 물들이기 때문에 결국 그를 둘러싼 모든 인간관계는 쉽게 무너지고 만다. 스스로 노력하지 않고 남이 변하기만을 기다리면서 끝까지 유지되는 인간관계는 이 세상에 없기 때문이다.

적극적인 구조자가 돼라

만약 당신에게 인생에서 무언가를 이루고자 하는 아주 작은 동기라도 남아 있다면, 지금부터라도 자신의 삶을 스스로 책임져보자. 직장 일이 순탄하게 풀리지 않는 것은 열악한 환경이나 리더의 차별 때문이 아니다. 찬꾀 덕에 승진한 줄로 알았던 동료에게는 어쩌면 당신에게 없는 능력이 있었을지도 모른다. 여자친구가 당신을 떠난 진짜 이유가 무엇일까? 단순히 돈 때문이었을까? 혹시 자기발전을 위해 노력하지 않는 당신에게 실망했기 때문은 아닐까?

당신이 다양한 가능성을 고민하고 자기 잘못을 돌아보지 않는다면 어디에도 당신을 구제할 방법은 없다. 오랜 세월 피해자로 살아왔기 때문에 피해자의 사유방식이 익숙할 수도 있다. 그러나 돌이켜 생각해 보라. 그것이 지금까지 당신에게 어떤 도움을 주었는가? 당신의 앞길을 가로막아 후퇴하게 한 것 말고, 당신을 세상에서 가장 가련한 사람으로 만들고, 깊은 밤 잠 못 들게 하며, 발을 동동 구르면서 하늘을 향해 비통함을 쏟게 했던 것 말고 당신에게 준 이익이 무엇인가? 어째서 피해를 입는 쪽은 늘 당신뿐인가? 다시는 이런 문제에 얽혀서 자신을 망가뜨리지 말자. '어떻게 해야만 이 상황을 극복하고 해결할 수 있을까?', '누가 날 도와줄 수 있지?', '이 문제를 해결할 정보를 어디서 얻을 수 있을까?'라고 스스로에게 한번 물어보자.

이 고민이 당신을 피해자 증후군 감옥에서 벗어나는 문제 해결의 열쇠를 줄 것이다. 그러면 평생 피해자였던 당신이 구조자의 입장으로 전환되어 자기 삶을 구조해낼 길이 열릴 것이다. 다만 세계적인 부호 빌 게이츠가 젊은이들에게 한 "인생이란 공평하지 않다. 이 사실에 익숙해지자."Life is not fair, get used to it.라는 충고처럼 세상에는 완벽한 공평과 정의가 없음을 유념하자. 그렇기 때문에 구조자로 거듭나는 과정에서는 소극적이냐, 적극적이냐는 자세가 매우 중요하며 그리고 그것은 전적으로 당신에게 달려 있다는 것을 말이다. '스스로를 욕하는 사람은 다른 사람에게도 욕을 먹는다'라는 말이 있듯 만약 당신이 자기 자신을 피해자의 위치에 방치하지 않는다면 다른 사람도 당신을 공격하거나 위협하지 않을 것이다.

그리고 실제로 상대로부터 피해를 입었다 하더라도 실질적인 방식으로 상대를 용서하도록 해라. 미국에서 가장 영적인 작가로 손꼽히는 캐서린 폰더Catherine Ponder의 어록에는 우리가 용서해야만 하는 가장 좋은 이유가 제시되어 있다.

"당신이 누군가에게 원망을 품으면 그 사람과 쇠사슬처럼 차갑고 강력한 감정의 끈으로 연결된다. '용서'만이 둘 사이에 맺힌 사슬을 끊고 당사자 모두에게 자유를 주는 유일한 방법이다."

당신이 누군가를 용서하지 않으면 당신과 그 사람 사이에는 모종의 관계가 형성된다. 그리고 그 사람과 그 사람이 행한 일이 평생 떠올라 괴로울 것이다. 둘 사이의 이러한 감정관계는 어찌나 치열한지 자기 자신뿐 아니라 주변 사람들도 고통당할 것이다.

당신이 용서하면, 고통의 관계에서 해방되는 것은 상대방뿐만이 아니다. 자기 자신도 부정적 관계의 사슬을 끊어낼 수 있음을 기억하자.

남에게만 잘하고
자신에겐 소홀한 당신

남에게는 간과 쓸개까지 내어줄 정도로 잘하면서 정작 자기 자
신에게는 소홀하게 구는 사람들이 있다. 어찌 보면 이들은 자
신의 삶을 희생하면서까지 남을 위해 사는 고귀한 사람처럼 보
인다.

친구 한 명이 사업을 시작했는데 시작부터 홈페이지에 문제가 생겼다.
다행히 지인 가운데 그 분야를 잘 아는 기술자가 있어 문제를 봐주기
로 했다. 그런데 친구의 사업장이 있는 스징산石景山은 지인의 집에서
한참 떨어져 있었다. 한 번 봐주러 가려면 주말마다 40킬로미터 가까
운 거리를 왕복해야 했다. 그렇다고 둘이 특별히 친한 사이도 아니었
다. 우연히 모임에서 한 번 만나 인연이 있을 뿐이어서 상대가 부탁하
면 바로 거절은 못하더라도 그냥 모른 체하면 그만인 사이였다. 그러
나 오지랖 넓은 지인은 주말만 되면 자기 일은 내팽개쳐둔 채 친구의

일을 돕느라 동분서주했다.

위의 사례처럼 주변 사람들에게 문제가 생기면 자기 삶을 내버려둔 채 팔을 걷어붙이고 나서는 사람이 있다. 그 이유는 무엇일까? 슈퍼맨처럼 모든 방면에 출중한 능력을 지녀서일까? 아니다. 거절을 못하기 때문이다. 차마 'No'라고 말할 수 없어서 희생이 따르더라도 없는 힘까지 쥐어짜 남을 돕는 것이다.

그 지인을 보고 있노라면 나의 친척이 떠오른다. 능력도 있고 전도유망했던 언니는 남자친구가 지방으로 내려가자 잘 다니던 외국 기업에 사표를 던지고 그를 따라갔다. 얼마 뒤 공무원이 된 그녀는 남자친구와 결혼도 하고 아기도 낳아 집과 직장을 오가는 평범한 워킹맘의 삶을 사는 것처럼 보였다. 그러나 언니에게는 가정과 일 외에도 쉴 새 없이 몰려드는 '공익' 사업이 있었다. 그것은 바로 주변 사람들의 일을 챙기는 것이었다. 가깝게는 친척 어른, 멀리는 친구 자녀에 이르기까지 재테크 과정에서, 혹은 공부하다 의문점이 생기면 하나같이 언니를 찾아와서 도움을 부탁했다. 언니가 학창시절 공부를 잘했던 데다 성향 자체가 바쁜 일상이 주는 스릴감을 즐겼던 탓에 언니 스스로도 찾아오는 이들을 마다하지 않았다.

그렇게 여러 해가 지났다. 오랜만에 만난 언니의 얼굴은 반쪽이 되어 있었고 초췌하다 못해 나이 들어 보였다. 여유가 조금이라도 생기면 남을 돕느라 정작 자신은 온전히 쉬지 못했기 때문이다. 나는 답답한 마음에 언니에게 물었다.

"언니, 행복해?"

그녀의 입에서 한숨이 흘러나왔다.

"피곤해죽겠어. 처음에는 보람도 있고 재미도 있었어. 그런데 지금
은 그냥 아무도 없는 곳에 가서 속 편하게 혼자 쉬고 싶어. 마음 같아서
는 여유만 있다면 작은 가게라도 하나 차리고 싶은데 시간도 없고 그럴
힘도 없네. 지금 상황에서는 미래 설계 같은 건 꿈도 못 꿔."

자신도 모르는 사이에 내면에 차오르는 불행감

남에게는 간과 쓸개까지 내어줄 정도로 잘 대해주면서 정작 자기 자신
에게는 소홀하다 못해 야박하게 구는 사람들이 있다. 어찌 보면 이들
은 자신의 삶을 희생하면서까지 남을 위해 사는 고귀한 사람처럼 보인
다. 사람들은 조건 없는 베풂이라며 입이 마르도록 그들을 칭찬한다.
이런 사람들은 남이 뭔가 부탁하기만 하면 자신의 능력이 되든지 안
되든지 무조건 도와주겠다고 답한다. 자신은 아무리 남루한 옷을 입고
궁핍한 삶을 살더라도 주머니를 털어 친구에게 돈을 빌려준다. 책상
위에 처리 못한 서류가 산더미처럼 쌓여 있어도 동료의 요청을 거절하
지 못함은 물론이다. 자신은 싸구려 옷 한 벌 사 입는 것도 아까워 벌
벌 떨면서 배우자에게는 명품을 사다 바친다. 남의 필요는 적극적으로
채워주면서 자신의 욕망에는 죄스러움을 느껴 덮어둔 채 방치하는 것

이다.

우리 주변에는 분명 자발적이고 선한 동기로 아낌없이 선을 베푸는 따뜻한 사람들이 있다. 그들은 남을 돕는 데서 삶의 의의를 찾고 자아를 성취하며 만족감을 느낀다. 적어도 그들에게는 이것이 행복과 즐거움의 원천이 되기 때문이다.

반면, 겉으로는 의리와 희생정신으로 무장하고 타인이 더 나은 삶을 살 수 있도록 물심양면 애쓰는 것처럼 보이지만 그 과정에서 정작 중요한 것을 간과해버리는 사람들이 있다. 남을 위해 희생만 하고 정작 자신의 내면에 서서히 차오르는 소외감이나 불행감은 무시한 채 지나쳐버린다. 이들은 타인을 위해 산다는 이유로 가끔씩 머리를 드는 자신의 욕망을 희생시키고, 사람들이 부탁할 때마다 거절하고 싶지만 끝내 'No'라는 말을 하지 못한다. 이것이 혹시 당신의 모습은 아닌가?

심리학에서는 이런 증세를 가리켜 '환심증'The Disease to Please이라고 한다. 타인을 지나치게 도와주는 것을 일종의 병적 상태로 보는 관점이다. 아무리 사심이 없다고 하더라도 사심 없음이 극단에 이르면 정작 자신의 진짜 심리나 감정은 뒤덮여버려 정확하게 볼 수 없게 된다. 그래서 이를 병적 증세로 간주한다. 따라서 그들의 친절하고 사심 없는 행동의 이면에는 깊은 상처와 고독, 공허함, 죄의식, 수치심, 분노와 초조함이 감추어져 있는 경우가 적지 않다.

이러한 환심증 환자의 심리 근저에는 상대로부터의 거절 혹은 적대감에 대한 근본적인 두려움이 잠재되어 있다. 그래서 어릴 때 공부를 열심히 하게 된 동기가 친구들에게 거절당하거나 적이 되지 않기 위해서인 경우도 더러 있다. 그들은 친절과 선량함의 가면을 쓴 채 자신의 삶보다는 다른 사람을 위해 살아오면서 늘 타인에게 '필요한 사람'으로 여겨지기를 바란다.

남에게 필요한 사람이 된다는 것은 꽤 기분 좋은 일이다. 왜냐면 이는 당신이 쓸모 있는 사람으로 보이고 남의 눈에 당신의 가치가 빛을 발한다는 뜻이기 때문이다. 그렇다. 사람은 남이 나를 어떻게 생각하느냐에 따라 자신의 가치를 인식한다. 하지만 자신의 가치를 소홀히 하다 못해 자기 뿌리의 일부만을 인정하는 상황이 되어서는 안 된다. 정확한 자아의식은 무엇보다 먼저 건전한 자기 피드백과 자기반성을 뿌리 삼아 형성된다. 그렇지 않고 타인의 평가만을 기반으로 세워진 자아는 모래 위에 지은 집과 같아서 바람이 불거나 비가 오면 금세 무너지고 만다. 따라서 평소에는 잘하다가도 어쩌다 한 번 상대의 필요를 채워주지 못했을 때 이로 말미암은 좌절감과 상실감은 우리를 그림자처럼 따라다니면서 고통스럽고 초조하게 만든다. 또한 심각한 자기 의심에 빠지게 된다. 그 결과 '난 아무런 도움이 안 되는 인간이야. 난 쓸모없는 사람인가 봐'라는 심각한 자괴감에 빠져들 수도 있다.

또한 환심증 환자들은 남을 도와 감정적인 만족을 얻고자 한다. 즉, 관심과 사랑을 얻기 위해 남의 비위를 맞추고 환심을 사야 한다고 믿는 것이다. 그러고는 끊임없이 '사람들이 나를 좋아하게 하는 것이 내가 생존하는 길이야'라고 자기 암시를 건다. 결국 이런 논리를 가진 사람은 갈수록 '회유형'의 인간관계 전략을 만들어나간다. 심리학자 버지니아 사티어Virginia Satir에 따르면 사람과 사람 사이에 인간관계를 구축하는 유형에는 아래의 네 가지가 있다고 한다.

- 회유형: 자신의 진짜 감정을 억누른 채 오직 남을 기쁘게 하는 것을 기준으로 삼는 유형이다. 상대방의 필요를 채워줌으로써 자기 자신을 상처로부터 보호한다.
- 초 이성형: 사람의 감정을 무시하고 절대적 이성에 의지하여 모든 문제를 분석하려 한다. 그러나 이는 자신의 감정을 외면함으로써 자기 자신을 상처로부터 보호하고자 하는 시도에 불과하다.
- 비난형: 모든 문제를 상대의 탓으로 돌리고 스스로 상처받지 않으려 하는 유형이다.
- 일치형: 내면과 행동이 일치하는 상태다.

우리는 수많은 인간관계 속에서 다양한 관계의 전략을 사용한다. 자신이 처한 상황에 맞게 적절한 전략을 세워 대처하는 것이 건전한 인간관계라고 할 수 있다. 그러나 회유형에 속하는 사람들은 주인의 눈치를 살피는 고양이처럼 시종일관 타인 앞에 무릎을 꿇은 채 감정을 구걸한다. 여기에 환심증이 더해지면 타인의 요청에 부합하는 것에 그치지 않고 오히려 본인이 주동적으로 나서서 타인의 기분에 영합하려 애쓰게 된다. 그 과정에서 점차 자신의 인격에 가면을 씌우고 끊임없는 자기암시와 타인의 피드백을 통해 '나는 선량하고 사심 없이 타인을 위해 사는 희생적인 사람'이라는 대외적 이미지를 굳혀나간다.

하지만 이러한 대외적 이미지는 타인에게 이용만 당하는 빌미를 제공한다. 인간관계의 윤활제가 될 것으로 기대했던 '선량함'이 생각지도 않게 자기 자신에게 상처를 주는 부메랑이 되어 돌아오는 것이다. 당신이 뭔가 부탁하기에 편한 사람이라고 여겨지면 사람들은 습관적으로 당신을 찾게 된다. 그렇게 되면 불필요하거나 원치 않는 일까지도 당신 몫이 될 수 있다. 또한 당신이 자기 자신보다 타인을 더 중시하는 사람이라고 간주되면 그 누구도 당신의 개인적인 감정 따위는 개의치 않을 것이다. 환심증 환자도 남들이 자신을 이용하려고만 한다는 사실을 알아차릴 수 있지만 좀체 그들과의 연결 고리를 끊지 않는다. 왜냐면 환심증 환자들의 인식 세계에는 이미 아래와 같은 정형화된 사유 체계가 형성되어 있기 때문이다.

'그들이 내게 만족하지 않는 건 내 노력이 부족했기 때문이야.'

'상대방이 기뻐하지 않는 건 내 능력이 부족한 탓이야.'

그래서 아무리 타인에게 착취와 사기를 당해도, 이런 것들은 좀 더 완벽한 타인 영합형 인간으로 진화하기 위한 동기만 될 뿐이다. 물론 그들이 태어날 때부터 타인만을 위했던 것은 아니다. 위선적으로 그러는 것도 아니다. 그들은 다만 'No'라고 외치지 못하고 타인의 비위를 맞추는 것을 포기하지 못할 뿐이다.

관계의 거리를 따져 보라

행복하고 만족스러운 삶을 원하는가? 그렇다면 타인의 편의와 행복을 위해 질주할 필요가 없다. <u>우선, 어느 것이 진짜 당신이 도와야 하는 일인지, 자신이 감당할 수 있는 범위의 일이 어디까지인지 분별해야 한다.</u> 그렇지 않으면 설령 도움을 준다고 해도 자신의 중요한 자원만 희생시키고 결국 아무것도 이루지 못한 채 헛수고만 하게 된다. 이를 효과적으로 분별하려면 당신의 인간관계 범주를 기준으로 그 사람이 가까운 관계인지, 먼 관계인지를 먼저 따져보면 된다. 혹은 상대에게 있어서 당신이 얼마나 중요한 사람인지, 그 정도로 판단해도 된다.

일면식만 있어도 친구라고 부르는 사람이 있는 반면 친구라고 모두 똑같은 친구가 아니라고 하는 사람도 있다. 우정의 정도나 심리적 거리감은 사람마다 각각 다르다. 이런 맥락에서 환심증 환자들이 초조감을 느끼는 이유를 살펴보면 주변인 모두를 중요한 사람으로 여겨 동등한 가치를 부여하기 때문이라는 것을 알 수 있다. 이럴 경우 그의 마음은 온갖 사람들과의 관계로 빽빽하게 둘러싸이게 된다. 바람이 통하지 않을 정도로 밀집된 심리적 거리는 당신으로 하여금 호흡곤란을 일으킬 수도 있다.

사람이라면 누구나 마음에 가시를 품고 있다. 그것이 어느 순간, 어떤 인간관계에서 자극 요인으로 작용할지 알 수 없다. 따라서 처음부터 변함없이 일관된 심리적 거리를 유지하는 인간관계란 있을 수 없다. 즉, 아무리 가까운 사이라고 해도 항상 온정만 느끼는 것은 아니며 언젠간 상처를 입을 수도 있다는 말이다. 남을 도울 때도 마찬가지다. 가까운 사이에도 일정한 심리적 거리를 두는데 하물며 가깝지도 않은 사람의 문제를 해결해주려면, 서먹한 거리감을 극복하기 위해 얼마나 많은 심적 자원을 낭비해야겠는가? 인생을 살다보면 수없이 많은 사람과 스치게 된다. 친구들은 모였다가도 흩어지며, 운명인 줄로만 알았던 연인과의 인연도 여러 차례 바뀐다. 관계를 형성하는 과정에는 순수하지 않은 목적, 선하지 않은 동기, 분명하지 않은 방향성이 개입되기도 한다. 이와 같은 불순물이 개입된 관계를 다 제거하고 나면 결국 우리에게 마지막으로 남는 관계는 별로 없다. 우리는 여기에 최선을 다해 집중하면 된다.

다음부터는 누군가를 돕기 전에 스스로 이렇게 물어보자.

'내 앞에 선 이 사람, 혹은 이 일은 내 일을 제쳐두고라도 도울 만큼 중요한 것인가?'

둘째로, 남을 도울 만큼 내게 '여유'가 있는지 살핀다. 상대가 자신에게 무척 중요한 사람이라면 진지한 태도로 이렇게 말해보자.

"당신이 원한다면, 그리고 제가 여유가 된다면 도와드리겠습니다."

즉, 내가 여유가 된다는 전제하에 남을 도우라는 말이다. 자기 자신의 필요를 완전히 무시하는 것은 자신을 사랑하지 않는 행위다. 자기를 사랑하지 않고서 어찌 남을 사랑할 수 있겠는가? 비행기 이륙 전 방송으로 나오는 안전 지침을 떠올려보자. 긴급 상황이 발생했을 때

승객이 가장 먼저 해야 할 일은 스스로 산소마스크를 착용하는 것이다. 그런 다음에야 남을 도울 수 있다. 그렇지 않으면 자신도 죽고 타인도 죽기 때문이다. 따라서 자신의 모든 정력을 다 쏟아부으면서까지 남을 돕는 것은 진정한 의미에서 위대한 일이 못 된다. 슈퍼 히어로도 아니면서 끓는 물, 타는 불에 뛰어들어 세상 사람을 도울 필요가 없다.

마지막으로, 자기 능력의 한계를 정하고 이를 넘어서는 요청은 거절할 줄 알아야 한다. 만일 부탁받은 일이 자신의 능력으로 도울 수 없는 일이거나 도울 가치가 없는 일이라고 판단되면 부드럽고 정중한 말투로 양해를 구하라. 사회생활을 하면서 누군가의 심리적 성숙 여부를 판단하려면 그 사람이 얼마나 자연스럽게 'No'라고 말하는지 보면 된다. 그리고 다른 사람이 'No'라고 거절하는 것도 흔쾌히 받아들일 준비가 된 사람인지 살펴보자. 어떤 상황에서도 'No'라고 할 수 있고 거절도 상처 없이 받아들이려면 적잖은 자신감과 용기가 필요하기 때문이다.

자연스럽게 거절하지 못하고 자기 의견을 밝히는데 어려움을 느낀다면, 그리고 다른 사람에게 거절당하는 것을 두려워한다면 이런 증세를 가리켜 심리학에서는 '거절 공포증'이라고 한다. 거절이 종종 부정적인 개념으로 인식되는 것은 거절의 행위가 상대의 가치를 부정하는 것이라고 여겨지기 때문인데 당신 또한 같은 이유로 거절하기를 두려워할지도 모른다. 당신은 스스로 남에게 피해를 끼치지 않는 이타주의자라고 여기기 때문에 다른 사람의 자존감에 상처를 주지 않으려고 거절하지 못하는 것이다.

'No'라고 말하길 두려워하는 사람을 보면 과거 다양한 경험과 인간 관계에서 '너는 안 돼'라며 제약을 받은 경우가 많다. '너는 안 돼'로 대표되는 언어의 폭력 속에서 행위가 통제되면 당신의 내면에는 '나는 할 수 없어', '나는 하면 안 돼', '내가 만약 하지 않는다면 어떻게 될 거야'라는 인식의 패턴이 자리 잡게 된다. 그러면 사람들은 'No'에 함축된 요구 수준에 도달하기 위하여, 'No'의 징벌을 피하기 위하여 애쓰는 과정에서 점차 'No'에 고도로 민감해진다. 결국 거절이 주는 상처에 대한 원시적인 두려움이 싹트게 된다.

거절하지 않는다고 해서 상처를 피하거나 줄일 수 있는 게 아니다. 그런데 차마 거절하지 못해서 어쩔 수 없이 부탁을 들어주지만 능력 부족으로 일이 지연되기라도 하면 남을 돕기는커녕 일을 그르치거나 막대한 피해를 입힐 수 있다. 그러므로 상대의 도움 요청에 명확하게 답하지 않고 결과를 '지연'시키는 것이야말로 가장 잔인한 거절이라 할 수 있다. 적절한 때에 명확한 이유와 진정한 사과를 곁들이는 거절이야말로 상호 존중을 바탕으로 일을 해결하는 최선의 방법이다. 또한 그 어떤 도움이나 베풂도 자신의 삶을 파괴하지 않는다는 전제하에 이뤄져야 한다.

적절한 희생과 양보는 미덕으로 여겨지지만 이 세상에 자기 삶을 포기하면서까지 도와야 하는 사람이나 일이란 없다. 그런데도 타인의 마음 아래 엎드린 채 눈치를 살피며 환심을 사려는 행동을 멈추지 않는다면, 그 대가는 자기희생뿐이다. 타인에 의해, 그리고 자의에 의해 암묵적이고 습관적으로 강요되는 영원한 자기희생 말이다. 당신은 소중한 사람이다. 다른 이를 위해 너무 많이 베풀기보다 스스로를 위해 베풀어라.

사회공포증,
왜 만남이 두려울까

인간관계에 대한 두려움 때문에 사회 활동을 줄이고 심지어 회
피하는 사람이 적지 않다. 이러다가는 얼마 안 가 인간관계가
SNS라는 플랫폼을 통해서만 이뤄지게 되는 건 아닌지 걱정스
럽다.

요즘 신경 쓰이는 일이 있다. 평소 종종 모여서 서로 근황도 묻고 수다
도 떠는 친구 모임이 있는데 곧잘 참석하던 친구 한 명이 최근 들어 얼
굴을 비추지 않는 것이다. 처음에는 야근을 한다느니 몸이 안 좋다느
니 그럴듯한 이유를 댔지만 시간이 지날수록 애완견이 아프다느니 옷
을 다 빨아서 입고 나갈 게 없다느니 알 수 없는 핑계를 댔다. 이제는
아예 가타부타 답변조차 하지 않은 채 두문불출이다. 전에는 누구보다
착실하게 모임 참석도 하고 활발했던 친구라 이상하게 여기지 않을 수
없었다. 게다가 다들 왕복 한 시간도 안 걸리는 가까운 거리에 살고 있

어 결코 부담스러운 만남도 아니었다. 그래서 그의 행동을 더욱 이해하기가 어려웠다. 우연히 그를 만난 자리에서 물어보았다.

"요즘 무슨 일 때문에 못 나오는 거니? 아니면 네 말대로 정말 바빠서 못 나오는 거야?"

한참 동안 망설이던 그가 입을 열었다.

"나…, 아무래도 사회공포증인 것 같아. 친구들과 모일 생각을 하면 좋다가도 나도 모르게 긴장이 돼. 얼마나 증세가 심한지 모이기 하루 전날 밤에는 잠을 못 이룰 정도야. 그래서 언젠가부터 차라리 모든 인간관계를 끊어버리자 생각했어. 결국 직장과 관련된 모임 말고는 아예 다 연락을 끊어버렸어. 나 어쩌지? 은둔형 외톨이가 된 것 같아."

그의 속사정을 알게 되고 얼마 지나지 않아 나는 간단한 설문조사를 진행하게 되었다. 인간관계에서 공포증을 느낀 적이 있는지에 관한 내용이었다. 그 결과, 응답자 100여 명 중 62명에게 그 정도는 다르지만 사회공포증이 있음을 확인할 수 있었다. 이처럼 오늘날에는 인간관계에 대한 두려움 때문에 사회 활동을 줄이고 심지어 회피하는 사람이 적지 않다. 이는 유행처럼 사회 전체에 번지고 있는 사회공포증 때문이다. 이러다가는 얼마 안 가 인간관계가 SNS라는 플랫폼을 통해서만 이뤄지게 되는 건 아닌지 걱정스러워진다.

비슷한 문제로 고민하는 사람은 비단 위의 친구만이 아니었다. 사회공포증은 눈에 띄지는 않지만 은근한 고통과 스트레스를 유발하기 때문에 더 큰 문제로 번지기 전에 속히 해결해야 한다. 사람이란 고립

된 채 홀로 살 수 없으며 사회적 네트워크 안에서 공존해야 하는 존재이다. 무작정 사회적 관계로부터 도망쳐서는 결코 문제를 해결할 수 없을 뿐만 아니라 오히려 증세를 악화시킨다.

그러던 중 비슷한 증세를 겪는 또 다른 지인과 이야기를 나누면서 한 가지 사실을 깨닫게 되었다. 그들로 하여금 사회공포증을 느끼게 하는 것은 '사회적 관계' 자체가 아니라 사회적 관계에서 유발되는 무언가 때문이라는 사실을 말이다. 이를테면 어떤 이는 비행기 타는 것을 두려워하고 또 어떤 사람은 밤길 걷는 것을 불안해하는데 이는 두 사건 때문에 초래될지도 모르는 어떤 결과, 즉, 비행 도중 예상치 못한 사고가 생기거나 밤길을 걷다가 위험한 일을 당하지 않을까 하는 염려 때문이라는 것이다. 이처럼 사회공포증을 유발하는 동기는 무척 복잡하고 다양하며 그들이 염려하는 일 또한 단순하지 않다.

인간관계를 형성하고 유지하는 일은 간단하지 않다. 관계의 의미를 분명히 하고 자신의 목표를 명확하게 설정하며 자기와 타인을 이해한 후 인간관계에서의 소통 방법을 찾아내 타인의 반응에 적절히 대응해야 한다. 이런 다양한 과정을 세심하게 처리해야만 인간관계라는 오묘하고도 복잡한 네트워크를 촘촘히 엮어나갈 수 있다. 그 과정에서 어느 한 단계가 틀어져버리기라도 하면 순조로운 관계 형성에 어려움을 겪을 수 있다.

복잡하고도 도전적인 일을 앞에 두고 초조함과 불안감을 느끼는 것은 어쩌면 당연한 일인지도 모른다. 정도는 다르지만 사람은 누구나 인간관계에 일정 수준의 초조함을 느끼기 때문이다. 이는 지극히 정상적인 감정이다. 그러나 그렇다고 하더라도 초조감은 적절한 수준에서 유지되어야만 긍정적인 역할을 기대할 수 있다.

일반적으로 인간관계에서 적절한 초조감을 느낀다는 것은 타인의 감정을 섬세하게 관찰하고 반응한다는 뜻이다. 그래서 이런 사람들은 남의 말을 잘 경청하기 때문에 사귀기가 좋은 사람이라고 할 수 있다. 남의 말을 경청하면 상대방의 입장을 잘 이해하고 공감할 수 있다. 적절한 긴장감은 주변의 정보나 상황 변화에 민감하게 반응하게 해 어쩌면 자기 자신밖에 모르며 남의 감정에 무딘 이기주의자보다 훨씬 좋은 사람으로 만들 수 있다. 하지만 문제는 이런 긴장감이 적정 수준을 넘어서는 경우다. 그렇게 되면 각종 사회적 관계를 형성하는 데 어려움을 느끼고 자기도 모르게 위축되게 된다.

무엇 때문에 걱정하고 초조해하는 것일까

사람을 만나는 일을 두렵게 만드는 초조함, 그것은 어디에서 비롯되는 것일까? 세 가지의 요인으로 정리할 수 있다.

__첫째, 자신의 통제력 범위를 넘어서는 일이 생길까 봐 불안해하기 때문이다.__ 앞서 말한 것처럼 사회적 관계를 형성하고 유지하는 일은 단순한 일이 아니다. 관계를 형성하는 과정에는 우리의 통제 범위를

넘어서는 변수가 곳곳에 숨어 있다. 사회공포증을 앓는 사람은 언제 어디서든 자신의 제어 범위를 넘어서는 일을 만나고 싶지 않기 때문에 인간관계에서 뒷걸음질 친다.

누구와도 관계를 맺지 않은 채 집에서 홀로 게임을 하거나 영화를 보는 등 혼자만 있으면 더할 나위 없이 자유롭고 부담도 없다. 남의 눈치를 보지 않아도 되고 예상 가능한 범주 안에서 모든 일을 스스로 제어할 수 있기 때문이다. 그러나 누군가와 관계를 맺고 사회적 활동을 하기 시작하면 상황은 정반대가 된다. 익숙하지 않은 환경에서 낯선 사람들과 뒤섞여 있는 다양한 상황에 노출되어야 한다. 상대의 말과 행동에 어떻게 반응해야 하는지 쉽사리 예측하거나 제어할 수도 없다. 서로 의견이 맞지 않아 상황이 썰렁해진다거나, 갈등이 심해져 충돌하게 되는 등 인간관계에서 발생하는 통제 불가능한 상황에 빠지기도 한다. 이런 일련의 문제가 초조함과 두려움의 뿌리가 된다. 그들은 아직 일어나지도 않은 이런 상황들을 머릿속으로 상상하는 것만으로도 고통과 스트레스를 느낀다. 그뿐 아니라 이것들이 현실화되면 불편함이 가중되어 자연스럽게 대응하지도 못한다. 이러한 국면은 자신이 통제 가능한 범주가 아니라고 여기기 때문이다.

둘째, 제대로 된 인간관계 모델을 찾지 못해 늘 스트레스를 받기 때문이다. 누구나 세상에 태어나는 순간부터 부모, 친척, 이웃, 친구 등과 사회적 관계를 맺는다. 그래서 보통 성인이 되기 전까지 인간관계에 대한 나름의 가설과 가치관이 형성된다. 이것이 바로 개인적 인간관계 모델이다.

이를테면 학창시절의 대표적 인간관계 모델은 친구들과의 만남이라고 할 수 있다. 함께 공부하고, 등하교하며, 방과 후 함께 노는 등 서로 동반해서 함께 활동한다. 그러나 대학생이 되면 선택하는 수업 내용도 달라지고 과제도 제각각이며 취향도 달라지므로 학창시절에 '함께 활동하던' 형태의 인간관계 모델보다는 정신적인 교류를 위주로 하는 다양한 활동의 인간관계 모델이 적용된다. 예컨대 서클 멤버와 함께 취미를 공유한다거나 취업 준비를 하는 친구들과 어울려 인턴 경험을 공유하는 것도 그런 경우다.

대학을 졸업하고 사회에 진출하면 동료와 협업해야 하는 프로젝트가 많아지므로 이때부터는 또 다른 양상의 관계 모델을 모색해야 한다. 대학 시절과는 비교가 안될 만큼 다양해진 사회 구성원의 성향에 맞추어 적합한 관계 모델을 채택해야 하는 것이다. 그러나 이렇게 시기에 맞게 관계 모델을 바꾸는 일이 모든 사람들에게 쉽고, 자연스럽게 다가오지는 않는다. 누군가는 생애전환기별로 달라져야 하는 인간관계 모델에 적응하지 못하기도 한다. 모든 일을 순조롭게 이끌어줄 완벽한 교제 모델은 이 세상에 없는데, 그간 익숙해져 있던 옛 방식에 머물러 망연자실해하기도 한다. 이것이 바로 사회공포증이 생기는 근본 원인 가운데 하나다. 즉, 계속해서 변화하고 다원화하는 인간관계 모델에 빠르게 적응하지 못하는 것이다.

구체적으로 말하면 그들은 새로운 동료를 만났을 때 무슨 이야기를 나눠야 할지, 동창의 연인을 만나서 어떤 대화를 해야 하는지, 직장에서의 협력 대상과는 얼마나 자주 연락해야 하는지에 대해 무척 낯설어한다. 이전에 수립한 인간관계 모델이 이미 고착화되어 새로운 관계 형성을 방해하기 때문이다. 그래서 다양한 사회적 상황에 적응하기 위해 자기 자신을 바꿔나가는 데 시간이 상당히 걸리게 된다.

셋째, 평가 받는 것에 대한 두려움 때문이다. 앞서 말한 두 가지가 비교적 구체적이고 개별적인 사회공포증의 원인이라고 한다면 평가 받는 것에 대한 두려움은 좀 더 일반적인 원인이라고 할 수 있다. 외부 세계로부터 평가를 받는 것은 누구에게나 스트레스가 될 만한 일이다. 사람이라면 누구나 자신이 형편없는 사람으로 비춰질까 봐, 혹은 호감 있는 사람이 되지 못할까 봐 염려한다. 이런 경우 인간관계가 당신을 초조하게 만드는 이유는 자신에게 없는 인품이나 자질을 사실인양 남에게 보여주려 하기 때문이다. 일부러 노력하진 않지만 자기도 모르게 매력을 발산하려고 애쓴다. 왜냐면 타인에게 사랑받지 못하는 자신을 스스로도 사랑할 수 없어서 그렇다. 대범하지 못하다는 소리를 들을까 봐 거침없이 카드를 긁어 음식 값을 계산하고, 재미없는 사람이라는 소리가 싫어 훗날을 위한 우스갯소리를 미리 외워두기도 한다. 부정적인 사람이라는 느낌을 주기 싫어 불평 한마디 시원하게 하지 못한다. 오랜 세월을 이 같은 거짓 인간관계 속에서 살아왔다면 당연히 사람이 피곤하고 만남이 두려울 수밖에 없다.

내가 통제할 수 있는 부분에 집중하라

사회공포증을 유발하는 원인은 위의 세 가지 유형에만 국한되지 않는다. 상황적인 요인, 각자가 느끼는 스트레스의 무게, 자아에 대한 인식 등도 일시적인 공포증을 유발하는 원인이 되어 사회적 교제에 직접적인 영향을 끼친다. 그러나 아무리 사회공포증 유발 원인이 많다고 해도 생존의 문제로 직접 연결되는 건 아니다. 증세가 완화되고 완치될 가능성은 얼마든지 있다.

<u>우선, 당신 안에 도사리고 있는 불안감과 두려움을 정면으로 바라보자. 그리고 그것의 존재를 인정하자.</u>

어떤 사람은 이를 숨긴 채 끝까지 드러내려 하지 않는다. 자신이 사회공포증 환자라는 사실도 인정하지 않은 채 각종 사회적 관계에서 도망가기 위한 핑곗거리를 찾는다. 이런 방식은 증세를 더욱 악화시킬 뿐이다. 인간관계에서 전에 없는 스트레스와 긴장감을 느끼고 심지어 모든 관계를 회피하고 싶은 생각이 든다면, 피하지만 말고 자신의 문제를 솔직하게 말해보자. 문제를 인정하지 않으면 문제를 해결할 수 없다. 자신의 문제를 조목조목 크게 소리 내어 읊어 보는 것이 그것을 인정하는 첫 걸음이 될 것이다.

기억하라. 불안과 두려움을 인정하는 것은 결코 부끄러운 일이 아니다. 사람은 누구나 이런저런 문제점을 안고 있다. 불안감도 그 같은 보편적인 문제 가운데 하나일 뿐이다.

둘째, 진짜 이유를 찾아라.

만일 일반적이고 사소한 문제 때문에 생겨난 일시적인 두려움이라면 신경 쓰지 않아도 된다. 하지만 앞서 말한 세 가지 원인 때문에 생긴 두려움이라면 각각의 상황에 맞게 고쳐 나가야 한다.

가장 기본적인 해결 방법은 문제를 처음 만난 장소에서 바로 해결하는 것이다. 육지에서는 영원히 수영을 배울 수 없는 것처럼 사회 활동을 하면서 발생한 인간관계의 문제 역시 교제의 현장에서 해결해야 한다. 통제감Sense of perceived control이 낮은 사람은 아무리 능력이 출중해도 스스로 통제할 수 있는 대상은 자기 자신, 한 명뿐이라는 사실을 인지해야 한다. 통제할 수 없는 부분은 인간관계를 피한다고 해서 완전히 회피할 수 있는 것이 아니라 삶의 한 구석에 엎드리고 있다가 자신도 모르는 사이에 돌연 그 실체를 드러낸다. 갑자기 쏟아지는 소나기처럼, 예상치 못한 교통체증처럼, 의외의 업무 변동처럼 언제 어디서 나타날지 모른다. 이런 상황에서 당신이 할 수 있는 일은, 제어할 수 없는 부분을 바꾸려고 애쓰는 것이 아니라 제어 불가능한 것들의 존재를 인정하고 자신이 통제할 수 있는 부분, 즉, 마음 상태나 소통 방식 등을 조절하는 일이다. 만일 자신의 통제감이 낮게 작용하는 장소에 가서 부단히 적응하고 조절하는 과정을 통해 향후 이런 환경에서는 어떻게 대응해야 하는지 방법을 찾아낸다면 이것을 삶의 다른 부분에 접목시킬 수 있을 것이다.

만약 고착화된 과거의 인간관계 모델 때문에 불안감과 두려움에서 벗어나기 어렵다면 관찰과 학습을 통해 그 두려움을 없앨 수도 있다. 다양한 사회 활동과 교제의 장소에 참여하는 것이 그 첫걸음이다. 처음에는 모임에서 어떻게 행동해야 할지 몰라 당황할 수도 있다. 그렇지만 다른 참여자가 하는 행동을 잘 관찰하고 이를 모방해 다양한 인간관계에 대처하는 방법을 배울 수 있다. 이밖에도 처음에는 다양한 모임에 많이 참석하여 자신을 충분히 노출시키다가 점차 자신이 처한 상황에 맞는 조건화된 모임에 집중적으로 참여하는 방법도 있다. 내면에 각인된 '인간관계'와 '공포'간의 상관관계를 끊어버리려면 반드시 다양한 사회적 교제의 장소에 나가 충분한 적응 기간을 거쳐야 한다. 이러한 활동에 익숙해진다면 적응력은 점차 높아지고 불안감과 두려움도 서서히 줄어들 것이다.

외부 세계의 평가가 두려워서 인간관계를 회피하는 사람이라면 남 앞에서 좋은 이미지만 보여주려 하지 말고 진실한 모습을 보여주도록 연습한다. 단점을 숨긴 채 장점만 드러내려고 해서는 안 된다. 실제로 있지도 않은 인품과 자질을 보여주기 위해 평생 연기하며 살 수는 없다. 누구나 지금 모습 그대로 가치가 있다. 자신이 어떤 사람인지는 타인의 입을 통해 판단될 수 없다. 있는 그대로 진실하게 자신을 표현하는 것도 귀한 인품과 자질에 속한다.

셋째, 초조함과 공존하자.

아무리 노력해도 인간관계에 대한 불안감과 두려움이 근본적으로 사라지지 않는 경우도 있다. 그 정도가 경감될 수는 있지만 근본 원인이 제거되지 않는 한 영원히 사라지지 않을 수도 있다. 그렇다고 해서 이것이 아예 정상적인 사회 활동을 못할 만큼 영원히 고통스러운 것은 아니다. 사실을 있는 그대로 받아들이고 늘 인지하며 함께 가는 것, 그 것도 일종의 치료다. 그것을 내 삶의 숙명적인 동반자로 여기고 그로 말미암은 피로나 고통조차 인생의 일부로 여기며 공생해야 한다. 마치 지지부진하여 완치가 어려운 만성 질병처럼 말이다.

갖은 방법을 써봐도 인간관계에서 온전한 편안함을 느낄 수 없다면 어떻게 해야 할까? 우선 당신을 압박하고 긴장하게 하는 상황을 전부 모아보자. 그리고 그것이 어떤 결과를 초래했는지, 과연 어떤 방법을 써야만 그러한 결과를 피할 수 있을지 연구해보자. 그러다 보면 점차 사회공포증에 익숙해지는 당신을 발견할 수 있을 것이다.

예컨대 당신이 여러 사람이 모이는 곳에 가면 불편한 마음 때문에 행동이 부자연스러워지고 침묵하게 된다고 가정해보자. 그렇다면 처음에는 참석자들 가운데 잘 아는 몇 명하고만 교류를 시작해보자. 그렇게 한두 번 모임을 이어가다 보면 갈수록 즐겁고 가벼운 마음으로 모임에 참석할 수 있을 것이다. 그래서 다음번에 비슷한 상황을 만나더라도 속수무책으로 부담스러워하지 않게 된다. 여전히 약간의 초조함은 남아 있으나 비슷한 상황을 만났을 때 전보다 훨씬 효과적으로 대응하는 자신을 발견할 수 있을 것이다.

사회공포증을 정면으로 마주하는 또 다른 방법은 당신의 사회적 갈망이 무엇인지 명확히 이해하는 것이다. 많은 사람이 모이는 장소에 아무 이유도 없이 참석하는 사람은 없다. 반드시 원하는 목적이 있기 때문에 사회공포증이 있음에도 그곳에 나가는 것이다. 그 원인과 기대감, 이것이 바로 당신의 사회적 갈망이다. 그 사회적 갈망은 그 내용이 무엇이든지 간에 당신의 시선을 불안과 두려움으로부터 다른 곳으로 돌리게 해줄 유용한 방법이 되어줄 것이다. <u>이처럼 당신의 주의력과 집중력을 사회적 갈망에 집중시킨다면 사회공포증은 더는 당신을 괴롭히지 않을 것이다.</u>

지금 사회공포증에 시달리고 있다고 해도 지나치게 걱정할 필요가 없다. 불안과 초조함 자체는 두려워해야 할 대상이 아니다. 정작 두려워해야 할 것은 자기가 무엇을 무서워하고 있는지조차 모른다는 사실이다. 이 때문에 문제를 회피하게 되는 것이다. 내면의 불안감을 직접 대면하고 이해함으로써 그것과 화해하고 공존을 시도해보자. 그러면 불안감을 해소할 수 있을 뿐 아니라 두렵기만 했던 세상의 문을 활짝 열고 첫발을 내딛을 수 있을 것이다.

습관성
이별 선언 병

혹시 주변에 이별과 재회를 끊임없이 반복하는 연인이 있지 않은가? 끝이 날 듯 안 날듯 요동치는 연애 굴곡 앞에선 어떻게 처신해야 할까? 툭하면 도지는 '이별 선언 병'은 어떻게 치료할 수 있을까?

치열한 연애 전선에 선 채 하루에도 수없이 온탕과 냉탕을 오가는 남녀는 내 글의 영원히 마르지 않는 소재이다. 이를테면 이런 사람들이다.

> A: 남자친구랑 또 헤어질 거야.
>
> B: 이제 그만 좀 해. 1년 동안 그 소리만 백만 번도 넘게 들었어.
>
> A: 그렇지. 아마 백만 번도 더 했을 거야.
>
> B: 이유나 한번 들어보자. 왜 또 그러는데?
>
> A: 휴. 내가 생각해도 좀 심한 것 같아.

B: 왜? 말해봐.

내가 말하고 싶은 것은 이별과 재회를 반복하는 사람이 그녀 한 사람이 아니라는 점이다. 끊임없이 이별하고 다시 만나기를 여러 번, 마치 연애란 이별을 숙명처럼 달고 다니는 것 같은 느낌이다. 어떤 사람은 톡하면 헤어지자고 했다가 얼마 안 가 보고 싶다며 다시 만난다. 그 뒤 얼마간은 둘이 딱 붙어 다니다가 사흘이 채 안 되어 다시 헤어지네 마네 신파극을 찍는다.

혹시 주변에 이별과 재회를 끊임없이 반복하는 연인이 있는가? 그들 말로는 사랑이란 한 명이 도망가면 다른 한 명이 가서 데려오는 과정의 연속이라고 한다. 그런데 어째서 늘 떨어져나가는 사람은 '그'고 데려오는 이는 '당신'인가? 지치지 않는가? 끝이 날 듯 안 날듯 요동치는 연애 굴곡 앞에서 앞으로 우리는 어떻게 처신해야 할까? 톡하면 도지는 '이별 선언 병'은 어떻게 치료할 수 있을까? 이를 위해서는 먼저 근본으로 돌아가봐야 한다.

습관적으로 이별과 재회를 반복하는 이유

이별하고 만나기를 수없이 반복하는 이별 선언 병은 다른 표현으로 '이별 의존증'이라 할 수 있다. 이것의 원인을 찾아보면 첫 번째는 존재감과 사랑을 확인함으로써 안정감을 얻으려는 욕구 때문이다. 실제로도 이별을 자주 언급하는 심리의 저변에는 확인에 대한 욕구가 있다. 정상적인 연애라면 상대의 관심을 끌기 위해서 자기 자신을 좀 더 매력 있고 베풀 줄 아는 사람으로 변모시키는 등 친밀한 관계를 위해 적극적으로 애쓴다. 그로 인해 두 사람 사이의 사랑이 더욱 견고해지고 적극적인 관계로 바뀌길 바라면서 말이다. 반면, 위에서 말한 '이별 의존증' 환자는 자신의 존재감과 사랑을 확인하기 위해 '이별'이라는 소극적이고 부정적인 카드를 사용한다. 그리고 이렇게 생각한다.

'그 사람이 나한테 잘한 게 없으니 헤어질 수밖에 없는 거야. 정말로 날 사랑한다면 잘못했다고 빌겠지. 그렇지 않다면 날 진심으로 사랑하는 게 아니야.'

이러한 일련의 행동은 어릴 적 경험과도 관련이 있다. 그들은 처음 이 세상에 태어나 수많은 관계를 형성하는 과정에서 각종 대립과 저항, 소외 등을 겪었을 가능성이 높다. 혹은 불안과 긴장이 감도는 가정환경에서 성장한 탓에 어떤 문제가 발생했을 때 정면으로 맞서서 적극적으로 대응하는 능력이 형성되지 못했을 수도 있다. 어쩌면 그들은 성장 과정에서 일부러 말썽을 피우거나 잘못을 저질러야 했을 수도 있다. 이렇게 해서라도 사랑을 베풀 줄 모르는 부모의 관심을 끌어보고자 했을 것이다. 설사 부모로부터 받을 수 있는 건 질책과 체벌뿐이라고 하더라도 욕을 먹는 가운데서 부모의 사랑을 느끼는 것이다. 그것도 일종의 관심이라고 믿기 때문이다. 그들에게 가장 무서운 것은 무관심과 무시다. 만약 그들이 말을 잘 듣고 어떤 잘못도 저지르지 않는다면 부모는 한시름 놓은 채 자신을 돌보는 데 시간을 쏟지 않을 것이라고 생각한다. 이는 사랑하는 연인 사이에서도 흔하게 나타나는 현상이다. 둘 사이에 문제가 없이 안정적이면 전만큼 열정적이지 않게 되는데 그것이 어떤 이가 느끼기에는 가히 연인 관계에서 최고 위기라고 할 만하다.

그런 맥락에서 보면 안정감 없이 밥 먹듯 이별을 운운하는 사람을 잘 보면 그의 '의식'은 이별을 고통스러워할지 몰라도 '잠재의식'은 오히려 이를 즐기고 있다. 이별을 통보하면 상대가 겁을 먹고 잘못을 빌면서 만류하게 되므로 그 과정에서 자신을 향한 사랑이 얼마나 큰지 증명되기 때문이다. 이렇게 하면 상대가 자신에게 맞는 짝인지 혹은 자신을 얼마나 사랑하는지 직접적이고 빠르게 검증된다. 따라서 이별이란 겉으로는 관계를 깨는 선언처럼 보이지만 적어도 그들에게는 내면의 안정감을 구축해주는 수단인 셈이다.

반대로 한쪽이 이별에 정말로 동의해버린다면 그들은 말할 수 없는 슬픔을 느끼게 된다. 그러나 그 슬픔은 이별 때문이 아니다. 자신이 상대로부터 사랑받지 못하고 있다는 사실, 그리고 자신이 상대에게 중요한 사람으로 여겨지지 않고 있다는 현실이 슬픈 것이다. 그래서 다시 만날 것을 호소하는데 이것은 바로 관심을 얻기 위한 또 다른 방법이다.

이러한 유형의 사람은 대개 연인 관계를 통해 자아의 가치가 다시 굳건해지기를 원한다. 아이러니하게도 그래서 그가 선택한 수단이 대단히 잘못된 방식이라 할 수 있다. 혹시라도 당신이 공교롭게 이런 유형의 관계에 얽혀 있다면 대화를 통해 악순환의 고리를 끊어버리길 바란다. '이별–재회'를 반복하면서 어느 정도 내면의 안정을 느낄 수 있을지 몰라도 이 과정에서 상대의 자존감에 상처를 내거나 서로를 향한 믿음과 사랑에 금이 갈 수도 있다.

어느 한쪽에게 기울어진 불균형적인 관계는 오래 지속될 수 없다. 문제를 해결할 때 일방적으로 한쪽만 희생해야 한다거나 한쪽만 지나치게 많은 에너지를 쏟아야 한다면 그 관계는 머지않아 피로감을 느끼게 되고 결국 사이는 벌어지고 만다. 이별과 재회를 반복하는 원인은 대화를 통해 찾아낼 수 있다. 하지만 그 원인이 오직 사랑을 재확인해 내면의 안정을 찾기 위함뿐이라면 우리는 그것보다 좀 더 적극적이고 차원 높은 수단을 시도해야 한다. 바로 둘의 관계가 더욱 친밀하고 유익하게 변하도록 상대를 격려하는 것이다. 그러면 상대도 긍정적인 반응을 보일 것이다. 기억해야 할 것은 공격적이거나 파괴적인 방식으로는 결코 관계를 공고히 할 수 없고 오직 사랑과 베풂으로만 가능하다는 사실이다.

두 번째 원인은 자신을 드라마의 주인공이라고 착각하는 연기형 인격 때문이다. 이는 아마 드라마나 소설을 지나치게 많이 본 후유증일지도 모르고 사랑을 독차지하는 말괄량이 여주인공 역할에 심취한 탓일 수도 있다. 분명한 것은 이들은 연애하면서 한 번쯤 드라마틱한 큰 소동을 겪어야만 고집불통 행보를 멈출 것이라는 점이다.

얼마 전까지만 해도 '당신 없인 못 살아'라며 서로 매달리더니 어느 날 갑자기 '너는 너, 나는 나'로 돌아서버리니 한마디로 희로애락이 무상한 관계가 아닐 수 없다. 이러한 유형의 사람은 이별을 쉽게 말하는 것도 문제지만 이별의 현장조차 분위기 있는 영화의 한 장면으로 만들고야 만다. 무슨 의식이라도 치르듯 인생의 잠언 같은 감정적인 말을 늘어놓는다. 이별을 선포하는 눈빛에는 차마 내뱉지 못한 아쉬움을 머금고 있다. 이성적인 느낌은 부족하고 이별의 고통이 다소 과하게 묘사한다. 돌아서는 자신을 그가 붙들어 만류해주기라도 하면 즉, 자신을 영화 속 비련의 여주인공이 되게끔 도와주면 예전의 관계를 회복시켜주겠다고 암시라도 하는 듯하다.

그들이 이별과 재회를 반복하는 것은 정말로 이별을 원해서가 아니라 단순히 사랑에 관한 이미지가 어릴 적 읽었던 애달픈 멜로 소설의 한 장면에 고정되어 있기 때문으로 볼 수 있다. 이런 사람들은 한 번에 끝을 보는 단순한 사랑을 원치 않는다. 그들의 사랑은 충분히 고통스러워야 하고 이별과 재회를 수없이 반복하는 과정에서 진정한 사랑의 의미를 찾아가는 드라마틱한 과정이 수반되어야만 한다.

이런 경우에는 어렵게 생각하거나 돌아가지 말고 그저 상대가 원하는 장면이 나오게끔 연기를 해주면 된다. 그러나 그녀에게 분명히 밝혀두어야 할 것은 앞으로 다시 찍을 멜로드라마에는 단순히 헤어짐과 재회만 반복하는 일차원적인 극본 말고 좀 더 다양한 갈등 요인이 개입한 고차원적인 극본이 필요하다는 점이다. 이를테면 두 사람이 힘을 합해 난관을 극복하고 마침내 결혼에 골인하게 된다는 건설적인 스토리, 서로 격려하고 이끌어주면서 인생의 최고 위기를 넘어선다는 고무적인 내용 등이 그것이다.

자신을 드라마의 주인공처럼 생각하는 연기형 인격의 사람을 그나마 긍정적으로 볼 수 있는 것은 그러한 사람이 한 번 목표를 정하고 무언가를 시작하면 연애의 감정은 의외로 더욱 깊어질 수 있다는 것이다. 이런 경우에는 반드시 두 사람 중에 중심을 잡고 연애를 정확한 방향으로 이끄는 사람이 있어야 한다. 둘 중 한 명이 직접 멜로드라마의 감독이 되어서 상대의 성향에 맞게 받쳐주고 따라가야 한다. 그렇게 해야 해피엔딩을 맞이할 수 있다는 점에서는 상당히 피곤할 수도 있는 관계이다.

셋째, 충동적인 감정은 잦은 이별의 가장 흔한 원인이다. 모순이나 갈등 혹은 관계에서 발생하는 각종 문제는 극한 감정의 대립을 야기하고 이는 결국 충동적인 이별로 이어지게 된다. 그러나 막상 이별하고 보니 상대에 대한 좋은 기억만 끊임없이 떠오르고 자신의 문제가 무엇이었는지 깨닫게 되어 결국 다시 만나게 된다. 그러나 근본적으로 해결되지 못한 문제가 상존하고 있어 재회한 뒤로도 의견 충돌은 끊이지 않고 싸움은 계속 된다. 그래서 또다시 충동적으로 혹은 자연스럽게 두 번째 이별을 맞이하게 된다.

이러한 유형이 생겨나는 원인은 그들의 행동과 생각이 감정의 영향을 지나치게 많이 받는 데 있다. 문제의 원인이 상대에게 있다고 여길 때 당신은 분노, 실망감, 상심에 휩싸이며 그럴 때일수록 관계를 깨뜨리는 행위가 쉽게 나타난다. 그러나 관계가 깨진 뒤 시간을 갖고 반성하다 보면 자신에게도 문제가 있음을 깨닫게 되고 이내 자책하면서 관계 회복을 위한 행위에 나서게 된다.

이런 경우 최선의 해결책은 쉽게 결론을 내리거나 섣불리 선택하지 않는 것이다. 그리고 문제에 부딪히면 감정에 휩싸여 관계를 깨뜨리는 통제 불가능한 상황에 이르지 말고 한층 냉정한 상태에서 관계의 문제를 해결해야 한다.

넷째, 틈만 나면 이별을 들먹이는 사람은 관계를 깨뜨려 문제를 해결하고 주도권을 잡으려는 유형이다. 예컨대 남자친구가 밤늦은 시각에 이름 모를 여인과 묘한 분위기의 문자 메시지를 주고받았다면 당신 기분은 좋을 리 없다. 그리고 당연히 남자친구로부터 사과의 말과 함께 다시는 그러지 않겠다는 약속을 받아내고 싶을 것이다. 그러나 그는 당신의 추궁에 가타부타 말이 없을 뿐 아니라 사과 요구도 무시한 채 도리어 이별이라는 카드를 들고 나오기까지 한다. 그 뒤 며칠간 그가 당신을 거들떠보지도 않는 상황이 되면 당신은 조급한 생각마저 들게 한다. 불의에 허를 찔린 셈이다.

'헤어지자고 할까? 진짜 헤어지면 어쩌지? 이대로 헤어졌다가 다시 보고 싶어지면 어쩌지?'

코앞에 닥친 이별의 고통은 당신에게 과거의 행복했던 순간을 끊임 없이 떠올리게 한다. 그가 당신에게 더할 나위 없이 잘해주었던 달콤했던 순간들 말이다. 망설이던 당신은 쉽게 결정을 내리지 못하지만 이내 마음먹는다.

'내가 생각하는 것만큼 그런 사이는 아닐 거야. 별일 없겠지.'

결국 당신은 무심하게 서 있는 그에게 달려가 안긴다. 이렇게 관계는 회복되지만 둘 사이의 지위는 전과 달라진다. 본래 두 사람은 서로 평등한 지위에 있었다. 하지만 이제는 그가 무엇을 하든지 당신은 그저 받아들이는 수밖에 없게 되었고 더 이상 평등한 관계를 요구할 수 없게 되었다. 다시는 옛 일을 들먹일 수 없게 되었으며 그저 상대를 믿는 수밖에 없다. 왜냐면 다시 합치자고 제안한 것은 당신이고, 이는 상대의 과거를 모두 받아들일 것이며 심지어 앞으로 다시는 헤어지자는 말을 하지 않겠다고 약속한 것이나 다름없기 때문이다. 이리하여 둘 중 누구도 다시 이 문제를 언급하지 않기 때문에 문제는 마치 '해결'된 것처럼 보인다. 그러나 진짜 문제는 이제부터가 시작이다. 미심쩍은 낌새가 있어도 다시는 그를 탓할 수 없다. 당신이 애초에 그와 헤어지지 않은 것은 그의 행위를 묵인해줄 뿐 아니라 앞으로도 동일한 행위를 수용할 의사가 있음을 표시한 것이기 때문이다. 게다가 당신의 용인은 상대에게 과거에 대한 면죄부뿐 아니라 미래에 대한 핑곗거리를 제공해주었다. '지금까지 다 용서해줬으니 앞으로도 다 이해해주겠지'라는 면죄부 말이다.

한편 이별 통보와 재회 요구를 반복하는 쪽이 당신이 아닌 상대방이 될 수도 있다. 이런 경우 상대는 울면서 자신과 가족의 목숨을 걸고 앞으로 당신에게 잘하겠다고 맹세할 수도 있다. 진심이 느껴지는 호소 전략에 감동한 당신은 상대가 잘못을 깨닫고 반성했으리라 믿고 쉽사리 재회에 동의할지도 모른다. 그러나 당신의 성향을 알고 있는 상대는 당신이 용서해주리라는 것쯤은 일찌감치 간파했을 것이다. 그리고 다음번에 헤어질 때는 눈물도 모자라 자살 소동까지 벌이면서 동정을 사려고 할 것이다. 이에 마음이 약해진 당신은 분명 다시 용서할 것이다. 이런 상황에서는 상대에게 한두 번의 기회를 주어도 좋다. 그러나 상대가 당신의 약점이나 선의를 악용하여 계속해서 상처를 준다면 즉시 그와 엮인 악순환의 고리를 끊어야 한다. <u>그는 이러한 악순환을 통해 당신의 감정과 인생 전체를 조정하려는 것뿐이다. 무한한 포용과 양보로 그를 바꿀 수 있으리라는 환상은 버려야 한다.</u>

마치 어릴 적 읽었던 거짓말쟁이 양치기 소년 이야기처럼 그가 자꾸만 거짓말로 당신을 속이게 된 것은 이전에 했던 거짓말이 성공했기 때문이 아니다. 그 성공이 그를 자만하게 한 나머지 당신과의 관계 모델을 제멋대로 인식하게 했기 때문이다. 즉, 둘 사이의 관계가 당신이 아쉬울 수밖에 없는 관계, 즉, '그가 부르면 당신이 오는' 식으로 고착화되었다고 믿기 때문이다. 하지만 진짜 늑대는 언젠가 나타난다. 당신은 이 사실을 그에게 알려주어야 한다.

이별과 재회를 반복하는 커플을 수도 없이 만나 보았다. 그들 중에 좋은 관계로 끝맺는 커플은 하나도 보지 못했다. 물론 이별 초기에는 죽고 싶을 정도로 힘들고 아프다. 하지만 이별이 매일 먹는 밥처럼 습관화되어버린다면 이별을 통해 관계를 깊이 반성할 기회는 얻지 못할 것이다. 그때부터 당신은 이별 때문에 고통보다는 피곤함을 느끼게 된다. 심지어 그 어떤 감정도 느끼지 못하는 마비 상태에 이르렀다가 결국에는 '헤어질 테면 헤어져봐라. 어차피 언젠가는 헤어질 거니까'라면서 자포자기 상태에 이른다.

만약 상대방의 습관적인 이별 통보와 그로 인한 소모적인 관계 때문에 무엇을 해야 할지 모르는 상태라면 둘의 관계를 다시금 되짚어보길 바란다. 이별을 반복하는 것이 이토록 간단한 일인지, 다른 것들은 잘 맞는데 왜 이 부분만 생각대로 되지 않는 것인지 말이다. 그렇다면 서로에게 마지막 기회를 주자. 만일 마지막 기회를 준 뒤에도 여전히 이별을 습관적으로 말한다면 뒤돌아보지 말고 바로 떠나버리자. 그리고 당신의 시간과 열정을 그보다 더 나은 사람에게 쏟기 바란다.

사랑은 한 폭의 그림과 같다. 한 번 이별할 때마다 사랑이라는 화폭에는 돌이킬 수 없는 주름이 남겨져 아무리 아름다운 그림이라 하더라도 처음의 매끄럽고 평평한 상태로 되돌릴 수 없다. 당신과의 헤어짐을 아쉬워하지도 않는 사람 때문에 이토록 아름답고 한정된 인생의 화폭을 망칠 수는 없지 않은가?

당신은
구세주가 아니다

마땅히 헤어져야 한다는 사실을 잘 알고 있지만 좀체 그의 손을 놓지 못하고 있는가? 수없이 많은 상처를 받았지만 차마 그의 곁을 떠나지 못하는 이유가 사랑 때문이라고 믿는가?

최근 나의 가장 친한 친구 G가 몹시 초조한 모습으로 날 찾아왔다. 그리고 최악의 연애에서 헤어 나오질 못하는 자신의 상황을 털어놓았다. 제3자의 입장에서 그녀의 남자친구는 한마디로 인간쓰레기였다. G도 나와 같은 생각이었다. 하지만 이상하게도 그녀는 이별에 있어 과감한 결단을 내리지 못하고 있었다. 그가 나쁜 남자라는 것도 알고 헤어져야 한다는 사실도 누구보다 잘 아는데 어째서 그를 보내지 못하는지 스스로도 답답해할 정도였다.

　G의 남자친구는 단점을 한 데 모아 과녁으로 만들면 순식간에 벌집

을 쑤셔놓은 것처럼 너덜해질 것 같은 사람이다. 그 정도로 문제가 많았다. G는 처음에 일 때문에 그를 알고 지내다가 그의 적극적인 공세로 결국 사귀게 되었다. 시간이 지날수록 믿음직스럽지 못한 모습이 곳곳에 드러났지만 이미 사랑이 깊어지기도 했고 특별한 계기가 없어서 헤어지지 못하다가 지금까지 오게 되었다. 심지어 그는 최근에 직장을 그만둔 뒤 창업하겠다며 일도 없이 반년을 지냈고 그 기간의 생활비는 전부 G가 감당했다. 씀씀이가 헤펐던 탓에 그는 모아둔 돈도 없었다. 그 많은 돈을 어디다 썼는지 알아봤더니 사귈 생각도 없는 여자들과 바람을 피우면서 밥 사주고 모텔을 들락거리느라 탕진해버렸다고 했다. 바람피우는 현장을 G에게 들킨 적도 한두 번이 아니었다. 그렇다고 그동안 G에게 잘했는가 하면 그렇지도 않았다. 사귀기 전 그가 그녀를 쫓아다닐 때만 잠깐 달콤한 말로 위해주었던 것을 제외하고는 잘했던 점은 눈을 씻고 찾아봐도 없을 정도다. 집안일은 거들떠보지도 않고 G에게만 이리 와라, 저리 가라 시키고 거친 말도 서슴없이 내뱉었다. 요즘 말로 표현하면 그야말로 '찌질남'인 셈이다.

G도 일찌감치 그에게 찌질남의 징후가 있음을 감지했다. 그래서 수차례 이별을 통보했지만 그마저도 그의 만류로 다 무산되고 말았다. G가 이별을 통보하기만 하면 다음부터는 절대 그러지 않겠노라고 싹싹 빌면서 변화를 다짐했기 때문이다. 마음 약한 G는 그럴 때마다 그를 다시 받아들였다. 그러나 변화의 기미는 좀체 보이지 않았다.

밀고 당기는 시간이 지속되면서 그들의 사랑은 오랜 시간을 소모하고 말았다. 찌질남에게는 어떤 변화도 일어나지 않았고 G는 그가 파놓은 거짓 사랑의 함정에 빠져들기만 했다. 큰마음 먹고 헤어지려 했던 적도 여러 번이었지만 번번이 실패하고 말았다. 보다 못한 내가 말했다.

"왜 아직도 그에게서 못 벗어나는 거니?"

"어찌됐든 함께한 시간이 오래되다 보니 감정이 깊어진 것 같아. 게다가 헤어지자고 할 때마다 번번이 싹싹 빌면서 앞으로 바뀌겠다고 약속을 하니 희망을 갖게 된 것도 있고. 그런 상태에서 무조건 헤어져 버리면 아쉬울 것 같아서…."

"헤어지면 아쉬울 거라고? 내가 보기엔 진즉 헤어지지 않은 것을 평생 후회할 것 같은데? 언젠가는 잘못을 깨닫고 돌아오겠지 하고 믿었던 거야? 평생 기다려봐야 돌아올지 안 돌아올지 모르는 사람이야. 그런 사람한테 네 인생을 통째로 바쳐야 할지도 몰라. 도대체 언제까지 기다릴 셈이야?

"그러게 말이야. 나, 바보 같지?"

참으로 답하기 어려운 문제다. G는 자신이 찌질남의 인생을 구제해주는 위대한 구원자라도 되는 양 착각하고 있었다. 그런 점에서 G는 바보다. 한편, 구원자 코스프레이긴 해도 이를 통해 자신이 그토록 원했던 '자아 성취'를 이뤘다는 점에서 그녀는 바보가 아니다.

연애를 하며 수없이 상처를 입으면서도 인연의 끈을 쉽게 놓지 못하는 사람이 있다. 그들은 자신이 섣불리 헤어지지 못하는 이유를 '사랑'

때문이라고 착각한다. 그리고 상대에게 대가 없는 사랑을 쏟아 부었다고 자부한다. 그러나 사실 대가는 이미 받은 것이나 다름없다. 그것을 '대가 없는 사랑'이라고 믿음으로써 인생에서 가장 결여되었던 부분인 '성취감'이 채워진 것 말이다. 누구나 인생의 의미를 발견하고 자아의 가치를 실현하고 싶어 한다. 사업의 성공, 행복한 가정, 취미 활동, 혹은 결혼이나 연애를 통해서 말이다. 가장 이상적인 방법은 인생이라는 나무에서 뻗어나간 수많은 가지와 잎들을 풍성하게 키워내 성취감을 느끼는 것이다. 때문에 결코 '사랑'이라는 꽃, 즉, 지엽적인 과정만 돋보이게 해서는 안 된다.

살면서 우리가 겪는 사업과 가정, 인간관계, 자기계발의 과정에서 늘 성장을 얻으리라 보장할 수 없다. 심지어 일시적인 정체기와 장애물을 만나기도 한다. 이럴 때 침체된 자신에게 큰 만족감을 불어넣어 줄 무언가를 만나면 우리는 흥분해 거기에 깊이 빠져들곤 한다. <u>왜냐면 우리의 잠재의식에는 어떠한 사람이나 관계를 최악의 상태에서 구제해 한 단계 업그레이드시킴으로써 자기만족을 얻으려는 영웅 심리가 있기 때문이다.</u> 이러한 영웅적 이상에 빠진 사람들은 왠지 자신이 슈퍼맨 옷을 입고 타인의 운명에 긍정적인 영향을 끼쳐야 할 것 같은 강박과 사명감을 느낀다. 그래서 어떠한 고난을 겪더라도 절대 그 사명을 포기하지 않는다. 장애와 고난은 상대를 변화시키기 위해 반드시 거쳐야 하는 과정이라고 믿기 때문이다. 무조건적으로 베풀고, 인내하면서 감화시키면 언젠가는 상대가 변하리라고 굳게 믿는다.

이는 그들의 잠재의식이 만든 한 편의 드라마 각본일 뿐이다. 본인이 맡은 배역은 자비롭고 온갖 역경과 치욕을 견뎌내는 위대하고 영광스러운 역할로 묘사되는 반면 자신이 개조해야 할 상대역은 모든 사람에게 미움을 받는 루저loser로 등장하는 각본 말이다.

정말로 탕자가 회개하고 돌아올 수 있다면 하늘도 감격할 눈물겨운 감동 스토리일 것이다. 그러나 유감스럽게도 한 명의 탕자를 구제하기 위해 지불해야 하는 대가는 끝이 없다. 그뿐만 아니라 한 번 쏟아 부은 자원은 다시 돌려받을 수 없다. 탕자들은 당신의 백지수표 같은 약속을 미끼 삼아 한 번, 또 한 번 당신이 더 많은 시간과 물질, 감정을 쏟아 붓게끔 유도한다. 그런 과정에서 어리석은 '슈퍼맨'은 끊임없이 베푸는 과정에서 주변 사람들부터 칭찬과 동정을 얻고 이로써 자기만족을 느낀다. <u>그들은 사회 구성원들로부터 인정을 받아야만 진짜 위대한 사명이라고 느끼기 때문에 이러한 외부의 평가는 그들이 느끼는 성취감의 원천이 된다.</u>

소위 '찌질남'의 연인들이 관계의 어려움을 토로하지만 그 배후에는 자기 자신에 대한 암묵적인 인정과 긍정의 의미가 함축되어 있다. 즉, 자신도 모르는 사이 내면 깊은 곳에 '나는 좋은 사람', '상대 찌질남은 나쁜 사람'이라는 대비 구조가 형성된 것이다. 이는 찌질남의 구원자로서의 자아 설정을 더욱 굳히고 끊임없이 베풀고 돕는 행위 모델을 고착화한다. 가끔 그들도 쓸데없는 일을 하는 것은 아닌지, 혹은 정말로 이 몹쓸 연인의 곁을 떠나야 하는 건 아닌지 스스로 의심하기도 한다. 그러나 이성은 헤어지라고 말하지만 마음은 이미 자기 자신을 '구원자'로 설정했기 때문에 이러한 모순을 순순히 받아들이지 않는다. 이러한 상황에서 그들은 자신의 입장을 합리화하기 위해 핑곗거리를 찾고 이 때문에 더욱 강렬한 책임감이 생기게 된다.

구원받아야 할 사람은 바로 나 자신

절친 G의 경우에는 남자친구가 나쁜 사람이라는 것을 진즉 알고 있었다. 그런데도 G는 그를 위해 갖가지 핑곗거리를 찾아주었다. 즉, 그가 그렇게 될 수밖에 없었던 이유는 '어릴 적부터 사랑을 받지 못했고 사업에 여러 번 실패했기 때문'이라는 것이다. 이를 통해 G는 자신의 무한한 베풂을 정당화하고 합리화시켰다. 마치 그를 변화시키는 것이 도의상 거절할 수 없는 자신의 운명이자 책임이고 그를 떠나는 것은 무정한 일이라고 여기는 듯했다. 이는 자기 스스로 채우는 도덕적 족쇄에 불과하다. 상황이 이러하니 그녀의 마음속에는 오로지 구제를 기다리는 타인과 헛되게 부풀려져 비대해진 자아만 가득해졌다. 이러한 장애물에 가로막혀 정작 자신은 진실에 도달하지 못한 채 헤어 나올 수 없는 심연으로 빠져들기만 했다.

G의 '구원자' 역할은 다른 영역으로도 확대되었다. 회사에서 G가 속해 있는 팀은 아슬아슬 쌓아올려진 계란 탑처럼 실적이나 관리 면에서

언제 무너질지 모르는 위기 상황이었다. 그런데도 G만 혼자서 열심히 일할 뿐 다른 팀원들은 하나같이 수동적인 태도로 일을 했다. 팀 전체의 실적도 오로지 그녀 한 사람에 의해 간신히 지탱되는 듯했다. 그녀는 종종 팀원 간의 일 배분이 공정하지 않다며 불평하기는 했지만 어투에는 왠지 모를 득의양양함이 묻어났다. 왜냐면 그녀는 자신이 팀의 핵심 인물로서 기울어져 가는 팀의 실적을 끌어올렸다는 사실에 크게 만족하고 이를 통해 성취감뿐 아니라 자존감이 회복됨을 느끼고 있었기 때문이다. 그래서 기꺼이 총대를 메고 다른 사람의 짐까지도 짊어지려 했던 것이다. 비록 그것이 불필요한 베풂일 수도 있지만 말이다.

겉보기에 G는 구원자의 모습을 하고 있지만 정작 구원받아야 할 쪽은 다른 누구도 아닌 G 자신이다. 이런 사람들은 스스로 희생 제물이 되어 타인의 신전에 올라간다. 그들이 할 수 있는 것이라곤 좋은 결과를 만들기 위해 고통당하는 것 외에 없다. 이것이 바로 그들이 스스로 선택한 운명이다. 이 선택 때문에 그들은 성장 과정에서 독립된 인격을 형성하지 못한다. 그래서인지 사랑을 하게 되면 쉽사리 최악의 연인 관계에 빠져 헤어 나오지 못한다. 또한 고생만 하고 좋은 결과를 얻을 수 없는 배역을 자청해서 맡는다.

독립된 인격이 형성되지 못한 사람일수록 타인과의 의존관계를 통해 자아를 완성하려는 경향이 강하다. 그들이 안정감과 자신감, 성취감을 얻는 출처는 대부분 외부에 있으며 자아 성장을 촉진하는 동기 또한 외부 요인인 경우가 많다. 자아 성장의 출처와 동기가 결코 내면 깊은 곳에서 우러나오지 않는 것이다. 그들은 자아의 가치를 가늠하는 아래의 공식을 뼛속 깊이 새기고 있다.

'타인의 인정 + 가시적 성과 = 자아 가치'

그러나 이 공식은 성립될 수 없다. 여기에는 가장 중요한 '자아 성장'이라는 요인이 빠져 있기 때문이다. 독립된 인격을 상실한 사람은 대개 겉으로 드러나는 표지나 결과를 가지고 내적인 가치를 평가한다. 따라서 아무리 내적으로 우수한 자질과 품성을 지니고 있다 하더라도 그것이 겉으로 드러나지 않아 타인으로부터 인정받지 못한다면 자신이 가치 있는 존재라는 사실을 인정하지 못할 뿐 아니라 자신의 인생이 무가치하다고 여기기 쉽다.

<u>또한 그들은 자신을 과대평가하는 경향이 있다. 자신에게는 남을 변화시킬 수 있는 능력이 있을 뿐 아니라 심지어 불가능한 일이 없다고 여긴다.</u> 그러나 머지않아 이 같은 자기인식과 실제 현실 사이에는 차이가 있음을 감지한다. 그리고는 그 둘 사이에 흐르는 거대한 공백을 메우고자 끊임없이 베풀면서 타인을 변화시키려 하고 이를 통해 자아를 인식하려 한다. 그렇기 때문에 아무리 찌질남과의 관계가 최악이라고 해도 섣불리 헤어질 수 없는 것이다. 덜컥 헤어져버리면 자아를 실현할 수 있는 기회는 완전히 사라질 뿐더러 자기 자신을 실패자라고 규정지을 수도 있기 때문이다.

이런 사람은 다음 의문에 대한 답도 하나같이 자신의 무능함으로 귀결시킨다. '내가 이렇게 노력하는데도 그는 왜 변하지 않는 것일까?',

'내가 이렇게 많이 베푸는데 그 사람은 왜 나에게 잘해주지 않는 거지?' 그러고는 실패에 대한 자책감과 좌절감 속에서 신음한다. 애초부터 자신을 '구원자'로 설정했는데 구원자가 수행해야 한다고 믿었던 역할을 완수하지 못했다고 여기기 때문이다. 헤어짐 뒤에 그들을 가장 힘들게 하는 것은 연인을 잃은 슬픔이 아닌 자기 자신이 쓸모없는 인간이라는 것에 대한 좌절감이다.

구원자는 분명 위대하다. 그들의 능력과 가치를 타인을 위해 헌신하기 때문이다. 그러나 분명한 것은 굳이 그렇게 하지 않아도 그들은 훨씬 더 행복하게 살 수 있다는 것이다. 남만 바라보며 사는 구원자들의 처지는 애처롭기 그지없다. 그들처럼 당신도 잘못된 역할 설정으로 괴로워하고 있다면 가장 먼저 당신의 어깨에 짊어진 타인의 삶에 대한 책임감을 내려놓기를 바란다. 자신의 내면을 정확하게 바라보고 타인이 아닌 자신에게서 만족감을 얻어야 한다. 사람에게 주어진 가장 근원적인 사명은 타인의 자아 성장을 돕는 일이 아니다. 충분한 자기 인식과 자아 성장을 밑받침 삼아 자신이 먼저 독립적인 인격을 갖춘 사람으로 거듭나는 것이다. 이를 기초로 해야 타인을 도울 수 있는 힘이 생긴다. 타인을 돕는 것은 물론 선하고 좋은 일이다. 하지만 타인을 변화시키거나 어떤 특정한 영향을 끼치는 일을 자기 삶 본연의 임무라도 되는 듯 여긴다면 그 과정에서 자기 자신을 잃을 뿐 아니라 타인이 자기의 삶을 스스로 책임질 기회까지 빼앗아버리게 된다.

진정으로 성공적인 구원자가 되고 싶다면 가장 먼저 구원해야 할 대상은 자기 자신임을 기억하자. 타인의 문제는 타인에게 돌려주고 먼저 자기 자신의 성장을 마무리해야 한다. 그중에서도 가장 중요한 절차는 바로 자신에게 만족감을 느끼는 단계이다. 이러한 만족감의 원천은 가시적인 성과의 크기가 아니라 성과의 이면에 함축된 의미, 즉, 자아의 성장과 넓혀진 견문이다. 다시 말해 찌질남에게 얼마나 많이 베풀었느냐, 찌질남이 얼마나 많이 변화했느냐를 가지고 만족감을 느낄 것이 아니라 오히려 찌질남과의 사이에서 배운 관계의 도리, 갈등 해결의 기술을 만족감의 원천으로 삼으라는 말이다.

사람의 가치는 그가 행한 일의 성과를 가지고 매겨지는 게 아니다. 당신이 최고의 가치를 느끼는 대상은 바로 자기 자신이 되어야 한다. 이것이야말로 진정 가치 있는 일이다.

사람은 누구나 평범하지만 또한 누구나 위대하다. 진정한 위대함은 자신의 인생을 책임지는 일이기 때문에 굳이 최악의 연인 관계에 고통스럽게 매달려 이를 증명할 필요가 없다. 그러니 이제 그만 슈퍼맨 쫄쫄이 따위를 벗어던지자. 그리고 타인의 신전에서 내려와 자신의 어깨에 메고 있던 타인의 인생을 원래 주인에게 돌려주자.

왜 번번이 연애에
실패할까

연애관은 자기 자신을 어떻게 인식하느냐에 의해 결정된다. 따라서 자기 자신을 근본적으로 이해하지 못하는 사람은 자신이 어떤 사랑을 추구하는지, 어떤 짝과 어울리는지 알 수 없다.

무척 지혜롭고 아름다우며 진보적인 사고방식을 가진 여성을 알고 지냈다. 그러나 그런 모습은 그녀가 솔로였을 때의 일시적인 모습일 뿐, 아무리 총명한 그녀라도 연애를 시작하면 완전히 다른 사람이 되어 경솔하고 히스테릭해졌다. 그녀는 사랑에 빠지기는 했는데 늘 비정상적인 사람과만 교제하는 듯했다. 그렇다면 정상적인, 제대로 된 사람이란 도대체 어떤 사람을 말하는 것일까?

어떤 소설이나 드라마를 보든 사랑을 하는 연인 개개인의 면모를 보면 누구 하나 완벽하지 않고 다들 결함을 하나씩 가지고 있다. 하지만 쓸모없어 보이는 톱니바퀴라도 두 개가 맞물리면 기계를 매끄럽게 돌리는 힘이 되듯 결점이 많은 사람들도 서로의 결점을 잘 보완하면 환상의 커플이 된다. 그렇다면 '내 짝으로 적합하지 않은 사람'이란 도대체 어떤 사람을 말하는 것일까?

열네 살의 차이를 극복하고 결혼했으나 2년만에 헤어진 《색계》色戒의 저자 장아이링张爱玲과 그의 남편 후란청胡兰成, 서로 사랑했지만 한 사람의 죽음으로 그 인연이 끝난 《홍루몽》紅樓夢의 주인공 임대옥林黛玉과 가보옥賈寶玉, 이들 개개인의 자질을 보면 다들 걸출하기 짝이 없는 인물이다. 그러나 둘이 만나 하나의 짝을 이루자 이 만남은 불행한 만남이 되고 말았다. 마치 왼발에는 고급 수제 구두를 신었는데 오른발에는 최첨단 기능성 운동화를 신은 것처럼 개별적인 능력은 탁월했지만 서로 어울리지 않는 조합이었다.

소위 '좋은 짝'이라는 것은 반드시 능력과 자질이 출중한 사람을 가리키는 것이 아니라 '서로에게 어울리는 사람'을 뜻한다. 그리고 소위 '제 짝이 아니다'라는 것은 조건이 열악한 사람을 말하는 게 아니고 '자신의 조건과 상황에 맞지 않는 짝'을 의미한다.

우리가 주변에서 가장 많이 듣는 이별의 원인은 바로 '성격 차이'다. 만일 두 사람이 사귀기 전에 일찌감치 둘의 차이를 알아챘더라면 어떻게 됐을까? 어쩌면 연애 후 불필요한 다툼과 갈등에 휩싸이지도 않았을 테고 서로를 미워하며 관계를 마무리하지도 않았을 것이다. 이것이 바로 '인연이 아니다'라는 말의 의미다.

만일 당신이 인생에서 가장 중요하게 여기는 가치가 자아실현이고 인생 목표가 사업에서의 성공이며 서로 공경하고 사랑하는 부부관계를 유지하는 것이 꿈이라면 과연 자신에게 어울리는 짝은 누구일까? 아마 자기계발에 힘쓰고 이상과 꿈을 향해 분투하는 사람, 평등한 남녀관계를 꿈꾸는 사람 등이 짝으로 적합할 것이다. 당신이 안정감과 성실함을 중요하게 여기고 반려자와 함께 소소하면서도 여유로운 결혼생활을 꿈꾼다면 평범함 속에서 삶의 진정한 가치를 찾을 수 있는 반려자가 어울린다. 그러나 새로운 자극과 모험을 즐기는 사람은 적합하지 않을 것이다. 또한 당신이 정신적인 교류와 소통을 중시하는 사람이라면 명품 쇼핑을 좋아하며 정신세계의 가치에 무관심한 사람은 적합하지 않다. 이 경우에는 당신과 함께 밤을 지새우며 생각을 공유하고 서로를 이해해줄 사람이 필요하다.

당신이 어떤 짝과 어울리느냐는 당신의 가치관과 연애관에 따라 달라진다. 그리고 가치관과 연애관은 자기 자신을 어떻게 인식하느냐에 의해 결정된다. 따라서 자기 자신을 근본적으로 이해하지 못하는 사람은 자신이 어떤 사랑을 추구하는지도 모르며 당연히 어울리는 연인도 찾기 어렵다.

내게 맞는 짝이란

우리는 일생에 걸쳐 수많은 임무와 과제를 완성해나간다. 마치 게임 캐릭터인 슈퍼마리오가 버섯을 따먹고 파워를 키워나가면서 적을 물리치고 장애물을 뛰어넘듯 우리의 인생 또한 신뢰를 구축하고 미지의 세계를 탐색하여 지식을 얻음으로써 인생의 임무를 하나하나 완성해나간다. 바로 이러한 인생의 임무들을 서로 연결시키면 한 사람의 성장 역사가 된다. 그리고 이것들을 완성해야만 하나의 성숙하고 안정적이며 사회화된 자아를 형성할 수 있게 된다. 만일 당신이 지금 해결하지 못한 임무 때문에 앞으로 나아가지 못하고 있다면 인생의 다음 단계로 진입하기란 쉽지 않을 것이다.

자기 자신을 제대로 안다는 것은 인생 전체를 관통하는, 가장 중요한 임무라고 할 수 있다. 성숙한 개인이라면 일정 수준의 인생 단계에 이르렀을 때 자신에 대한 명확한 인식을 지니고 있어야 한다. 즉, 내가 어떤 사람인지, 무엇을 하고자 하는지, 가치관이 무엇이고 이 사회에서의 역할과 위치는 어떻게 되는지 등을 제대로 알아야 한다는 말이다. 이러한 문제들에 스스로의 답을 가져야만 인생의 중대한 임무를 완성했다고 할 수 있다. 그렇지 않으면 자신에 대해 잘 몰라 방황하는, 심리적 위기 순간을 맞을 수 있다. 그리고 이는 우리를 인생의 다음 단계로 진입하지 못하게 하는 장애물이 될 수 있다.

'자아'라는 것은 외부 세계를 바라보는 내면의 창에 해당하므로 스스로에 대한 인식이 흐릿하고 분명하지 않으면 세상을 바라보는 시선도 편파적이기 쉽다. 심지어 자신의 인생도 비뚤게 걸을 위험이 있다. 타인과의 친밀한 관계도 정확한 자기 인식을 한 후에야 안정적으로 할 수 있다. 스스로도 잘 모르는데 어떻게 타인과의 관계에 명확하고 이성적인 판단을 내릴 수 있겠는가.

앞에서 언급했던 그 '지혜롭고 아름다웠던' 여성은 사랑만 있으면 배가 부르고 연인과 함께라면 어디든 도망갈 수 있을 만큼 사랑을 지상 최고의 가치로 여겼다. 그리고 그 사랑의 대상은 반드시 예술적인 감각과 나쁜 남자 기질을 지닌 야생마 같이 거친 남자로, 자신의 마음에 사랑이라는 불꽃을 불러일으킬 수 있어야 한다고 여겨왔다. 이런 사람은 사랑도 왜곡하여 이해하곤 한다. 자신의 러브스토리에는 이름없는 화가 혹은 도시 외곽 쪽방에 사는 실의에 빠진 반항아가 주인공으로 등장하고 자신은 대부분 주방 보조, 베이비시터 역할에서 못 벗어난다. 남자가 보여주는 예술가의 침묵은 사랑에 깊이를 더해주는 과묵함으로 변모한다. 다혈질적인 기질, 욕설과 구타는 예술 창작을 위한 고통의 결과로 미화된다.

그러나 남자 대신 방세를 납부하면서 그녀의 저축은 바닥을 드러냈고, 결국 버티지 못한 그녀는 이별을 준비했다. 이별을 앞둔 마지막 식사에서야 겨우 고기 반찬을 구경할 수 있었지만 깊이 상한 마음은 좀체 회복되지 않았다. 예전 같았으면 고기를 먹으면서 눈물을 훔치며 마음을 다잡아 다시 그를 믿어보려 했을 것이다. 그러나 그런 믿음은 일찌감치 상대의 잦은 감정 기복과 현실의 냉혹함에 의해 완전히 사라지고 말았다. 사랑을 위해서라면 지구 끝까지도 함께할 수 있으리라 여겼던 것이 잘못되었음을 그녀는 깨달았다. 그 사람은 자신이 몸과 마음을 맡긴 채 안식할 수 있는 남자가 아님도 알게 되었다. 지금까지의 관계라고 해봤자 그녀의 일방적인 베풂과 그녀를 향한 남자의 의존으로 유지되었던 것에 불과해서 그것을 사랑이라고 부를 수도 없었지만 말이다.

만일 그녀가 자신이 소설 속 여주인공이 아니었음을 일찍 깨달았더라면 어떻게 됐을까? 그리고 자신이 기대했던 사랑이란 것도 결국 화려한 드라마가 아닌 생필품이나 소금, 간장, 식초처럼 평범하고 일상적인 것에 불과했다는 사실을 일찌감치 알았더라면? 자신이 잘못된 사랑에 시간을 낭비하고 있다는 사실을 조금이라도 먼저 눈치 챘더라면 어떻게 됐을까? 아마도 자신과 어울리지 않는 사람에게 그토록 오래 매달리는 실수는 범하지 않았을 것이다.

안타깝게도 그녀는 자신이 누구의 세월 속에 갇혀 사는지 알지 못했다. 자신이 어떤 짝과 잘 어울리는지 몰랐다. 그래서 자신에게 잘 맞는 인연을 만나려면 '자신이 중시하는 가치가 무엇인지' 스스로 물어야 한다. '나는 어떤 감정까지 이해하고 품을 수 있는 사람인가?', '나는 다른 사람이 어떤 식으로 나를 대해주었으면 좋겠는가?', '내가 원하는 연애란 어떤 것인가?' 이러한 문제들에 먼저 명확한 답을 내지 않으면 사랑을 시작하더라도 자기 자신만 상처 입을 뿐이다.

꿈속의 연인은 아무리 아름다워도 허상

어떤 사람은 위의 문제에 대해 누구보다 명확한 답을 알고 있으면서도 자신에게 적합한 상대를 찾지 않는다. 마치 나방이 불을 향해 날아들 듯 오히려 제 짝이 아닌 사람을 만나면서 결과가 불 보듯 뻔한 연애로 뛰어든다. 여지없이 실패할 줄 알면서 말이다. 어리석은 일처럼 보이지만 우리 주변에는 이런 사람이 적지 않다.

언젠가 상담을 진행하면서 이 문제에 대한 답을 깨닫게 되었다. 자기 문제를 알면서도 선뜻 옳은 방향으로 행동하지 않는 사람들의 비밀을 말이다.

27세의 아밍阿明이 상담을 위해 센터를 찾아왔다. 그는 늘 자기 발전을 위해 부지런히 뛰어다니는, 밝고 온화하며 유머러스할 뿐 아니라 대범하여 어디 흠잡을 데가 없는 청년이었다. 그런데 늘 여자친구에게 트집을 잡혀 차이기를 벌써 세 번째라고 했다. 답답하고 괴로운 마음에 나를 찾아왔고 자기에게 도대체 무슨 문제가 있는지 알고 싶다고 호소했다. 사실 그는 자신이 어떤 스타일의 여성과 잘 어울리는지 누구보다 잘 알고 있었다. 그런데 매번 자신에게 맞는 스타일보다는 여신 같은 외모를 가진 여성에게 끌려 잘못된 연애를 시작했다. 그래서 연애를 하면서도 매번 마음이 불편했다. 자신이 여성의 곁을 잠시라도 비우면 그녀가 다른 남자와 바람을 피우지 않을까 의심하고 전전긍긍해하면서 그녀에게 수없이 많은 실수를 범하고 실망감을 안겼다.

그는 상대 여성이 가진 특출한 장점을 좋아했다. 어쩌면 그 장점은 그에게 적합한 스타일의 여성은 갖지 못한 장점일지도 모른다. 마치 자신에게는 격렬한 운동이 적합하지 않음을 알면서도 번번이 거칠게 운동하다가 부상을 입는 경우처럼 말이다. 이것은 위험한 일이다. 현실과 기대치가 서로 부합하지 않아서 생겨나는 모순이다. 사람들은 종종 자신의 현실에 맞지 않는 것을 갈망하면서 미련을 둔다. 그것이 일종의 꿈, 그리고 지금의 현실보다 더 아름답고 나은 존재를 대표하는 것 같기 때문이다. 하지만 결국 환상이 현실이 되면 그제야 그것이 제어할 수 없는 부담스러운 일이었음을 깨닫는다. 정작 바라던 것을 손에 쥐고 나면 되레 겁을 먹고 도망가는 식이다.

현실에 맞지 않는 허상을 쫓는 것은 잘못된 사랑이다. 물론 어떤 아름다운 꿈을 꾸든 그것은 개인의 자유다. 하지만 눈을 감더라도 자신의 진짜 인생을 잊지 않도록 노력해야 한다. 꿈속의 연인이 아무리 아름다워도 그것은 허상에 불과하다. 그러나 당신 눈앞에 있는 사람은 아무리 평범해 보여도 실제로 존재하는 사람이다.

진짜 인생에 귀를 기울이고 당신이 원하는 것을 적절히 현실화하면서 나아가보자. 지금의 자신을 돌아보고 훈련시키면 언젠가 더 건실한 사람이 되어 '어울리지 않음'을 '어울림'으로 바꾸고 '적합하지 않음'을 '적합함'으로 바꿀 수 있다. 그런 후에 처음의 꿈을 쫓아도 늦지 않다. 자신이 어떤 사람에게 어울리는지 분명히 모르는 사람이든, 혹은 명확히 아는데도 그 길을 따르지 않는 사람이든 두 번 다시 잘못된 선택을 해서는 안 된다. 비록 이것이 사랑하는 과정에서 자주 범하는 실수일 뿐 아니라 피할 수 없는 일이라고 해도 말이다.

사랑을 따라가는 길에서는 누구나 편견을 버리고 잘못을 수정하면서 끊임없이 스스로 고쳐나가야 한다. 하지만 분명히 알아야 할 것은 이것이 최고로 멋진 사람을 만나기 위함도, 완벽한 사랑을 얻기 위함도 아니라는 점이다. '최고의 사랑'이란 완벽한 사랑이 아니라 자신에게 잘 맞는 상대와 사랑하는 것을 의미하기 때문이다.

지레짐작이
상처를 키운다

그가 전만큼 적극적으로 연락하지 않는다거나 아무 이유 없이
전화를 받지 않는다면 결론은 하나밖에 없다. 그는 당신을 좋아
하지 않는다. 그런데 정말로 그럴까?

연애를 하다 보면 가끔 이런 충고를 듣곤 한다.

"그 사람이 정말로 널 좋아한다면 절대로 관계를 애매하게 끌고 가
지 않아. 애써 편들지 마. 연락이 뜸해진 건 이제 널 좋아하지 않는다
는 증거야."

그가 전만큼 적극적으로 연락하지 않는다거나 아무 이유 없이 전화
를 받지 않는다면, 혹은 그가 '아직 결혼할 생각이 없다'고 말한다거나
계속해서 불분명하고 애매한 관계를 유지하려 든다면 결론은 하나밖
에 없다. 그는 당신을 좋아하지 않는다. 이는 영화 〈그는 당신에게 반

하지 않았다〉He's Just Not That Into You에 나오는 연애관과 맥락을 같이 한다. 나 역시 20대 초반에는 이러한 관점에 동의했었다. 그래서 사랑하는 사이에 마땅히 보여야 할 행동을 보이지 않는 남자는 단번에 연애전선 밖으로 뻥 차버린 뒤 다시는 못 들어오도록 혼쭐을 내줬다. 혼쭐을 내줄 때 쓰는 몽둥이는 앞서 설명한 것처럼 연애에 관한 '정형화된 사유와 틀'이다. 이것을 써서 그 어떤 연인도 내 예상에서 빗나가는 행동을 못하게끔 했다. 그리고 연애하는 동안 누가 봐도 비난받을 만한 짓을 하면 나를 좋아하지 않는다는 뜻으로 여겨 연애할 자격이 없는 사람이라고 간주했다. 이런 생각을 철통같이 믿었던 사람은 비단 나뿐만이 아니었다. 이를 연애의 신조로 삼고 헤어 나오지 못하는 여성이 적지 않다. 지난주에도 카페에 들렀다가 보게 된 옆 테이블의 젊은 여성들도 그랬다.

"요즘 그이가 내게 점점 소홀해지는 것 같아. 연락도 안 되고 전만큼 적극적이지도 않고 말이야."

"그가 왜 그러는지 알아? 답은 간단해. 널 그만큼 좋아하지 않기 때문이야."

상대의 성격이나 상대가 겪고 있을 고충 등 다양한 상황을 전혀 고려하지 않고, 어째서 그렇게 할 수밖에 없었는지 깊이 생각해보지 않은 채, 상대가 자신을 사랑하지 않기 때문이라고 결론지어버리는 것은 잔인한 행동이다. 상대의 과거 모든 행적을 가볍게 해석하다 못해 사랑이라고 느꼈던 기억마저도 우연의 일치였을 뿐이라고 간주해버리니 말이다. 흡사 '그는 나를 사랑하지 않는다'라고 인정해버리면 당신이 세운 연애 이론이 모두 입증된다고 믿는 것인가. 그뿐 아니라 세상의 모든 연애 가설까지 입증된다고 믿는 것 같다. 이를테면 다음과 같은 연애 가설 말이다.

'그가 당신을 사랑한다면 반드시 당신과 함께 있고 싶어 할 것이다.'

'그가 당신을 사랑한다면 반드시 당신이 원하는 행동만 하려고 할 것이다.'

'그가 당신을 사랑한다면 당신을 실망시키는 일은 절대 하지 않을 것이다.'

이 같은 관점을 지나치게 신봉한 나머지 모든 사랑 문제에 '그가 나를 충분히 사랑하지 않기 때문이다'라는 이론을 일괄적으로 적용하는 사람은 연애도, 결혼도 하지 않는 편이 낫다. 이런 연애 공식을 만족시킬 수 있는 남자는 이 세상에 단 한 명도 없기 때문이다.

이 기준에 따르면 아무리 죽도록 사랑하는 사람을 만나더라도 언젠가 그는 당신을 실망시키고 떠나고 말 것이다. 프로이드는 남자가 성에너지를 동기로 움직인다고 했지만 남자는 그렇게 단순한 존재가 아니다. 하나의 기준을 가지고 남자 전체를 뭉뚱그려 판단해서는 안 된다. 남성이 처할 수 있는 심리적, 환경적 상황에 관한 아래의 몇 가지 사례를 소개하니 이를 통해 남성들의 마음 깊은 곳을 들여다보는 계기가 되길 바란다.

삶의 무게는 혼자 감당하겠다

쉬빈은 내가 학창시절 전시회장에서 아르바이트할 때 함께 일했던 남학생이다. 솔직히 말해 전시회 아르바이트는 돈을 버는 것 말고는 배울 점이 거의 없었다. 여학생이 하이힐을 신고 미니스커트를 입은 채 종일 서 있어 봐야 150위안을 받았다. 방문객의 질문에 대응하고 물건을 운반해야 하는 남학생의 일당은 그보다도 못한 80위안이었다. 다들 돈을 벌기 위해 모였지만 그 목적은 서로 달랐다. 당시 나는 생활비를 벌기 위해서 일했고 그 남학생은 가족을 부양하기 위해 일했다. 그에게는 고등학교에 다니는 남동생이 있었고 그 돈으로 수업료를 내주어야만 했다.

쉬빈의 고향은 시골 깡촌으로 당시로서는 그가 동네에서 유일하게 베이징 소재의 대학으로 진학한 경우였다. 말 그대로 개천에서 용이 난 수재였다. 돈을 벌기 위해 외지로 나간 쉬빈의 부모는 표 값을 아끼느라 명절에도 고향에 오지 못했기 때문에 그는 남동생의 아버지이자 어머니 역할까지 해야 했다. 대학에 진학했다고 해서 그 역할이 끝난 게 아니었다. 대학교 학자금을 상환해야 했고 또 남동생이 고등학교에 들어가면서 지출이 늘어나는 바람에 대학에 다니는 내내 일자리를 알아보러 다녀야 했다. 쉬빈은 외모도 썩 괜찮은 편이었고 시골 출신 특유의 소박함과 수줍음이 남아 있었지만 온몸에 성실함이 배어 있었다. 그래서 적잖은 여학생이 그를 따랐고 그 또한 마음에 품은 여학생이 있었다. 다만 쉬빈은 당시 연애 비용을 감당할 수 있는 상황이 아니었다. 대출받은 학자금을 상환해야 했을 뿐 아니라 남동생에게도 정기적으로 돈을 보내야 했기 때문이다. 하도 많이 빨아서 색이 바랜 그의 청바지는 그가 베이징으로 온 뒤 키가 5센티미터나 커버리는 바람에 9부 바지가 되었고, 발목 위로 댕강 올라가버린 밑단 사이로 살을 에는 찬바람이 파고들어 외출이라도 할라치면 온몸이 부르르 몸서리쳐지곤 했다. 현실이라는 차갑고 매서운 바람에 여지없이 노출됐던 건 그의 맨살뿐이 아니었다. 감수성 풍부하고 상처받기 쉬운 그의 자존감도 있었다.

대학교 2학년 시절, 쉬빈은 한 여학생과 사귀기 시작했다. 그의 경제적인 사정이 녹록치 않았지만 여성의 마음을 사로잡는 데는 성공했던 모양이다. 둘은 여느 캠퍼스 커플처럼 함께 공부하고 식당에서 밥도 같이 먹었다. 쉬빈은 식사비에서 얼마간의 돈을 절약하여 데이트 비용을 마련했다. 겨울방학이 끝나가던 시점, 여자친구의 생일이 다가왔다. 그 무렵은 설 연휴였지만 쉬빈은 고향에 돌아가지 못한 채 베이징의 한 상점 앞에서 아르바이트를 해야 했다. 인형 탈을 뒤집어쓴 채물건을 구매하러 온 손님들과 함께 사진을 찍는 것이 주된 일이었다. 쉬빈은 그때를 개띠 해로 기억했다. 일주일간 탈을 쓰고 강아지 연기를 했던 것은 오직 여자친구의 생일 선물을 사기 위해서였다. 오가는 손님들을 향해 끊임없이 꼬리를 흔들면서도 그녀가 선물을 받고 기뻐할 순간을 기대하며 인내했다.

쉬빈은 방학 내내 여자친구에게 자주 연락할 수 없었다. 당시 베이징에서 휴대 전화로 장거리 전화를 하려면 1분당 6마오의 요금이 나왔는데 10분만 통화해도 하루 식비가 온전히 공중분해되는 상황이었다. 그래도 그녀를 생각하면 그는 배고픔 정도는 참을 수 있었다.

그렇게 여자친구의 생일이 되었다. 쉬빈은 준비했던 선물을 그녀에게 줬다. 적어도 쉬빈의 주머니 사정을 감안해봤을 때 그것은 정성이 깃든 귀한 선물이라 할만 했다. 그러나 여자친구는 그가 이 선물을 사기 위해 연초부터 거리에서 추위에 떨며 일했을 거라는 생각에 슬픔을 견디지 못하고 울음을 터트렸다. 그리고 그녀는 그에게 헤어지자고 말했다. 그가 싫어서가 아니라 차마 만남을 이어갈 수 없어서였다. 그를 좋아하는 일이 무척이나 부담스러웠기 때문이다. 쉬빈의 삶에서 전달되는 중압감은 무겁게 그녀를 짓눌렀고 숨도 제대로 쉴 수 없게 만들었다.

그녀와 헤어진 뒤 그는 두 번 다시 연애를 하고 싶지 않았다. 이제는 가벼운 마음으로 부담 없이 연애할 수 있는 여건이 되었지만 여전히 자신의 삶의 무게는 혼자서만 감당하고 싶었다. 고통까지 함께하고픈 상대가 없어서가 아니다. 단지 사랑하는 사람과는 사랑이라는 달콤한 감정만 나누고 싶을 뿐이었다. 가난에 허덕이며 다음 끼니를 걱정하는 어려움은 공유하고 싶지 않았다.

물론 지금의 쉬빈은 다음 달 생활비를 걱정하던 그 대학생이 아니다. 남동생도 이미 대학을 졸업했고 부모님도 귀향하셔서 삶이 안정되었다. 쉬빈 본인도 텐진에서 안정적으로 살고 있고 빚도 얼마 남지 않았다. 그러나 지금 그의 곁에는 마땅히 있어야 할 연인이 없다.

얼마 전 그와 다시 만났을 때 결혼에 관한 이야기를 나눴다. 하지만 그에게는 아직까지 떨쳐내지 못한 초조함이 남아 있었다. 도대체 얼마나 많은 돈을 벌어야만 내면의 안정을 찾을 수 있을지, 얼마나 많은 물질을 지녀야만 부담 없는 연애를 즐길 수 있을지 그는 알지 못했다. 창밖에 길을 오가는 여학생들을 가리키며 쉬빈은 말했다.

"앞으로 내가 사랑하게 될 사람은 창밖의 저 행인들처럼 가벼운 마음으로 인생길을 걷게 할 거야. 자기가 가고 싶은 곳으로 과감하게 가게끔 말이야. 내가 상대에게 경제적인 부담을 주지 않을 수 있을 때, 다시 사랑을 시작할 수 있지 않을까?"

사랑을 잃을까 두려울 뿐

몇 년 전 웹드라마가 유행했을 때 뤄용하오罗永浩가 주연한 〈행복 59cm〉의 '샤오마'小馬 편을 본 적이 있었다. 나는 지금까지도 그때의 감흥을 잊지 못한다. 남자 주인공은 샤오마라고 불리는 30세의 미혼 청년이다. 그는 록밴드의 연주자로 수많은 팬을 거느리고 있었지만 팬심을 이용해 그들과 사귀려는 시도는 하지 않는다. 또한 특이하게도 그는 록을 하는 청년이라면 좋아하지 않을 듯한 것들, 즉, 노인, 아이들, 개, 과학책 등에도 호기심이 많았다. 사람들은 그를 두고 제멋대로 행동할 거라 여겼지만 샤오마는 늘 자기 자신을 지켰다. 술을 마시더라도 마지막까지 정신을 붙들고 있었는데 이는 주위에 퍼져 있는 블로거들에게 주정부리는 모습을 찍혀서 비난당하고 싶지 않은 이유였다.

연구에 따르면 인간은 평생 진정한 사랑, 소위 '소울메이트'를 만날 확률이 28만분의 1밖에 되지 않는다고 한다. 이 정도면 거의 '우연'에 가까운 확률이니 어쩌면 평생 일어날 가능성이 없다고 봐도 무방하다. 게다가 샤오마 같은 괴짜에게는 그 확률마저도 한참 낮은 784만분의 1 수준으로 떨어진다.

샤오마는 남자가 처음 만난 여인과 사랑을 나눈 뒤 보일 수 있는 반응은 두 가지밖에 없다고 독백한다. 첫째는 쳐다보기도 싫다는 듯 모른 체하는 것이고, 둘째는 침대 밖으로 걷어차버리는 것이다. 그러나 만일 세 번째 반응, 즉, 여인을 품에 안은 채 잠들었다가 함께 아침을 맞고 싶다는 생각이 든다면 이 남자는 그 28만분의 1 확률에 해당하는 '소울메이트'를 만난 셈이다.

드라마에서 샤오마는 장팅江婷을 만나게 된다. 영어 강사이자 능력 있고 지적인, 아름다운 여성인 그녀를 보자마자 샤오마는 한눈에 반한다. 예전에 배워뒀던, 쓸모없을 줄만 알았던 잡다한 지식을 총동원한 끝에 결국 그녀의 마음을 얻는 데 성공한다. 장팅은 샤오마에게 28만분의 1의 확률에 해당하는 소울메이트였으므로 그는 그녀와 사랑을 나눈 뒤 함께 잠들고 아침을 맞이하고 싶었다.

그런데 문제가 있었다. 샤오마에게는 성인야뇨증이 있었다. 이 때문에 그는 해가 진 뒤로는 물조차 마실 수 없었는데 그렇지 않으면 밤새 요의를 통제할 수 없었다. 처음 몇 시간은 다른 정상인과 마찬가지로 숙면의 포근함과 달콤함을 만끽하지만 얼마 안 가 어김없이 축축하고 차가워진 요 위에서 그는 절망감을 느끼며 아침을 맞곤 했다. 야뇨증이 웃음거리는 아니지만 사내대장부가 어찌 사랑하는 여인을 향해 '미안해, 내가 야뇨증 때문에 이불에 오줌을 쌌어'라고 말할 수 있겠는가? 얼마나 당황스럽고 수치스러운 상황인가?

러시아의 안드레이 치카틸로Andrei Chikatilo도 야뇨증 환자였다. 그는 사람들의 조롱을 못 이겨 변태적 살인마가 되었고 53명의 생명을 살해하고 말았다. 샤오마는 비록 살인마가 되지는 않았지만 한 차례, 두 차례 자기 안에 피어나는 '사랑'이라는 감정을 살해했다. 수치스러운 야뇨증을 들키고 싶지 않았던 탓에 사랑을 나눈 뒤에는 어김없이 그 자리를 떠나버리거나 여성을 집밖으로 내쫓아버렸다. 샤오마에게는 오래도록 안정적인 연인 관계를 유지하는 것이 불가능한 숙제였다. 결혼은 더 말할 것도 없었다. 그를 거쳐 간 여성들은 아무도 그를 이해하지 못했다. '어째서 이 남자는 나와 함께 아침을 맞이하려 하지 않는 거지?', '날 사랑하기는 하는 걸까?' 하는 의구심만 키웠다.

그나마 섹스가 연애의 필수 요인이 아니었던 중고등학교 시절에는 오랜 시간 안정된 연애를 할 수 있었다. 하지만 성인이 된 지금은 이래저래 만난 여성들과 한 번 자고 나면 끝일 뿐, 잘 지내볼 기회가 없었다. 그러나 장팅은 달랐다. 그녀는 샤오마가 오래도록 함께하고 싶은 여자였다. 쉽지 않은 과정 끝에 샤오마는 자기 집 열쇠를 그녀에게 주었고 자신의 문제를 그녀와 함께 극복하고 싶었다.

28만분의 1의 확률에 해당하는 인생의 짝을 만나지 못하더라도 별 문제될 것은 없다. 그러나 소울메이트를 만나 함께하는 기쁨을 한 번이라도 누려보면 머릿속은 온통 인연을 만난 기쁨으로 가득차고 만다. 샤오마는 끝내 소울메이트를 향한 상사병의 고통을 이겨내지 못하고 결국 모든 것을 솔직하게 고백하기로 마음먹는다. 장팅과 사랑을 나눈 샤오마는 쉽사리 그곳을 떠나지 못한 채, 뜬 눈으로 아침을 기다린다. 그리고… 영화는 여기서 끝이 난다.

미완의 결말은 나로 하여금 끝없는 생각에 잠기게 한다. 이른 새벽 샤오마가 장팅에게 모든 것을 고백하는 장면을 상상해보기도 한다. 한 남자가 감추고 싶은 아픈 비밀을 연인에게 고백하는 것은 어떤 심정일까? 샤오마의 경우로 생각해보면 사람이 누군가에게 다가가거나 섣불리 사랑하지 못하는 것은, 그것을 잃을까 봐 두렵기 때문이다. 혹시라도 일이 틀어졌을 경우 연인과의 관계를 되돌리지 못할까 봐서 말이다.

과거의 상처를 아직 치유하지 못했다

예전에 베이징우주센터에서 열린 한 모임을 통해 미스터 창이라는 남성을 알게 되었다. 그는 탁월한 끼로 무수한 여성을 유혹한 당대의 매력남이었다. 알려진 바로는 2년째 독신이라고 하지만 누구도 믿지 않았다. 다들 이렇게 멋진 남자가 아직까지 독신이라는 것은 대단한 바람둥이거나, 아니면 너무 잘나서 부담스러운 사람이거나 혹은 숱한 여성과 사귀었지만 흔적 하나 남기지 않을 만큼 대단한 카사노바일 거라고 생각했다. 그래서 어떤 여인도 그에게 먼저 다가가지 않았다. 전 여자친구 사진을 본 사람이라면 더 그랬다. 전 여자친구는 그 존재 자체만으로도 주변 사람들의 질투심을 불러일으키게 하는, 부와 아름다움을 겸비한, 한마디로 여신이었기 때문이다.

미스터 창이 쓴 일기에는 페이지마다 과거의 사랑과 현실의 어찌할 수 없는 무력함으로 가득 차 있었다. 한쪽에는 옛 사랑을 못 잊어하는 내용이, 다른 한쪽에는 현실에서 더 이상 누군가를 사랑할 수 없게 된 자신에 대한 슬픔이 표현되어 있었다.

그는 여인이란 존재는 생각했던 것보다 훨씬 더 복잡한 존재라고 생각했다. 다가오는 여인들은 연애 전부터 그에게 온갖 제한과 속박의 조건을 걸어두기 때문이다. '잘생겼어도 다른 여자에게는 지나치게 잘생겨 보여서는 안 돼', '네가 돈이 많아도 돈 많은 티를 내면 안 돼', '재주가 있어도 너무 자랑해서는 안 돼' 하는 식으로 말이다. 일단 타인에게 남자친구의 장점이 과도하게 비쳐지기만 하면 여인은 그가 빛을 잃은 태양으로 변할까 봐 걱정을 했다. 그리고 그 걱정은 또 다른 근심으로 이어지는데 다른 여성들이 그에게 빠져서 헤어 나오지 못하는 건 아닌가 하는 걱정이었다. 실제로 그의 주변에는 그에게 달라붙어서 온갖 달콤한 말로 비위를 맞추려는 여인들로 넘쳐났다. 그런데 이는 그를 좋아해서가 아니라 그의 후광을 좋아한 것뿐이었다. 후광이 비치는 그는 친구들이 모인 자리에서 자신의 체면을 세워주고 자부심을 느끼게 할 뿐 아니라 길을 걸을 때도 부러움의 시선을 한 몸에 받게 했으니 그럴 만도 했다.

또 어떤 여성은 스쳐가는 여행객처럼 그에게 다가와서는 다음 열차가 도착하면 서둘러 다음 여정을 향해 도망치듯 가버리기도 했다. 처음부터 미스터 창은 그녀들이 생각했던 종착역이 아니었기 때문이다. 미스터 창의 아름답고 부유했던 전 여자친구도 비슷했다. 그녀는 그의 곁에서 세상 물정 몰랐던 어린 소녀에서 엘리트 도시 여자로 성장했는데 이내 마음이 변하고 말았다. 정작 그는 그녀 외의 다른 여자를 만나는 것은 한번도 상상해본 적이 없었는데 그녀는 창의 죽마고우와 함께 그의 마음에 칼을 꽂고 배신했다. 이런 까닭에 그는 이별과 배반이라는 현실에 직면하는 것을 두려워했다. 이 세상, 그리고 최소한 사랑은 변치 않을 것이라고 믿었던 자기 자신이 두려웠다. 사람들이 머뭇거리느라 결정하지 못하고 질투하며 마음을 떠보기만 하는 것을 보면서 미스터 창은 진실한 사랑을 느낄 수 없었다. 그래서 그 또한 자신의 진심을 남과 나누고 싶지 않았다.

결국 그는 자신의 마음을 굳게 닫았고 본의 아니게 숱한 여성에게 애매한 남자 혹은 나쁜 남자로 불리게 되었다. 사람들은 여전히 그에게 잘해주고 그 역시 사람들에게 매너 있게 잘했지만 정작 그들은 미스터 창의 진심 근처에는 다가가질 못했다. 그 역시 다른 사람에게 적극적으로 다가가지 못했다. 그동안 자신을 거쳐 간 여성들이 자신에게서 일시적인 안정이나 허영의 욕구를 채우고 그것이 사랑이라고 착각하는 모습을 숱하게 봐왔기 때문이다.

이제 그는 자신의 삶에 그 누구도 참여시키려 하지 않는다. 그리고 어떠한 느낌이나 감정의 파란도 자신을 둘러싼 냉정하고도 평온한 성벽 안으로 침범하길 원치 않는다. 자신에게 접근하려는 어떤 사람에게도 흥미를 느끼지 못하며 누구도 믿으려 하지 않는다. 누군가를 마음에 담기만 하면 언젠가는 달아나버릴 것이고 그렇게 되면 자신만 상처 입는다는 사실을 깨달았기 때문이다. 그래서 다시는 사랑하지 않게끔 마음을 굳게 닫아버렸다. 사랑이라는 단어는 믿지 못할 말이 되었다. 하지만 그는 이를 조금도 안타깝게 느끼지 않는다.

4년 전에 본 일본 드라마 〈내가 연애할 수 없는 이유〉The Reason I Can't Find My Love 는 스무 살 전후 일본 여성 세 명의 사랑 이야기를 다룬 작품이다. 한 명은 사업 때문에 골치가 아파서 연애는 엄두도 못 냈고, 다른 한 명은 진짜 좋아하는 사람을 못 만나서 연애를 하지 못했으며, 마지막 한 명은 수줍음과 소심함이 지나쳐서 연애를 시작할 수 없는 경우였다. 흥미롭고 생동감 넘치는 현실을 다룬 사랑 이야기로 수많은 도시 여성의 희로애락을 담아내 드라마에 깊이 빠져들었다. 최근 우연히 그 드라마를 다시 보게 되었는데 세월이 흐르고 나니 같은 드라마를 보고도 이렇게 다른 느낌을 가질 수 있구나 싶었다.

예전에는 그저 모든 문제의 원인이 남자에게만 있다고 생각했기 때문에 늘 남자만 탓했다. 여자인 나는 그저 아파하는 역할만 하면 됐었다. 그러나 지금 보니 연애가 틀어지는 것에 어찌 남자만 탓할 수 있을까 싶다. 남자가 사랑 앞에서 한 발짝 물러설 수밖에 없는 건 나름의 이유가 있다. 쉬빈은 물질적인 어려움과 불안감 때문이었고 샤오마는 말 못할 병과 예민한 자존심 때문이었다. 미스터 창은 상처 입어 만신창이가 된 마음과 주변의 냉담한 시선 때문이었다. 이외에도 수많은 남성이 셀 수 없이 많은, 그리고 상상할 수 없는 이유 때문에 연애를 이어가지 못하거나 시작조차 못하고 있다.

그 혹은 그녀가 연애하지 못하고 사랑하지 못하게 된 데는 무수한 이유가 있다. 그래서 그들의 마음 깊은 곳 어딘가에는 분명 숱한 망설임과 곤란함의 흔적이 남아 있을 것이다. 내 곁에도 기념일은 기억조차 못하지만 매순간 나와 함께 있고 싶어 하는 한 남자가 있다. 하지만 이제 나는 결코 그의 사랑을 '당신은 더 이상 날 사랑하지 않는 거지?'라는 단순한 결론으로 규정짓지 않는다. 누군가의 마음이 한두 가지의 행동으로 답을 낼 수 있는 간단한 것이 아니라는 사실을 알기 때문이다. 그게 남자의 마음이라면 더더욱 그렇다.

문제는
자격지심

> 누군가 자신이 가지지 못한 것을 가지면 그의 일거수일투족이
> 신경 쓰인다. 그리고는 자격지심을 감춘 채 스스로 위로하기 위
> 해 상대의 행위를 과시용이라고 비난한다.

지난주 한 호텔에서 열린 동창모임에 갔다가 기념으로 친구들과 사진을 찍었다. 따사로운 햇살이 정교한 장식품에 쏟아지는 광경이 아름다워 저마다 사진을 찍어 SNS에 올리기 바빴다. 그런데 한 친구가 휴대전화를 만지작거리기만 할 뿐 사진을 업로드하지 않았다. 왜 그러냐고 묻자 친구는 그제야 속내를 털어놓았다.

"얼마 전에 회사 화장실에서 다른 직원들이 하는 얘기를 우연히 듣게 됐어. 그런데 내가 SNS에 틈만 나면 사진을 올리며 자랑한다고 꼴보기 싫다는 거야. 나는 그냥 놀러간 곳이나 먹었던 음식을 사진 찍어

서 올린 것뿐인데. 누가 그러더라고. 만날 자랑질이라고."

순하디 순한 내 친구는 자신에 관한 뒷담화를 듣고도 한마디 하지 못했다. 다만 그 뒤로 회사에 관한 내용 외의 사생활은 SNS에 올리지 않기로 다짐했다고 했다. 하소연을 듣고 난 우리는 그녀가 SNS에 올린 게시물을 처음부터 끝까지 훑어보았다. 그런데 뒷담화에서 말한 것처럼 '자랑질'했다는 사진은 어디에도 보이지 않았다. 단지 주말에 꽃구경 갔다가 저녁이 되어 연극을 보고, 맛있는 저녁을 먹은 뒤 그 감동을 공유하고 싶은 마음에 사진을 올렸던 것뿐이다. 그런데 동료들에게 그녀는 뽐내길 좋아하는 사람으로 내몰린 것이다. 그저 평범한 아가씨의 일상이었을 뿐인데 말이다.

또 다른 동창 역시 비슷한 일을 당했다. 그녀는 주말에도 야근을 해야 할 정도로 눈코 뜰 새 없이 회사 일이 바빴다. 이런 그녀가 가진 유일한 취미는 여행뿐이었기 때문에 일이 바빠 한동안 사용하지 못한 휴가를 한꺼번에 모아 외국에서 놀다 오곤 했다. 그런데 어렵게 떠난 휴가지에서 찍은 사진 몇 장을 올리자 몇몇은 '하루 종일 돌아다니는 걸 보니 일이 한가한가 보지'라고 비꼬았고 심지어 그녀를 잘 알지 못하는 사람조차 '다들 일하느라 바쁜데 혼자서 이렇게 여유를 즐기는 걸 보니 보기 좋습니다'라는 멘트를 날리기도 했다. 은근히 화가 치미는 일이 아닐 수 없었다. 그녀가 야근을 밥 먹듯 하며 일에 파묻혀 살 때 그들은 실컷 잠을 자고 원하는 대로 놀러 다녔을 것이다. 그녀가 치열하게 밤을 새우며 일했던 날들의 SNS 게시물은 보지도 않은 채 그들은 오로지 그녀의 휴가지 모습만 보고서 비꼬고 있었다.

이것은 분명 건전한 심리가 아니다. 하지만 우리 주변에는 이런 심보를 가진 사람이 적지 않다. 그들은 자신이 보고 싶은 것만 보고 상대에게 안 좋은 꼬리표를 달아준다. 어떤 사람이 SNS에 올린 내용을 모조리 과시용이라고 폄하하고 '저건 다 자격지심 때문이야!'라고 행위의 동기를 왜곡한다. 그러나 이는 상대의 자격지심 때문이 아니라 바로 그들의 자격지심 때문이다.

자신에게 무언가 부족하면 자격지심이 생기게 마련이다. 때마침 누군가 자신이 가지지 못한 것을 가지면 그의 일거수일투족이 신경이 쓰인다. 그리고는 자신의 자격지심을 감춘 채 스스로 위로하기 위해 상대의 행위를 과시용이라고 비난한다.

하지만 그들이 과시용이라고 몰아세웠던 누군가의 행동은 어쩌면 우월감의 표현이 아니었을 수도 있다. 그들이 '일상적이지 않은' 공유 거리라고 여겼던 것들은 어쩌면 누군가의 평범한 일상이었을 수도 있다. 명품백은 힘들게 번 돈으로 직접 산 것이고 화려하고 비싸 보이는 음식 또한 자기 주머니에서 나온 돈으로 지불된 것이니 다른 사람이 왈가왈부할 성격의 것이 아니다. 해외여행도 회사가 허락한 휴가 기간 동안 스스로 떠난 것이며 한정판 축구화 하나를 산 후 가산을 탕진한 것도 아니다. 멋진 물건을 샀다면 그것을 공유할 권리도 누군가의 몫이므로 참견할 이유는 없다.

화려하고 풍요로운 삶을 원하지 않을 사람이 어디 있겠는가? 어쩌다 그 희망이 현실이 되었다면 축하해줘야 할 일이 아닐까? 매일 누리는 일도 아닌데 말이다. 남자친구가 기념일에 당신을 위해 맛있는 요리를 해주었다면 그 순간의 감동을 SNS에 올리고 싶지 않을까? 회사에서 어렵고 골치 아팠던 프로젝트를 순조롭게 마무리했다면 성공의 기쁨과 그간의 과정을 어딘가에 기록하고 싶지 않겠느냐는 말이다. 한 달 용돈을 모아 드디어 꿈에 그리던 목걸이를 샀다면 목에 걸고 찍은 셀프사진 한 장쯤 기념으로 올리는 것은 이해해줄 수 있지 않을까? 친구가 아픈 당신을 지극정성으로 간호해주었다면 고마운 마음을 글로 표현하여 우정을 빛나게 하고 싶지 않은가?

그런데도 자신의 상태를 SNS에 공유할 때는 선한 의도일 뿐이라고 자위하면서 어째서 타인의 게시물에 대해서는 고의적인 과시용이라며 폄하하는 걸까? 어째서 자신의 행위는 순수함의 발로라고 정의하고 타인의 행위는 뭔가 꿍꿍이가 있다고 깎아내리는 걸까?

중국에는 '모멘츠'Moments 라는 SNS 플랫폼이 있다. 인생의 특별한 순간을 기록하여 사람들과 공유하는 공간이다. 그런데 매번 글을 올릴 때마다 과시하는 행위로 간주된다면 사람들은 불안감 때문에 감정을 표현하기를 꺼릴 것이다. 그리고 SNS는 황무지로 변하고 말 것이다. 그렇게 되면 사람들은, 특히 이 같은 사회관계망을 통해서 세상을 보고 다양한 관계를 맺기를 좋아하는 사람들은 삶을 다채롭게 만드는 하나의 수단을 잃고 말 것이다. 당신의 인생이 무료하다고 해서 남이 기뻐하는 것이 꼴 보기 싫다거나 용인하지 못하는 것은 억지다.

인터넷 시대로 접어들면서 교제에 필요한 원가는 갈수록 낮아지고 있다. 그만큼 인터넷은 사람들 사이의 교제를 원활하게 해주는 수단이 되고 있다. 그러나 아이러니하게도 인터넷은 상대적으로 폐쇄적인 공간이기도 해서 갈수록 많은 사람이 스마트폰의 스크린 안에 갇힌 채 오프라인 세상 밖으로 나오기를 꺼려하고 있다.

아무리 멀리 떨어져 있어도 서로의 진짜 모습을 직접 보고 느끼며 교제했던 과거의 풍경과는 대조적인 모습이다. 일부 SNS가 이런 문제를 개선해줄 것으로 기대하지만 그럼에도 여전히 사람들이 일대일로 대면할 기회는 드물다. 그나마 SNS를 통해서 자신이 관심을 갖고 있던 사람이 평소 경험하고 느끼는 것을 간접적으로 엿볼 수 있을 뿐이다.

그래서 사람들과 직접 만날 때는 벌어지지 않았던 일들이 생긴다. 전후사정을 모르는 사람들은 단지 SNS에 올려진 글 하나, 사진 한 장으로 보고 누군가를 판단한다. 그리고는 부러운 마음에, 자신도 그렇게 되고 싶은 마음에 상대를 혼자서 판단하고 결론지어 버린다. 이게 과연 제대로 된 소통과 이해의 방식일까?

타인과 세상을 보는 태도의 문제

이 세상에 나와 다른 존재가 있다는 사실을 받아들이자. 나와 다른 존재 때문에 근심과 불편함을 느낄 것이 아니라 도리어 그들의 모습을 통해 자기 자신을 반성하고 깨달음을 얻는 계기로 삼을 수도 있다. 성숙한 사람이라면 개방적이고 자유로운 면모를 가져야 한다. 누군가의 SNS가 과시하는 내용으로만 가득 차 있다고 해서 그를 질투하고 경시한다면 그때 반성해야 할 사람은 그 누구도 아닌 바로 당신 자신이다.

어째서 다른 사람의 행위를 부정적인 시각으로만 바라보는가? 당신의 삶이 원하는 대로 흘러가지 않아서 화가 나는가? 아니면 무의식적으로 남을 폄하해 내면의 자격지심을 숨기고 스스로 위로를 받으려는 것인가? 혹은 질투가 심해서 주변 사람이 자기보다 잘나가는 것을 못 보는 성격 때문인가? 당신이 원하는 것을 얻지 못해 마음이 안 좋아 남을 인정할 수 없는 것인가?

강렬한 감정의 소용돌이를 일으키는 요인은 내면 깊은 곳 가장 민감한 부분과 연관되어 있는 경우가 많다. 당신이 일반적이거나 일상적이지 않다고 여기는 것은 그저 당신 생각일 뿐, 본질적으로 타인의 과시와는 조금도 관계가 없다. 결국 자신이 어떤 태도로 타인과 세계를 이해하느냐에 달려 있는 셈이다.

눈에 거슬리는 SNS 내용 때문에 마음이 편치 않다면 그 사람을 차단하면 그만이다. 그리고 자기 자신을 돌아보기 바란다. 자신의 삶이 지나치게 고달프고 무료한 것은 아닌지 말이다. 왜냐면 주어진 삶에 만족하고 즐겁게 산다면 남의 일거수일투족에 신경을 곤두세울 이유가 없기 때문이다.

SNS를 일상 공유를 위한 평화롭고 유익한 플랫폼쯤으로 여기자. 그러면 어떤 내용이 올라오든 한 번 보고 잊을 수 있다. 그 후 빠르게 자신의 일상으로 돌아와 삶을 이어나갈 수 있다. SNS를 이용하는 사람들 또한 지나치게 남의 시선을 의식할 필요가 없다. 솔직히 말해서 살다 보면 한 번쯤 자신을 향한 무시와 조롱의 시선에 부딪칠 수 있으며 누구든지 이유 없이 악의적인 비난과 욕설을 들을 수 있다. 올리고 싶은 게시물이 있으면 마음껏 올리고 공유하고 싶으면 공유하자. 당신에게 관심을 갖고 있는 진짜 친구라면 당신의 일상에서 사소한 것까지도 알고 싶어 할 테지만, 당신을 지적하고 흠집을 내려고 맘먹은 사람이라면 당신이 어떤 내용을 게시하든 그 입을 막을 수 없을 것이기 때문이다.

모든 사람이 나를 좋아할 수도, 모든 사람이 나를 싫어할 수도 없는 것이 바로 우리가 사는 세상이다.

내성적이어서
다행이다

사람들은 내성적인 사람에 대해서 '말이 안 통한다', '함께 지내기 쉽지 않다', '사람들과 어울리지 못한다' 등의 부정적인 선입견을 가지고 있다. 하지만 인간이라는 고차원적이고 복잡한 생명체를 좁은 시각으로 판단할 수 있는 걸까?

"지난주에 소개팅했어. 두 번 만나봤는데 그저 그래."

"왜, 사람이 별로니?"

"아니, 다른 건 다 좋은데 말을 잘 안 하고 내성적이야. 아무래도 사귀기는 어려울 것 같아."

지난주에 커피숍에 갔다가 엿들은 옆 테이블 젊은 여성들의 대화 내용이다. 언뜻 소개팅 상대를 가볍게 흉보는 내용이고 그 어디에도 두 여인의 깊은 감정 개입은 없었지만 '내성적인 남자'를 바라보는 그들의 편견이 나를 깊은 생각에 잠기게 했다.

'다른 건 다 좋은데 말을 잘 안 하고 내성적이야. 아무래도 계속 사귀기는 어려울 것 같아'라는 말은 그 여성이 마음속으로 굳게 믿고 있는 어떤 선입견에서 시작된다. 그렇게 이끌어낸 최종적인 결론은 소개팅 상대와 사귀지 않을 것이라는 내용이다. 여성의 말에는 소개팅 상대인 남성을 싫어한다는 표현은 나오지 않고 다만 '내성적'이어서 걱정된다는 뉘앙스만 풍긴다. 마치 내성적인 성격이 공인된 결점이라도 되듯 말이다. 고작 상대방이 내성적이라는 이유 하나 때문에 연애라는 큰 기회를 포기해버리는 셈이다.

'내성적'이라는 단어를 들을 때면 늘 '외향적'이라는 말도 짝을 이루어 따라온다. 그만큼 내성적인 사람은 외향적인 사람과 늘 비교를 당한다. 내게도 풀 죽은 채 찾아와 '이렇게 내성적이어서 어떡하죠?'라고 물었던 환자가 많았다. 반면 외향적이어서 고민된다는 사람은 거의 만나질 못했다.

오래 전 《내성적인 사람이 성공한다》The Introvert Advantage 라는 책을 읽은 적이 있다. 당시에는 별 감흥이 없었지만 지금 생각해보니 어째서 저자가 내성적인 사람의 장점만을 뽑아 별도의 주제로 삼았는지 궁금해졌다. 반대로 생각해보면 외향적인 사람의 장점을 분석한 책은 왜 출간되지 않는지 의미심장해지기도 한다. 사람들은 외향적인 사람을 선호하는 반면 내성적인 사람에 대해서는 '말이 안 통한다', '함께 지내기 쉽지 않다', '사람들과 어울리지 못한다' 등의 부정적인 선입견을 가지고 있다.

내성적인 사람에게도 남보다 뛰어난 점이 있고 내성적인 사람만이 가지는 장점도 있다. 그러니 인간이라는 고차원적이고도 복잡한 생명체를 좁은 시각으로만 판단, 단정 지어서는 안 된다. 어차피 내성적, 외향적이라는 것은 성격의 특성 가운데 하나일 뿐이다. 게다가 누군가의 역량을 평가할 때 쓰이는 잣대가 비단 이 두 개만 있는 것도 아니다. 하물며 위에서 언급한 선입견이란 것도 정확한 사실이 아닌데 더 말해 무엇 하겠는가? 거기에는 내성적인 성격에 대한 오해와 편견으로 가득 차 있다. 내성적인 사람 못지않게 외향적인 사람도 '말이 안 통하고', '함께 지내기 쉽지 않으며', '사람들과 어울리지 못할' 수 있다. 그런데도 내성적인 사람에 대한 부정적인 인상만 각인된 것은 어쩌면 그들이 자신을 표현하는데 능숙하지 않기 때문일 수도 있다. 그렇다면 내성적이라 함은 어떤 성격인 걸까?

심리학자 한스 위르겐 아이젠크 Hans Jurgen Eysenck 는 내성적 성격의 전형적 특징을 이렇게 묘사했다.

"조용히 홀로 활동하거나 생각을 많이 하며 혼자 있기를 좋아하고 다른 사람과 접촉하길 꺼린다. 보수적이며 친한 친구 외에는 다른 사람과 일정한 거리를 두려 한다. 일을 할 때는 계획을 세워서 체계적으로 하고 신중하며 순간적인 충동에 좌지우지되지 않는다. 일상이 규칙적이고 엄격하다. 윤리적인 관념을 따르고 믿음직스럽게 일을 처리한다. 공격적인 행동은 거의 하지 않지만 다소 비관적이다."

이 정의에 의하면 우리가 지금까지 '내성적' 성격이라고 단정 지었던 선입견들이 불합리한 것이었음을 알 수 있다.

내성적인 성격에도 다양한 종류가 있어 하나로 단정하기는 힘들다. 그 종류는 크게는 천성적인 '진성 내향인'과 그렇지 않은 '유사 내향인'으로 나뉜다. 천성적으로 내향적인 성격을 지닌 진성 내향인은 외부 세계와 접촉할 때 적극적이지 않고 우연히 맞닥뜨린 세계에 수동적으로 대응하며 본질적으로는 타인과 접촉하려는 욕구가 없다. 이는 사람들과 교류하는 것에 흥미가 없고 남의 기준에 맞춰 자신을 변화시키고자 하는 마음이 절박하지 않기 때문이다.

반면 유사 내향인은 '낯선 사람'과 교류하는 데만 장애를 느낀다. 그들은 처음 만난 사람 앞에서는 수줍음을 타고 긴장하여 말이 조리가 없어지지만 자신이 잘 아는 친근한 사람 앞에서는 이런 증세가 거의 없다. 마음속으로는 남들과 적극적인 교류를 원하지만 그 과정에서 소통과 심리의 문제를 느껴 이를 개선해야겠다는 강한 의지를 느낀다.

이외에도 내성적인 사람이 아닌데도 내성적이라고 오해받는 경우가 많은데 일례로 말수가 적고 소극적인 사람에 대한 오해를 들 수 있다. 예컨대 어떤 모임에 나가서 사람들이 나누는 이야기에 별 관심이 없으면 당연히 대화 참여도가 떨어진다. 더불어 말수도 줄어드는데 이를 두고 내성적인 사람이라고 단정할 수는 없다. 이것은 의견과 취향이 달라서 생긴 일시적인 상황이기 때문이다.

또한 친구가 주식 투자 이야기를 꺼냈는데 공교롭게도 당신이 최근 투자에서 막대한 손실을 입고 난 뒤라면 굳이 그 화제에 참여해 상처를 꺼내고 싶지 않을 것이다. 그래서 대응하지 않거나 침묵하게 되는데 이 또한 일시적 상황에 따른 감정 표현일 뿐 내성적인 성격 탓이라고 할 수 없을 것이다. 또 어떤 일에 관한 논쟁이 벌어졌을 때 죽을힘을 다해 자기 신념을 표현하는 사람이 있는 반면, 침묵으로 일관하는 사람이 있는데 이는 단순히 의견 충돌을 피하기 위한 처사일 수도 있다.

이는 모두 일시적인 감정이나 상황 때문에 자기 의견을 내지 않고 침묵하게 된 사례다. 남들과 깊이 접촉하거나 교류하지 않기 위함이지 결코 내성적인 성격 탓이 아니다. 이것은 누구에게나 생길 수 있는 상황이다.

참고로 진성 내향인이 타고나면서부터 내성적인 성향이 있어 바꾸기 힘들다는 특징이 있듯 내성적인 성격도 일정 부분 유전자의 영향을 받는, 타고난 성질일 수 있다. 그런 맥락에서 유전자는 내성적, 외향적인 사람의 생리적인 차이를 결정짓는 중요한 요소가 되기도 한다.

내성적인 사람과 외향적인 사람의 차이

간단하게 내성적인 사람과 외향적인 사람을 나누면 다음과 같다. 내성적인 사람은 관심을 집중시키는 대상이 주로 자기 자신이기 때문에 어떤 일이나 삶에 대한 동기도 내면에서 찾으려 한다. 반면 외향적인 사람은 자기 자신보다는 외부 환경과 타인에 더 큰 흥미를 느끼므로 삶의 동기도 당연히 외부에 있다. 이처럼 그들의 삶의 동기와 에너지는 각각 다른 곳에서 나온다. 따라서 외향적인 사람에게 사회적 교제란 에너지를 얻기 위한 플랫폼이 되는 반면 내성적인 사람에게 사회적 모임이란 에너지를 소모시키기만 하는 불편한 장소가 되는 것이다.

에너지의 출처가 다른 것 말고도 내성적인 사람과 외향적인 사람 사이에는 다음과 같은 차이점이 있다.

첫째, 내성적인 사람은 에너지를 상대적으로 빨리 소모한다. 그래서 혼자만의 공간에서 휴식하면서 사상, 관념, 감정 등의 내면 세계로부터 에너지를 충전한다. 반면 외향적인 사람은 에너지 소모 속도가 비교적 느리고 외부 세계와 상호 교류하는 과정에서 에너지와 활력을 보충한다. 이 둘을 비교해보면 내성적인 사람은 외향적인 사람에 비해 에너지도 더 빨리 소모하고 에너지 회복에도 더 오랜 시간이 걸림을 알 수 있다.

둘째, 내성적인 사람은 내면의 심리 활동이 비교적 활발하게 이루어져서인지 자극에 대해 민감하게 반응한다. 이 때문에 외부 자극을 줄여 불편함을 없애려고 한다. 외향적인 사람은 이와 반대여서 외부 자극에 민감하지 않다. 오히려 자극이 있어야만 삶의 활력이 생기기 때문에 도리어 더 많은 외부 자극을 찾으러 나선다. 휴가 기간에도 내성적인 사람은 조용히 책을 읽는 등 자기만의 시간을 보낼 뿐 다양한 모임에 참여하려 하지 않는다. 백 명의 사람을 만나는 것보다 백 권의 책을 만나는 것이 덜 자극적이기 때문이다. 반면 외향적인 사람은 낮선 사람과 만나기를 좋아하고 와자지껄한 분위기를 즐긴다. 따라서 어떤 장소가 지나치게 조용하면 자극이 줄어들게 되므로 외향적인 사람에게는 견딜 수 없이 무료한 상황이 되고 만다.

셋째, 내성적인 사람과 외향적인 사람은 신경세포의 전달 경로가 서로 다르기라도 한 것처럼 외부 자극에 대한 반응시간도 각각 다르다. 내성적인 사람은 반응시간이 길다. 그 경로도 내면에 집중되어 있고 복잡하게 얽혀 있어 사고의 경로도 복잡하고 길어서 반응시간이 오래 걸린다. 반면 외향적인 사람은 비교적 단시간 내 많은 반응을 보인다. 모임에서 자기 의견을 밝히는 성향을 보면 이러한 차이가 극명하게 드러난다. 외향적인 사람은 모임에서 화제를 자주 전환시킴으로써 분위기를 자연스럽고 원만하게 이끌어가는 데 탁월하다. 마치 모든 것을 다 알고 있다는 듯 말이다. 반면 내성적인 사람은 늘 말하려다가 멈칫하곤 한다. 외향적인 사람은 보통 말하는 동시에 생각하는 것에 능숙하다(심지어 먼저 말하고 나중에 생각하기도 한다). 또한 자신의 말이 맞고 틀리고는 그다지 중요하지 않기 때문에 두려움 없이 무슨 말이든 툭툭 꺼낸다. 그러나 내성적인 사람은 뭐든지 충분히 생각한 다음 말로 하는 등 말의 '질'과 '수준'을 더 중시해서 말수가 적다.

넷째, 내성적인 사람은 무슨 일이든 깊이 이해하고자 하는 성향 때문에 사고의 양보다는 질을 중시한다. 이 때문에 외부 경험이 많지 않아도 일단 경험한 것에 대해서는 비교적 깊이 이해하고 있다. 외향적인 사람은 되도록 많은 일을 전반적으로 이해하고자 하지만 각각의 일에 대해서는 깊이 알지 못한다. 그리고 외부 세계로부터 알게 된 사물도 자신의 내면 세계로 확장하여 통찰력 있게 이해하지 못한다. 내성적인 사람은 무엇이든 깊이 알아가는 것을 좋아하기 때문에 사고의 대상을 한두 개로 제한해 그것에 집중해서 깊이 있게 생각하는데 그렇게 하지 않으면 큰 스트레스를 느낀다.

외향적인 사람은 깊이보다는 풍부한 경험과 자극을 찾아다니며, 언제든지 무슨 일이라도 시작할 준비가 되어 있다. 내성적인 사람은 정보를 얻은 뒤 그것을 곱씹어 생각함으로써 한층 깊이 있는 깨달음을 얻는다. 유혹을 효과적으로 제어할 수 있고 외로움을 견뎌낼 수 있으며 내면의 사색을 위하여 기꺼이 많은 시간과 에너지를 쏟는다. 이와 반대로 외향적인 사람은 반드시 외부의 자극으로부터 에너지를 보충해야 하기 때문에 끊임없이 넓은 장소로 나가야 하고 새로운 자극을 추구한다. 경험이 많아질수록 내면의 사색을 위한 시간도 줄게 되고 깨달음을 얻을 기회도 적어지므로 어떤 주제를 탐색하더라도 종종 수박 겉핥기식이 될 수 있다.

사실 내성적, 외향적 성격의 장단점 가운데 어느 것이 좋고 나쁜지 단독으로 비교할 수는 없다. 어차피 이 세상에는 절대적으로 좋거나 나쁜 성격이란 있을 수 없기 때문이다.

내성적인 사람의 예를 들어보자. 그들은 말수가 적은 것이 아니라 앞에 있는 대상에 대해 관심이 없을 뿐이며 이야기가 술술 나올 만큼 관심 있는 주제가 아니어서 그렇게 행동할 뿐이다. 내성적인 사람은 수줍음을 많이 타거나 나약한 것이 아니다. 다만 타인과의 교제에 매달리기보다는 창문을 열어 먼 산을 바라보는 여유를 즐기고 싶을 뿐이며 불필요한 잡담이나 예절을 생략하고 싶은 것뿐이다. 내성적인 사람이 사람들과 어울리지 못하는 것도 아니다. 많은 친구를 두기보다 몇 명의 친한 친구와만 교제해도 아무런 문제가 되지 않는다고 여길 뿐이다. 내성적인 사람은 혼자만의 공간에 파묻혀 살기를 원하는 것이 아니라 단순히 불필요한 사회적 교제를 줄이고 싶은 것뿐이다. 그들에게는 소통의 능력이 부족한 것이 아니라 타인과 교제하는데 불필요한 에너지를 쓰고 싶지 않을 뿐이다. 내성적인 사람은 괴짜이거나 무료한 사람이 아니다. 그저 내면의 세계에서 자기만족을 얻으며 자기만의 세계에서 독특한 즐거움을 누리려는 것뿐이다.

자신을 억지로 바꾸려 하지 마라

'내성적인 사람은 별로다'라는 편견은 주류의 가치관에 물들어 형성된 거대한 착오이자 황당한 관점이다. 우리 사회는 대인관계가 원만하고 사회적 교제에 능숙한 '외향적인' 사람만을 지나치게 치켜세우는 경향이 있다. 사람들은 내성적인 사람을 보면 손을 꽉 붙들고 '성격이 그래서 어쩐다니!'라며 안타깝다는 듯이 탄식한다. 내성적인 사람에게 성격의 문제가 많다고 생각하기 때문이다. 그러나 그들을 가로막는 장애물은 성격적인 결함이 아니다. 자신의 장점과 우위를 발견하지 못함으로 말미암아 인생의 판도와 미래의 가능성이 크게 제약당하는 현실뿐이다.

자기 자신이 내성적이라고 판단되면 이렇게 생각을 전환하는 것은 어떨까? 즉, 자신이 좀 예민하다고 여겨지면 내면의 세심함에 주목하고, 유약하다고 느껴질 때는 내면의 부드러움을 높이 평가하며, 우유부단하다고 생각될 때는 신중함을 자랑스러워하는 것이다. 왜냐면 이것이 바로 당신 자신이기 때문이다. 그것은 당신의 성격일 뿐 아니라 당신의 운명이자 인생이기도 하다. 자신의 운명을 장악하여 성공적인 인생을 살려면 자기만의 독특한 우위를 만들어야 한다. 내성적인 사람의 경우 사회적 관계를 잘 형성하기만 한다면 타인의 오해를 줄이는 데도 도움이 되고 자기 자신의 가치를 높이는 데도 유익할 것이다. 이것이 바로 난관을 돌파하기 위해 필요한 과정이다.

우선, 자신에게 적합한 교제의 장소를 물색해보자. 내성적인 사람은 상대적으로 조용한 교제 환경이 어울린다. 소란스러운 장소는 적합하지 않다. 한 무더기의 사람이 소란스럽게 모인 곳도 내성적인 사람이 마음의 문을 열기에 좋은 장소는 아니다. 참여자의 수가 적고 깊이 있는 주제를 다루는 모임에서 사회적 교제를 해야만 외부의 간섭을 줄여 에너지 소모도 낮출 수 있으며 깊이 있는 사고의 장점을 극대화하는 데 유리하다.

둘째, 자기 자신을 억지로 바꾸려고 하지 말자. 억지로 외향적인 사람이 되려는 시도는 헛수고이며 자기 자신을 해치는 길이다. 소수의 사람과 깊이 있는 교제에 집중하는 것이 에너지 소모를 줄여준다. 주어진 시간과 에너지가 제한적이라면 취향이 비슷한 사람을 몇 명 만나 교제하는 것이 다수와 수박 겉핥기식 교제를 하는 것보다 훨씬 유익하다.

셋째, 흥미를 느끼는 분야에 집중해라. 특별히 마음이 맞는 친구가 없다고 해서 외향적인 사람처럼 사교의 그물을 넓혀서 주변 사람 모두를 친구로 끌어들일 필요는 없다. 내성적인 사람은 자신이 관심을 가진 분야에 집중해서 그곳에서 친구를 찾으면 된다. 어차피 이 분야에 모인 사람이라면 공통된 화제에 관심을 가질 확률이 높으므로 성격적인 차이도 줄어들 테니 깊이 있는 교제에 도움이 될 것이다.

넷째, 내성적인 성격이 친구를 사귀는 데 장애가 된다고 생각하지 말자. 장애 요인이 있다면 내성적인 성격 때문에 스스로 사람들에게서 멀어져 남이 다가오지 못하게끔 자기 안에 울타리를 치는 것뿐이다.

마지막으로 들려주고 싶은 이야기가 있다.

오래 전 리장麗江에 여행을 갔을 때의 일이다. 그곳에서 묵었던 게스트하우스에는 내가 가장 좋아하는 견종인 강아지가 두 마리나 있었다. 사실 그 두 마리는 자세히 보지 않으면 서로 어디가 다른지 알 수 없을 정도로 닮아 있었다. 그곳에 머물던 며칠간 틈만 나면 나는 그 아이들과 놀아주었다. 그런데 그때마다 둘의 반응은 뚜렷하게 달랐다. 털색이 더 옅은 '루루'路路는 지나가는 사람마다 핥고 꼬리를 흔들며 온갖 애교를 부리는 등 활발하기 그지없었다. 반면 털색이 짙은 '치시'七喜는 늘 혼자 있기 좋아하고 있는 듯 없는 듯 조용하게 있었다. 사람이 오면 약간의 수줍음을 타면서 모른 체하고는 아무 일 없다는 듯 어슬렁거리기만 할 뿐 루루처럼 온 마당을 놀이터 삼아 뛰어다니지 않았다. 누군가 먹이를 주려 해도 머뭇거리며 관찰만 하다가 한참 후에야 어슬렁거리며 근처로 다가오는 식이었다. 대다수 사람은 먼저 다가와 살갑게 구는 루루를 더 귀여워했고 가끔은 치시가 있다는 사실조차 잊곤 했다. 치시는 깊은 사색에 잠긴 시인처럼 마당 한쪽을 어슬렁거리기만 했고 루루는 마치 사교계의 꽃처럼 늘 주변 분위기를 시끌벅적하게 했다.

리장을 떠난 지 2년째 되던 어느 날, 나는 갑자기 루루와 치시가 잘 지내는지 궁금해졌다. 게스트하우스에 전화를 해 주인아주머니로부터 그간 있었던 일을 전해 들었다. 루루는 흥분을 주체하지 못해서 자주 마당 문을 열고 나가 놀았는데 작년에는 새로 개업한 옆집 게스트하우스의 개와 싸우다가 다치는 바람에 한쪽 눈을 실명했다고 했다. 반면 치시에게는 큰 변화가 없었다. 예전처럼 여전히 게스트하우스의 문을 지키면서 오가는 사람을 가만히 바라본다고 했다. 새로 손님이 오면 몇 번 크게 짖으며 사장님 곁으로 뛰어가는 게 전부였다. 마치 새로운 손님이 왔으니 어서 맞이하라고 알리기라도 하듯 말이다.

나는 2년 전 리장에서 치시에게 관심을 주지 않았던 것이 못내 아쉬웠다. 만약 인생을 살면서 동행할 친구 한 명을 선택하라고 한다면 나는 주저 없이 치시를 선택할 것이다. 치시와 같은 이들은 태어날 때부터 내성적인 성격 탓에 남들과 빠른 속도로 친해지지는 못하지만 평안하고 침착하게 자기의 인생을 받아들이고 불필요한 변화를 꾀하지 않는다. 그 같은 침착함과 넉넉함은 우리로 하여금 자신이 해야 할 일을 알고 묵묵히 행하게 한다. 치시에게는 그만의 자유로움이 있었다. 내성적인 당신 또한 그러할 뿐이다.

뒤처질 것 같아
항상 불안하다

굳이 별자리 운세나 팔자를 보지 않아도 장담할 수 있는 것은
사람이라면 누구나 평생 걱정거리를 안고 살아간다는 점이다.

누구나 평생 걱정거리를 안고 살아간다. 매달, 매일이 걱정의 연속이
다. 왜냐면 우리는 걱정의 시대, 조급한 사회를 살고 있기 때문이다.
저마다 나름의 이유로 조급해한다. 머리를 쥐어뜯으며 격하게 염려하
는 이가 있는가 하면 심지어 자기도 모르게 무의식적으로 근심에 빠지
는 사람도 있다. 마치 걱정이 조금이라도 없으면 자기만 편안히 사는
것 같아 괜히 미안해질 정도다. 늘 무언가 염려하거나 초조해해야만
시대의 리듬에 발맞춰나가는 것 같다. 여기서 말하는 염려 증상은 걱
정하지 않아도 될 일을 걱정한다는, 개인적이고 좁은 의미의 염려증과

는 다른, 일종의 집단적 무의식의 동요가 불러일으키는 염려다. 이러한 동요는 빠르게 변화할 것을 강요하는 시대의 특징과도 연관되어 있다. 그래서 우리는 이 사회가 팽팽하게 잡아당긴 적자생존의 현에 의해 튕겨나가 빠르게 움직이지 않으면 도태되고 마는 위기의 끝자락으로 내몰리고 만다.

최대한 빠른 속도로 문제를 해결하고 초단위의 스케줄을 관리해야한다. 지금까지 느긋하게 살아왔다면 그것은 과거의 일일 뿐이다. 지금부터는 1분만 늦어도 무리에서 도태될 것을 경계해야 한다.

사람들은 편법을 써서라도 무언가 먼저 하고 빠르게 하는 것을 좋아한다. 가령 새치기 같은 행동 말이다. 안전선 따위는 필요 없다. 택시를 낚아채듯 잡아타고 교통신호가 바뀌기 무섭게 속도를 올려 달리며 고작 5분을 아끼기 위해 중앙선을 넘기도 한다. 30분 이상 줄 서는 것이 싫어서 연줄을 동원해 VIP 통로로 들어간다. 공항 데스크에서 큰소리로 소란을 피우며 수화기 너머 서비스센터 직원에게 무턱대고 고함부터 치고 본다.

"지금 당장 해결해주라고! 당장!"

급하게 여행을 떠나 후다닥 사진을 찍고 다음 일정을 향해 부랴부랴 길을 나선다. 오늘날 사람들은 너무나 바쁘게 살아간다. 그리고 인내하지 않는다. 흡사 우리가 마시는 공기에 초조함이라는 성분이 포함되어 있기라도 하듯, 그것이 모든 이의 혈액에 녹아들기라도 하듯 하나같이 바쁘고 조급하다. 기업의 슬로건 가운데 '신속'이라는 표어를 내

건 곳이 많은 것도 이러한 풍조를 반영한다. '일찍 일어나는 새가 벌레를 잡는다'라는 속담이 '빨리 나는 새가 늦게 나는 새를 잡아먹는다'라고 바뀌기라도 한 것 같다. 가끔 나는 이 시대가 두렵다. 하나같이 '서두르면 빨리 성공을 이룬다'라고 믿으며 조급해하는데 나만 서두르지 않고 있으니 왠지 뒤쳐질 것 같은 두려움이 든다.

그러나 그렇게 했을 때 진짜 원하는 결과를 얻었을까? 아닌 경우가 많다. 오히려 속도를 낼수록 문제가 생기기도 한다. 상대방의 사정을 속속들이 알지도 못하면서 급하게 결혼식을 올리고, 무슨 일을 하는지 알지 못하는 회사로 섣불리 이직한다. 프로모션 마감이 임박했다는 광고에 혹하거나 흔해 빠진 사은품을 얻고자 그다지 필요하지도 않은 물건을 사들인다. 그래서 결국 자기 발전을 위해 노력하지도 않고 가정 폭력을 일삼는 남자와 결혼하게 되기도 하고, 이직을 하고 한참 지나서야 좌초 직전 위기의 회사임을 알아차리게 된다. 온갖 불필요한 물건을 사는 바람에 냉장고에는 먹지 않는 음식만 쌓이다가 결국 다 쓰레기통으로 직행한다.

그런데도 매체에서 앞 다투어 보도하는 성공 노하우를 보면 하나같이 신속의 범주를 벗어나지 않는다. 나 또한 무의식중에 '일찍감치 유명해져야 한다'라는 생각에 사로잡혀 있을 정도니 말이다. 그러나 아무리 서둘러봤자 인간이 코 한 개, 눈 두 개 가진 것은 다 똑같은데 어째서 향후 10년, 심지어 평생의 목표까지 정하지 못해 안달인가? 이는 '모든 게 쉽게 이루어질 것이다', '남이 할 수 있으면 나도 할 수 있다',

'남이 한다면 나는 더 빠른 속도로 잘할 수 있을 것이다' 같은 화려하고 겉만 번지르르한 정보에 잘못된 믿음을 갖게 되었기 때문이다.

각자에게 맞는 삶의 속도가 있다

우리가 초조해하며 불안해하는 원인은 바로 안정감 부족이다. 그 근원을 파고들어가 보면 기대했던 것만큼 목표를 이루지 못했을 때 우리 마음은 점점 조급해지고 이 조급함은 우리 내면에 안정감을 결여시킨다. 그래서 어떻게든 목표를 실현시켜 그 결여된 안정감을 메우려고 하는데 이 과정에서 아래와 같은 심리 변화 과정을 겪는다.

안정감이 필요함→성공하여 인정받기를 갈망함→필사적으로 노력하여 빠른 속도로 임무를 완성하려고 함→조속히 성과를 거둠으로써 내면의 안정감을 얻고자 함

승부욕이 강한 사람이라면 이런 시도를 무수히 해보았을 것이다. 그러나 이런 사람일수록 일단 목표를 실현하지 못하면 남에게 피해를 주면서까지 무리하게 이를 추구해 내면의 안정을 얻으려 할 가능성이 높다. 이것이 바로 안정감이 결여되었을 때 발생할 수 있는 문제다. 누구에게나 부족한 점이 있을 수 있다. 부족한 부분을 채워 넣으려는 욕

구는 때로 개인의 발전과 전진의 동기가 되기도 한다. 따라서 이를 얻기 위해 죽을힘을 다해 속도를 내는 것은 비난할 거리가 아니다. 그러나 로마 제국도 하루아침에 이뤄지지 않았듯 무언가를 빠르게 얻기 위해 속도를 내는 것은 현실적으로 좋은 방법이 아니다. 그렇다고 모든 일을 느리게 해야 한다는 말에는 완전히 동의하지 않지만 자기 삶의 리듬과 속도를 '적절하게' 조절하는 의미에서라면 옳은 말이다. 우리가 초조해하고 동요하는 또 다른 이유는 자신의 특성과 상황에 적합한 리듬을 찾지 못한 상태에서 무턱대고 남이 제시한 '빠를수록 좋다'라는 기준만을 따르기 때문이다. CCTV의 유명 앵커 바이옌쑹白岩松은 자신의 리듬을 찾는 것을 축구에 빗대어 설명했는데 무척 공감이 가는 타당한 비유이다.

"이른바 실력이 좋은 축구팀이 경기하는 모습을 보면 어떨 때는 번개처럼 빠르게 움직이다가도 경기 중간 선수끼리 패스를 이어갈 때는 그 속도가 무척 느림을 알 수 있다. 이는 페이스를 조절해 공격의 시기를 기다리기 위한 준비 행동이다. 이처럼 실력 있는 축구팀은 완급의 리듬을 조절함으로써 상대방을 자기 페이스대로 이끌고 이를 통해 상대를 혼란스럽게 한다. 그래서 캐스터들이 '페이스를 찾아야 합니다!'라고 외치는 것도 경기의 페이스를 자기 팀에게 유리하게 전환시켜 주도권을 쥐어야 한다는 말이다."

삶을 살아가는 것도 마찬가지 원리다. 가끔은 삶의 속도를 약간 늦춰야 할 때도 있고 어떨 때는 아예 멈춰서야 할 때도 있다. 이는 자기를 돌아보고 '더욱 빨리 가야 할 때'를 위하여 삶을 정비하는 시기이다. 반면 가끔은 빠르게 달려가 기선을 잡아야 할 때도 있다. 빠르고 느림은 상대적인 것인데 앞을 향해 속도를 내기만 하고 영원히 멈추지 않는다면 이 '빠름'은 진정한 의미의 빠름이라고 할 수 없을 것이다.

얼마간 눈코 뜰 새 없이 바쁘게 살았던 나도 주말을 맞아 나들이에 나섰다. 저물녘의 구로우동 거리鼓樓東大街에 서 있자니 비 갠 뒤 깨끗해진 거리가 상쾌하기 그지없었다. 노점들은 요란하지 않았고 상인들도 조용히 수다를 떨며 손님을 기다리고 있었다. 그곳을 지날 때마다 매번 함께 놀아주던 강아지도 오가는 사람을 천진난만하게 바라보고 있었다. 그곳은 더 이상 많은 사람들이 몰려드는 수도 베이징이 아니었고 자신의 가치를 증명하지 않으면 도태되고 마는 피비린내 나는 전쟁터도 아니었다. 단지 빌딩숲 사이로 난 숨겨진 골목이자 베이징의 마지막 관용과 평온함이 머무르는 곳이었다. 그 순간 느꼈던 감흥은 바쁘게 돌아가는 삶 속에서 얻었던 자질구레한 성취감과는 비교될 수 없는 색다른 경험이었다.

약한 불로 천천히 졸여야 고루 맛이 배는 장조림 요리처럼 우리의 삶도 그러하다. 빨리 만들려는 욕심 때문에 센 불을 대면 국물이 졸고 타버려 결국 아무것도 맛볼 수 없게 된다.

행복의 파괴자,
질투

질투는 흔하게 느낄 수 있는 일상적인 감정이기 때문에 굳이
회피하거나 억제할 필요가 없다. 그러나 질투의 정도가 정상적
인 범위를 벗어나면 그것은 사나운 짐승처럼 돌변한다.

최근 팅팅婷婷이라는 팔로워로부터 장문의 편지를 받았다. 그녀는 오래전 남편과 이혼한 아픔을 가지고 있었다. 그런데 며칠 전, 전 남편이 SNS에 올린 새 부인과 아들 사진을 본 뒤로는 좀체 마음을 가라앉힐 수 없다고 했다. 그녀의 마음을 가장 아프게 한 것은 그녀가 전 남편과의 사이에서 낳은 아들의 모습이었다. 사진 속에서 아이는 한 손으로는 전 남편의 손을, 다른 한쪽은 새엄마의 손을 잡은 채 천진난만하게 웃고 있었다. 그녀는 즉시 전 남편에게 메일을 보냈다.

'마음에도 없는 행동하지 마! 다른 사람 앞에서만 행복한 부부인 척

하는 거지? 당신 새 부인이라는 사람 말이야, 남이 낳은 아이를 대신 길러주는, 마치 위대한 어머니인양 굴 필요 없다고!'

어투는 거칠었다. 메일 발송 전 그녀는 전 남편의 새 부인에게도 메일을 참조로 보내는 것을 잊지 않았다. 이혼 후 2년간 그녀의 마음은 줄곧 편치 않았다. 사업도 생각만큼 풀리지 않아 마음도 불안정한 가운데 그녀의 유일한 관심사는 전 남편과 새 부인 그리고 아들이 사는 모습이었다. 전 남편은 끝내 회신하지 않았다. 화가 치민 팅팅은 메일 원문을 복사해서 자신의 SNS에 그대로 올렸다. 이 글에 수많은 사람이 댓글을 달았다. '전 남편을 박살 내버리세요!'라고 동조하는 사람이 있는가 하면 '뭣 하러 새롭게 인연을 맺은 부부를 괴롭히면서 이 고생을 하시는 거예요?'라며 말리는 사람도 있었다. 댓글을 모두 살펴보고 나서 그녀는 내게 물었다.

"제가 이렇게 하는 것이 맞는 걸까요?"

어쨌든 두 사람은 한때 부부였고 둘 사이에는 말 못할 갈등이 많았을 것이다. 지금 그녀가 이렇게 분노하는 것이 과거 두 사람 사이에 쌓인 악감정에 기인한 것이라면 이해가 안 되는 것도 아니다. 하지만 새 부인을 향한 악담은 분명히 용인될 수 없는 일이다. 오히려 팅팅의 마음만 좁아 보이게 하는 일이다. 심지어 새 부인에게 집착하며 어떻게든 트집을 잡아내려는 모습은 변태적인 증세로까지 느껴졌다. 그러나 이처럼 공격적인 행동에도 긍정적인 에너지가 있기는 했다. 예컨대 모성애가 그것이다. 그러나 아이가 잘 지내기를 바라는 마음이었다면

SNS에서 아이의 부모를 대놓고 욕하지는 않았을 것이다. 이런 행동은 아이에게 조금도 도움이 되지 않는다. 오히려 이 때문에 팅팅은 여론의 풍랑이 제일 거센 곳으로 내몰리고 말 것이다. 이런 상황에서는 행위의 옳고 그름을 따지는 것은 의미가 없고 차라리 '전 남편을 박살 내버리세요!'라는 표현 속에 감춰진 심리적 동인을 분석하는 편이 낫다.

이 같이 공격하고 비방하는 심리의 저변에는 질투심이 자리 잡고 있을 가능성이 높다. 반짝반짝 빛을 발하는 스타들에게만 질투심이 생기는 것이 아니다. 학교에서는 자기보다 성적이 좋은 친구에게, 회사에서는 실적이 월등히 좋은 동료에게, 심지어 수십 년을 알고 지낸 소꿉친구에게조차 순간적으로 질투의 감정이 일 수 있다.

수치심과 열등감을 폭발시키는 질투라는 감정

질투라는 감정의 근본적인 뿌리는 당신이 가지지 못한 것을 타인이 가지고 있을 때, 그리고 '그것을 가질 수 있는 사람은 나 한 명뿐'이라고 믿는 데서 시작된다. 더욱이 상대가 당신과 연관된 사람이거나 어떤 분야에서 당신과 비슷한 실력을 가지고 있는 사람이라면, 질투의 감정은 더욱 쉽게 생겨난다. 팅팅이 질투한 것은 다른 여자가 전 남편과 결혼하고 심지어 자신의 친아들과 사진까지 찍으며 행복해하는 모습이었다. 팅팅의 인식 세계에서 전 남편과 아들은 원래 자신의 소유였는데 돌연 다른 사람의 것이 되었기 때문이다. 팅팅은 전 남편, 아들과 함께했던 삶을 송두리째 빼앗겨버렸고 사업까지 순조롭지 않아 마음이 좋지 않았다. 이런 상황을 겪은 사람이라면 팅팅이 아니라 그 누구더라도 좌절감과 질투심을 느꼈을 것이다.

질투는 흔히 느끼는 일상적인 감정이기 때문에 일정 수준까지는 억지로 회피하거나 억누를 필요가 없다. 인류 또한 질투라는 고차원적인 감정 덕분에 사회의 진보와 물질의 진화를 이룰 수 있었다. 그리고 더 많은 부를 쌓아올릴 수 있었으며 성장의 동기도 부여받을 수 있었다. 그러나 질투의 정도가 정상적인 범위를 넘어선다면 그것은 사나운 짐승처럼 돌변하여 마음속 선을 집어삼키고 무수한 악을 파생시킨다. 이러한 악은 공격과 학대, 침해, 비방 등 부정적인 행위를 낳는다. 이 질투라는 짐승은 당신이 시간과 에너지, 감정을 자기 자신이 아닌 다른 사람에게 쏟아 붓도록 유도한다. 남의 희로애락에만 집착하여 타인을 억압하는 것을 삶의 의미로 삼게 한다.

팅팅이 보낸 장문의 편지에는 전 남편을 향한 비방과 분노, 원한이 여과 없이 드러나 있었다. 이혼 후 그녀의 삶을 돌아보면 그럴 듯한 성과가 거의 없었다. 서른 살이라는, 비교적 이른 나이에 사업을 시작하여 성과를 낼 자본도 가지고 있었지만 지금은 자신의 장점을 거의 발휘하지 못하며 제대로 된 인생을 꾸려나가지 못하고 있었다. 도리어 매일 울분과 분노만을 터트릴 뿐이었다.

가장 큰 불행은 매일매일 그녀가 전혀 행복하지 않다는 점이다. 질투라는 감정의 이면에는 심각한 수치심과 열등감이 자리잡고 있다. 질투라는 감정을 자각하게 되는 순간 자신의 부족하고 무능한 면모가 부각되고 이로 말미암은 열등감은 그림자처럼 따라다니며 좀체 가시지 않는다. 어떤 사람은 이러한 열등감을 자기 발전을 위한 동기로 승화시킨다. 그러나 어떤 이는 이를 제대로 통제하지 못하여 그것에 굴복하고 마는 정체, 혹은 퇴행의 길로 접어든다. 마치 오랜 세월 단단하게 굳어져버린 돌처럼 소극적인 상태로 고착되어 이러지도 저러지도 못하는 것이다.

어린 시절 느꼈던 질투의 감정을 떠올려보자. 평소 자기가 갖고 싶었던 최신 장난감을 동네 친구가 갖고 노는 모습을 보았다면 기분이 썩 유쾌하지 않을 것이다. 그다음에는 어떤 행동을 하게 될까? 어떤 아이는 다른 장난감을 가지고 노는 방법을 선택해 자신의 관심사를 다른 곳으로 옮길 것이다. 또 어떤 아이는 부모한테 그 장난감을 사달라고 떼를 쓰기도 할 것이다. 몇몇의 아이는 그 친구와 이야기해서 서로 장난감을 바꿔 노는 방법을 제안하기도 할 것이다. 하지만 그중 소수는 공격성을 발휘하여 '네 장난감은 하나도 안 멋져!'라고 하면서 장난감을 망가뜨릴 수도 있다. 세월이 흐른 뒤 돌아보면 유아기 때 갖고 싶어 했던 그 장난감은 어쩌면 개인의 갈망과 부, 감정을 대변하는 장치였는지도 모른다. 자신이 갖지 못한 것을 다른 사람이 소유한 모습을 보았을 때 어떤 사람은 자신의 관심사를 분산시켜 다른 곳에서 행복을 찾으려고 한다. 또한 자기 발전의 길을 택하는 사람도 있고, 학업이나 교제의 길을 선택하는 사람도 있다. 하지만 여전히 상대를 폄하하고 공격하는 방법을 택하는 사람도 있다.

　성인이 되면서 아동기의 방식은 다른 형태로 승화하겠지만 그렇지 못할 경우 그것은 질투라는 감정으로 표출되기도 한다. 이럴 때 사람들은 오히려 아동기로 퇴행하여 어릴 때와 마찬가지로 파괴적인 방식을 써 자신의 능력을 함부로 발휘하려 한다. 공격적인 방식을 택하는 사람을 잘 살펴보면 성장을 회피하고 문제를 직면하려 하지 않으며 다른 사람에게 전가시키려 한다. 왜냐면 이렇게 해야만 '공격'이라는 수단이 보호막 역할을 하여 자신의 무능함을 가려줄 수 있기 때문이다. 하지만 시간이 지날수록 이런 방식은 얕은 수로 남을 속이려는 자기방어가 될 뿐이다. 자신의 부족한 점과 문제점이 무엇인지 돌아보지 않으면 아무도 당신을 구해줄 수 없다. 만약 당신 스스로 자신의 문제와 인생을 돌아보지 않는다면 누가 당신을 일깨워주겠는가?

　우리는 질투라는 감정이 합리적인 범위 내에서 조절되는지 시시각각 살펴야 한다. 평가의 기준은 질투라는 감정이 당신을 더욱 능력 있고 적극적인 사람으로 변모시키느냐, 아니면 매일 부정적인 상태에 머물게 하느냐가 된다. 당신 머릿속이 온통 질투 대상에 대한 생각으로만 가득 찬다면, 그리고 당신이 원하는 것이 질투의 대상을 넘어서는 것이 아니고 단지 그의 인생을 저주하고 학대하는 것이라면, 질투는 경계하고 주의해야 할 감정에 지나지 않는다.

질투를 경계하는 방법

첫째, 정확한 경계선을 만들어라.

세상 모든 것을 소유해야 한다는 생각을 버려야 한다. 동료의 실적이 자기보다 좋고, 친구의 성적이 자기보다 높으며, 친구의 남자친구가 자신의 남자친구보다 더 멋지다는 사실은 모두 당신의 권한 밖 일이다. 당신이 통제하거나 간섭할 수 있는 범주의 일이 아니니 범주 밖의 일은 모두 경계선 밖에 두자. 그것은 당신이 신경 쓰거나 책임져야 할 분야가 아니다.

그런데 그 범주의 경계선을 무한히 확대하는 것도 모자라 이 세상 전체를 가지지 못한 것이 한스러울 정도라면 그것은 상당히 심각한 증세라고 할 수 있다. 혹여 엘리자베스 여왕의 자리나 알리바바의 대표 마윈의 재산까지도 자신의 범주 안에 있다고 여기는 건 아닌가. 우스갯소리로 들릴 수도 있지만 실제로 질투심의 근원이 바로 여기에 있다. 즉, 타인의 소유가 자신의 통제 범위 안에 있다고 여기기 때문에 질투심이 생겨나는 것이다. 그러나 타인의 것은 내 것일 수 없다.

둘째, 현실을 받아들이고 질투라는 감정에 적절히 순응해라.

질투라는 감정을 부정하고 저항할수록 어쩌면 더욱 심각한 불안감이 엄습할 수 있다. 그 불안감을 억누르기 위해 또 다른 방어 기제가 작동하게 되는데 그 과정에서 타인을 왜곡하고 공격함으로써 자기 자신을 격상시키려는 시도가 일어난다. 따라서 이럴 때일수록 자신에게도 유약한 점이 있다는 사실을 솔직히 인정하고 부족한 부분을 채워나감과 동시에 자신의 장점도 객관적으로 바라봐야 한다.

셋째, 에너지를 흐르게 해라.

무슨 감정이든지 나름의 가치가 있다. 질투라는 감정도 그러하다. 질투는 일종의 충동적인 에너지를 만들어내는데 만약 당신이 그것을 남을 공격하고 폄하하는 데만 사용하면 질투 에너지는 거기에만 머물 뿐 당신을 성장시키는 데 사용되지 못한다. 공격도 일종의 에너지 방출 방식이자 방어 기제이다. 모든 방어 기제가 부정적이거나 소극적인 것만은 아니다. 만일 정확한 방향에 놓기만 한다면 부정적인 에너지도 적극적이고 긍정적인 효과를 거둘 수 있다. 이러한 과정을 '승화'라고 하는데 '승화'야말로 열등감을 해소하는 가장 효과적인 방식이라고 할 수 있다.

정확한 방향이란 당신이 제어 가능한 경계선 안에 위치하는 것을 뜻한다. 분노와 공격의 충동을 제어할 수 없다면 이미 사놓았지만 아직 읽지 못한 책, 몇 달치를 미리 끊었지만 아직 가지 못한 헬스장, 밥 한번 먹자고 약속했는데 아직 만나지 못한 친구들을 떠올려보는 것은 어떨까? 그리고 그 관계를 재개함으로써 충동적인 감정을 승화시켜보자.

그리고 한 달 정도 시간을 들여 다른 사람의 인생을 공격하고 비방, 폄하했던 것을 돌이켜 생각해보자. 그들은 여전히 예전의 그들인데 당신 홀로 질투에 휩싸이곤 했던 과거를 말이다. 그리고 한 달 동안 공부, 업무, 여행을 통해 과거의 나를 새롭게 바꿔보자.

당신은 더 나은 당신이 될 수 있고 어쩌면 다시는 다른 사람을 질투할 필요가 없는 사람이 될 수도 있다. 혹시 당신이 팅팅처럼 대놓고 분풀이를 해야만 마음이 풀리는 성격이라면 충분한 시간과 에너지를 비축해둔 다음 타인의 일거수일투족을 주목하다가 원할 때 대응하면 된다. 그러나 당신의 지나친 분노가 귀중한 시간을 낭비하게 하고 주변 사람들을 떠나게 할 수도 있다는 점을 기억해야 할 것이다.

| 제2장 |

더 이상 괜찮은
척하지 마라

과거의 상처가 불현듯
수면 위로 떠오르면

과거의 상처를 치유하는 첫 번째 방법은 회피하지 않고 그때
받았던 상처를 인정하는 것이다. 그리고 상처 줬던 사람에게 어
떤 이유나 핑곗거리도 허락해서는 안 된다.

최근 두 명의 여성에게 상담 요청 메일을 받았는데 사연은 서로 달랐
지만 맥락은 비슷했다.

'어째서 어떤 상처는 오랜 시간이 지나도 잊히지 않는 걸까요?'

첫 번째는 잉즈影子의 사연이다. 잉즈의 어머니는 무섭고 엄격한 분
이었다. 그래서 잉즈는 어릴 적부터 성인이 될 때까지 한 번도 어머니
말씀을 어겨본 적이 없다. 그런데도 어머니는 종종 화가 나면 돌연 감
정을 폭발시키곤 했다. 잉즈는 그런 어머니를 보면서 두려움에 휩싸
이곤 했다. 그중 가장 무서웠던 기억은 초등학교 시절 방학 기간에 있

었던 일이다. 한 번은 친구 집에서 늦게까지 놀다가 날이 어두워진 다음에야 집에 돌아갔는데 화가 난 어머니는 그녀를 대문 밖으로 쫓아냈다. 당시 잉즈의 집은 3층이었는데 어머니는 잘못했다고 비는 그녀를 3층에서 1층까지 질질 끌어내렸다. 그녀의 나이 고작 열 살 때였다. 성인이 된 지금은 어머니와의 관계가 어느 정도 호전되었지만 매번 어머니가 화를 참지 못하고 감정을 분출시킬 때면 여전히 잉즈에게는 두려움이 엄습했다. 순식간에 그녀를 10년 전 집밖으로 쫓겨나 두려움에 떨던 저녁 무렵으로 되돌려 놓았다. 마음이 여렸던 그녀는 어머니의 분노 앞에서 책가방을 멘 채 벌벌 떠는 것 외에 할 수 있는 일이 없었다. 늘 어머니에게 모든 것을 빼앗긴 채 집밖으로 쫓겨날 것 같은 불안감에 떨어야 했다.

이제 스물 살의 성인이 된 그녀는 특별히 귀가시간을 지켜야 할 필요도, 책가방을 멘 어깨를 움츠릴 필요도 없다. 그러나 그녀는 어머니가 빽빽하게 작성해준 시간표가 있는 것처럼 늘 불안했다. 무거운 책가방을 영원히 메고 다녀야 할 것 같은 중압감도 느꼈다. 아직도 그녀의 내면 깊은 곳에는 두려움에 떨던 열 살짜리 소녀가 웅크리고 있었기 때문이다.

두 번째는 란란然然이라는 여성에 관한 사연이다. 올해 서른 살이 된 란란은 행복한 가정을 일구었을 뿐 아니라 사업도 자리를 잡아가고 있다. 무슨 일이든지 빈틈없이 해내는 스타일이라 그녀에게 도무지 약점이란 없는 것처럼 보였다. 그러나 이런 란란에게도 연약하고 무력한

면이 있었는지 약함을 여지없이 드러내게 한 사건이 작년에 발생했다. 그녀가 SNS에 출장을 간다고 글을 올렸는데 마침 출장 지역에 사는 한 초등학교 동창이 그 글을 본 뒤 만나고 싶다며 그녀를 집으로 초청한 것이다. 그런데 란란은 거기에 가지 않았을 뿐 아니라 돌연 동창 모두를 차단했다.

과거의 일을 모두 잊었다고 생각했는데 아니었던 것일까. 그녀는 열세 살 때 그 동창생이 주도가 된 친구들 무리에게 왕따를 당했고 당시는 그녀의 인생에서 가장 불행했던 3년이었다. 오랜 세월이 지나 란란도 그곳을 떠나 새로운 삶을 살게 되었고 이제 더 이상 괴롭히는 친구도, 얕보는 사람도 없어졌다고 생각했다. 그런데 갑자기 기억하고 싶지 않은 어린 시절을 떠올리게 하는 초청을 받은 것이다. 내면 깊은 곳에서 생소한 분노심이 끓어올랐고 마음은 온통 증오로 가득 차는 듯했다. 만에 하나라도 그들을 만나게 되었을 때 허둥대다가 말을 더듬지 않을까 괜한 걱정도 들었다. 열세 살 때처럼 놀림을 받을지도 모른다는 생각에 그녀는 다시 불안해졌다.

잊히지 않는, 잊을 수 없는 상처들

당신도 폭력적인 집안에서 학대받거나 친구에게 왕따를 당한 경험이 있을 수 있다. 혹은 없을 수도 있다. 그러나 살다 보면 늘 어떤 사람,

어떤 사건이 당신의 삶에 개입하기 마련이다. 그들은 떠올리기 싫은 과거를 시시때때로 상기시키는 일종의 알람과도 같은 존재여서 어딜 가든지 지울 수 없는 흔적이 된다. 그래서 강인한 마음을 가지고 어떤 아픔도 극복할 수 있는 성인이 되었다 하더라도 과거의 그 사건만 떠올리면 여지없이 무너지기도 한다. 이처럼 과거의 기억 때문에 아직까지도 부정적인 영향을 받는 이유는 사건이 발생했을 당시, 그때 즉시 자신의 감정을 처리하지 않았기 때문이다. 그래서 사건이 이미 지나갔는데도 상처는 여전히 남아 있다. <u>자신의 감정을 제대로 전달하거나 소화시키지 못했기 때문에 응축된 감정만 옹이로 남은 것이다.</u>

사람들은 매일 수많은 감정을 느끼며 살아간다. 어떤 것은 반짝하고 잠깐 스쳐가는 감정이 있는가 하면 또 어떤 것은 한동안 사람을 힘들게 하고, 또 어떤 감정은 평생 따라다니며 영향을 끼치기도 한다. 잠깐 스쳐 지나가는 감정은 심리적인 고통과는 큰 관계가 없고 다른 감정으로 언제든 대체 가능하다. 한동안 자신을 힘들게 하는 감정이 있다 하더라도 다른 누군가에게 이를 토로해서 잘 소화시키면 서서히 감정의 색이 옅어지거나 영원히 사라질 수도 있다.

반면 평생 따라다니며 영향을 끼치는 감정은 좀 다르다. 잊을 만하면 수시로 튀어 나와서 당신의 현재 감정을 교란시킨다. 이것은 모두 사건이 발생했을 당시, 모종의 원인으로 혹은 누군가에게 억압을 받아서, 혹은 <u>스스로</u> 대처하기를 회피함으로써 당시의 감정을 제때 처리하지 않고 허점을 보였기 때문이다. 따라서 그 감정은 당신 기억의 한구석에 자리 잡고 좀체 떠나지 않는다. 마치 심장 한구석에 칼을 한 자루 넣어둔 것처럼 조금이라도 움찔대면 칼끝이 심장을 건드려 찢어지는 고통을 발생시킨다. 잉즈와 란란이 그 예다.

그녀들이 둘 다 어렸을 때라 힘이 약하고 표현 능력이 떨어져 그때 당시 제대로 대처하지 못했던 탓에 아픈 기억을 마음속에 묻어두었다. 잉즈가 표현하지 못했던 것은 어머니에 대한 두려움과 마음의 상처였고, 란란이 표출하지 못했던 것은 친구들에 대한 분노와 미움의 감정이다. 어쩌면 그 둘은 자신의 관심거리를 다른 곳으로 옮기는 방법을 통해 차츰 부정적인 감정을 없애나갔을 수도 있다. 혹은 아무런 행동도 취하지 않고 그 어떤 문제도 해결하지 않은 채 주어진 삶만 묵묵히 걸어왔을 수도 있다.

심리학에는 '미완성 작업'이라는 흥미로운 용어가 있다. 충족되지 않은 필요, 표현하지 않은 감정은 언젠가는 다른 형식으로 표출되게 된다는 뜻이다. 그런 의미에서 당신은 노력을 통해 이 공백을 메울 수도 있고 혹은 다른 곳에서 보상받을 수도 있다. 어떤 사람은 다시는 타인이 자신을 함부로 대하지 않게끔, 그리고 어떤 왕따나 스트레스라도 이겨낼 수 있게끔 강해지기 위해 자신의 약점과 열등감을 극복하려 애쓴다. 이런 사람에게는 이 과정이 일종의 승화이자 자기 정진, 자아 성장의 계기가 된다.

그러나 아무리 노력하더라도 자아의 깊은 곳, 보이지 않은 내면에는 아직도 치유받지 못하고 성장하지 못한 부분이 남아 있는 사람도 있다. 기억하고 싶지 않은 상처를 깊은 곳에 감춰두었기 때문이다. 하지만 보이지 않는다고 해서 존재하지 않는 것은 아니듯 언제 어디서든 비슷한 상황이 재발하면 어쩔 수 없이 나약했던 과거의 모습과 다시 마주해야 한다. 세월이 지나면서 다른 영역은 강해졌을지 모르지만 기억하고 싶지 않은 나약한 부분은 감히 마주 보지 못했기 때문이다.

과거의 나와 마주하라

오래 전의 상처가 불현듯 떠올라 마음이 어지러워지면 어떻게 해야 할까? 아무 대책 없이 맞닥뜨리게 되는 상처에 매번 당해야 하는 걸까? 아니다. 잊히지 않던 상처에 대응하는 방법이 있다. 첫째, 문제와 마주해야 한다. 문제를 인식하기 시작했다는 것 자체가 해결하기에 아직 늦지 않았다는 뜻이다. 따라서 문제가 더 이상 당신의 삶에 부정적인 영향을 끼치지 않게 해야 한다. 만일 문제가 무엇인지도 깨닫지 못하고 자신이 그것 때문에 얼마나 부정적인 영향을 받고 있는지조차 모른 채 살아간다면 얼마나 불행한 일인가? 칼을 칼집에 잘 꽂아놓듯 문제의 존재를 인식하고 이를 해결하기 전까지 잘 보관해둔다면 안정감을 느낄 수 있을 것이다.

둘째, 상처의 합리화는 절대 금물이다. 잉즈는 어머니가 자신을 심하게 대한 것이 결코 자기가 미워서가 아니라고 믿었다. 이 모녀는 지금은 좋은 관계를 유지하고 있다. 그래서 어릴 적의 상처는 어머니가 무심코 한 행동 때문이라고 생각하지만 설령 이런 믿음이 객관적인 사실이라고 해도, 이 논리는 잉즈 자신의 내면 충돌을 줄이고 어머니의 입장을 합리화하기 위한 핑계일 뿐이다. 왜냐면 상대가 준 상처가 어쩔 수 없는 환경에서 합리적인 이유 때문에 유도된 것이라고 믿어야만, 그나마 자기 내면의 상처를 어느 정도 줄일 수 있기 때문이다. 사람들은 다른 사람에게 종종 이런 말로 위로한다.

'그 사람은 원래 그런 사람이니까 힘들게 상대할 필요가 없어.'

'그 여자가 고의로 그런 건 아니까 마음에 두진 마.'

당신 또한 스스로 이런 말로 자기 자신을 설득하곤 한다. 그러나 이 같은 합리화의 방식은 흥분한 감정을 일시적으로 가라앉힐 뿐 오랜 세월 고착화된 상처의 근본적인 치료가 될 수 없다. 오히려 '분명히 이성적으로는 그때의 상처를 받아들이고 상대를 용서했는데 어째서 고통은 잊히지 않는 걸까?'라는 풀리지 않는 의문과 혼란 때문에 평생 괴로워할 수도 있다. 합리화의 핑계는 당신으로 하여금 문제의 진실과 상처의 근원을 회피하게 한다. 회피하면 문제는 영원히 해결되지 않는다.

상대가 당신에게 상처를 입혔다는 사실을 정확하게 인정해라. 그렇게 해야만 당신이 내면 깊은 곳의 문제를 직면할 수 있고 그것을 해결할 용기도 생긴다. 다시 말해, 과거의 상처를 치유하는 첫 번째 방법은 회피하지 않고 당시 받았던 상처를 인정하는 것이다. 그리고 상처 주었던 사람을 위해 어떤 이유나 핑곗거리도 주어서는 안 된다.

셋째, 감정을 발산하라. 상처받았던 그날로 시간을 되돌려줄 타임머신은 없지만 우리는 '기억'이라는 통로를 통해 당시의 정황을 머릿속에 재현해낼 수 있다. 비록 유쾌하지 않은 기억에 다시 잔인하게 노출된다는 어려움은 있지만 이것이야말로 상처를 넘어설 수 있는 유일한 기회이다.

그때의 상황을 떠올린 뒤 당시의 감정을 그대로 느껴보자. 상처 주었던 사람의 말, 당신을 거칠게 다루었던 그들의 행동을 떠올리다 보면 그때 느꼈던 분노와 무력함, 실망의 감정이 고스란히 전달될 것이다. 만약 상처를 준 당사자와 대화를 나눌 수 있다면 가장 좋다. 그와 지금까지도 여전히 연락하는 사이라면 그때 당신이 느꼈고 또 마음 깊이 감춰뒀던 감정을 말로 표현해보자. 만약 그들과 지금 좋은 관계를 유지하고 있거나 서로 지지해주는 사이라면 당신은 상대의 사과를 받아들일 수 있을 것이다. 그리고 이것이 일종의 위안과 회복, 치료의 계기가 될 것이다.

물론 쌓아둔 감정은 굳이 당사자 앞이 아니더라도 표출할 수 있다. 그때 당신이 가장 하고 싶었던 말, 가장 표현하고 싶었던 반응을 자신에게 이야기를 들려주듯 표현해보기 바란다. 상대가 바로 앞에 있는 것처럼 말이다. 분노와 상처를 말로 표현한 뒤 한바탕 울어도 좋다. 심지어 상대를 질책하는 말을 쏟아내도 괜찮다. 평소 신뢰하는 연인이나 친구도 하소연의 대상이 될 수 있다. 이 모든 것은 상처를 치유하기 전에 반드시 거쳐야 하는 발산의 단계다. 쏟아내라! 발산의 단계는 미완성의 감정을 표출함으로써 응축된 감정이 더 이상 내면에 웅크려 있지 않고 세상으로 흘러나와 소화되게 하는 과정이다.

넷째, 자신의 내면과 마주하고 이야기하라. 감정을 발산시키는 것이 최종 목적은 아니다. 이는 목적을 달성하기 위한 일종의 경로이자 절차일 뿐이다. 만일 이를 통해 성장이 이뤄지지 않는다면 감정 분출이나 분노의 표현은 일시적이고 실속 없는 과정에 불과하다. 수시로 튀어나와 당신을 괴롭히는 과거의 상처에 대처하고 상처를 피해갈 수 있을 정도로 내면이 성장해야만 비로소 효과적인 치유라고 할 수 있다. 지금의 당신, 그리고 상처받았던 과거의 당신에게 문득문득 무력했던 과거의 모습이 떠오를 때마다 이렇게 말해주자.

'넌 이미 성장해서 강인한 사람이 되었어. 어떤 문제와 어려움을 만나도 스스로 해결할 수 있게 되었지. 약점이나 상처는 이제 모두 과거에 속한 유물일 뿐이야.'

이러한 자기 암시는 1회성으로 끝나서는 안 된다. 살다 보면 수시로 무력하고 당황스러운 상황을 만날 텐데 그때마다 당신이 최근 어떻게 성장하고 발전해왔는지, 얼마나 많은 문제와 갈등을 해결했고 얼마나 많은 어려움을 극복했으며, 얼마나 많은 상처를 치유해왔는지 떠올려보기 바란다. 그 과정을 통해 스스로 자신을 보호할 능력이 있음을 증명하고, 자신감 있고 당당하게 옛 상처의 뿌리를 대면할 수 있음을 확인할 수 있을 것이다.

우리는 모두 의식적, 무의식적으로 상처를 겪어왔다. 잊지 못할 상처가 있다면 굳이 잊을 필요는 없다. 그것은 당신의 성장 과정을 이루는 일부일 뿐이다. 우리가 해야 할 것은 응어리진 과거의 상처를 풀어냄으로써 미완성 작업의 저주를 풀고 자신을 인식하는 한 가지 통로로 전환시키는 일이다. 그리고 그것을 성장의 계기로 삼는 것이다. 왜냐면 진짜 강인한 사람은 상처를 받아본 적이 없는 사람이 아니라 상처를 겪었음에도 그것을 극복하고 똑바로 바라보게 된 사람이기 때문이다.

눈치 보느라
잃어버린 나 자신

모두들 그렇게 한다고 해서 그것이 가장 정확한 해법인 걸까?
대다수 사람이 선택했다고 해서 반드시 옳기만 한 걸까?

며칠 전 여행 차 오른 비행기에서 무척 온화해 보이는 어머니와 활발하고 똑똑해 보이는 어린 아들의 옆자리에 앉게 되었다. 좌석이 가까워서인지 본의 아니게 그들의 대화를 엿듣게 되었다.

"엄마, 이번 방학이 끝나면 또 영어 학원에 다녀야 해요?"
"그럼, 영어 공부 열심히 해야지. 아래층에 사는 솬솬^{쏼쏼}이 얼마나 영어를 잘하는지 봤지?"
"그런데요, 왜 지금 영어를 배워야 하는 거예요? 나중에 학교에 들어가서 하면 되잖아요."

"유치원 다니는 아이들도 영어 공부는 다 하잖아."

"걔네들이 공부하니까 저도 해야 하는 거예요?"

엄마는 더 이상 아이의 말에 대꾸하지 않고 눈을 감고 잠을 청했다. 그런데 이상하게도 아이가 남긴 마지막 말이 내 머리를 떠나지 않았다. 무척 피곤했음에도 나는 그 말 때문에 늦게까지 잠을 이루지 못했다. 그렇다. 다른 아이들이 모두 영어 학원을 다니면 내 아이도 보내야 하는 걸까? 모두들 그렇게 한다고 해서 그것이 내게 잘 맞는 일일까? 정말로 나를 위한 것일까?

SNS를 하다 보면 유독 많은 사람에게 공유되고 전달되는 글이 있다. 인기 글을 쓴 저자의 SNS를 잘 보면 전송되는 글이 대부분 '어떻게 하면 SNS에서 100만 번 넘게 읽히는 글을 쓸 수 있을까?', '어떤 제목이 주목받을 수 있을까?', '누구의 글이 요즘 인기가 있다더라'라는 고민을 거쳤음을 알 수 있다. 그리고 일단 어떤 글이 이슈가 되기만 하면 비슷한 패턴의 글을 쏟아진다. 사실상 이것은 대다수 1인 매체 종사자가 관심을 가지고 주목하는 분야이니 잘못됐다고 할 수도 없다. 그들은 사람들이 어떤 내용에 관심을 가지고 있는지 그리고 어떤 글을 쓰는지 곁눈질하느라 정작 자기 자신에 대해서는 관심 있게 들여다볼 기회가 없다. 하지만 누군가가 어떤 내용의 글을 올려서 인기를 얻었다고 해서 당신도 굳이 비슷한 내용의 게시물을 올려야 할까? 이슈가 된 내용은 분명 가치 있고 남다른 의미를 지니고 있겠지만 그렇다고 해서 반드시 그것을 모방해야 할 필요는 없다.

크리스마스이브에 한 동료가 여자친구에게 줄 선물을 결정하지 못해 고민하다가 주변 사람들에게 무엇이 좋을지 여기저기 묻는 모습을 보았다. 사람들이 많이 하는 선물을 하는 것이 무난할 것이라는 계산에서였다. 그러자 누군가 모 사이트에 가서 히트상품을 검색해보면 원하는 답을 얻을 것이라고 귀띔해주었다. 다른 사람이 많이 선택하는 선물을 여자친구가 반드시 좋아할까? 많은 사람이 구매한 히트상품이라고 해서 그 사람에게도 적합한 선물이 될 수 있을까? 비행기 안에서 쏟아지는 졸음을 참아가며 이런저런 생각을 했다. 위의 사례에서 말하고자 하는 핵심은 동일하다. 즉, <u>남이 짜놓은 극본을 가지고 자신의 인생을 살아가는 사람이 적지 않다는 사실이다.</u>

단순한 안정감을 얻고 나 자신은 잃어버린다

우리는 어렸을 때부터 은연중에 다수의 의견에 따라 행동해야 한다고 교육받아 왔다. 그래서 한쪽 눈과 귀는 늘 다른 사람의 말과 행동에 집중시킨 채 대중에게 버림받는 사람이 되지 않기 위해 발버둥 쳐왔다.

어째서 미술 학원과 음악 학원을 다녀야 하는지 모르겠지만 분명한 사실은 내가 좋아서 다니는 것은 아니라는 점이다. 어째서 집에서 멀리 떨어진 기숙학교에 입학해야 하는지 그 이유는 모르지만 부모가 말하길 회사 동료의 자녀가 그 학교에 다니기 때문이라고 했다. 어째서 대학에서 컴퓨터나 금융을 전공해야 하는지 모르겠지만 다만 먼 친척 형제 중 누군가가 이를 전공한 덕에 졸업 후 일이 잘 풀렸다는 이야기를 전해 들었을 뿐이다. 이런 식으로 우리는 결국 자신이 무엇을 원하는지조차 알지 못하는 사람이 되고 말았다. 혹은 스스로 생각하는 것이 귀찮아서 다수가 선택하는 길을 뒤쫓기만 하는 삶을 산다. 누군가 어떤 길로 가서 좋은 결과를 얻었다고 하면 우르르 몰려가 줄을 서고 그 일에 매진하면서 말이다. 그런데도 '왜?'를 묻는 사람은 별로 없다.

이것이 바로 사람들의 마음에 세뇌된 생각, 즉, 다수의 선택이 옳다는 것의 논리다. 대다수 사람의 선택은 설혹 진리가 아니더라도 큰 문젯거리가 안 된다. 그들이 원하는 것은 진리가 아니라 단순한 안정감이기 때문이다. 하지만 불행히도 이런 안정감은 자기 자신을 잃게 할뿐 아니라 산다는 것의 기쁨과 흥미조차 잃게 한다.

만일 당신이 다른 사람이 쓴 극본을 가지고 인생의 무대에서 연기해야 한다면, 왜 하필 '당신'이라는 개성 있는 존재로 이 땅에 태어났겠는가? 그 각본에 적힌 희로애락은 이미 수도 없이 많은 사람이 경험했을 텐데 구태여 당신까지 참여할 필요가 있는가? 당신이 왜 그렇게 말하고 행동할 수밖에 없었는지 이유를 들어보면, 거기에는 수많은 타인의 생각과 타인의 핑계만 있을 뿐 자신의 생각과 판단은 없다. 당신의 목소리는 이미 타인의 독백에 가려진지 오래다. 이것이 바로 자기 자신을 잃은 사람의 전형적인 모습이다.

인생의 즐거움은 다양성과 개성을 누리는 다채로움에 있다. 타인에게 피해를 주지 않는다는 전제하에 자신의 필요를 만족시키고 스스로 결정 내리면서 인생의 오묘함을 발견하고 체험하는 과정 말이다. 때로는 타인의 선택을 따르는 것이 오히려 현명한 선택일 수도 있다. 하지만 쭈뼛쭈뼛 눈치를 봐가며 남의 무대의상을 억지로 걸쳐 보기만 하다가는 몸에 맞지도 않고 부자연스러울 뿐 아니라 결국 자기 자신도 기쁨을 누리지 못한 채 남에게 웃음거리가 되고 만다.

레이스가 달린 여성스러운 스커트를 입는 것이 유행이라고 해서 이지적이고 중성적인 이미지를 가진 당신이 구태여 그런 스타일을 고집할 필요는 없다. 많은 사람이 안정적인 공무원을 선호한다고 해서 천성이 자유롭고 돌아다니길 좋아하는 당신이 군이 공무원 시험에 매달릴 필요는 없다. 대다수 아이가 피아노 학원에 다닌다는 이유로 피아노에 전혀 흥미가 없는 당신의 자녀까지 보낼 필요가 없다. 인생에서 우리는 언제나 각자 처한 상황에 근거해서 결정을 내려야 한다. 남들이 좋다고 말하고 남들이 성공했다고 말하는 길을 무조건 따라 걷는다고 인생이 성공하는 것은 아니다.

다른 사람의 인생이 당신의 가능성을 짓밟게 해서는 안 된다. 다수가 가는 길을 선택하지 않아 설령 성공을 이루지 못한다고 해도 당신은 후회하지 않을 것이다. 당신은 진짜 원하는 길을 선택했기 때문이다. 나는 유명 작가 왕쉬王朔의 글을 좋아하지만 그의 글을 모방해서 쓰지 않는다. 그렇게 하면 잘해봐야 제2의 왕쉬밖에 될 수 없기 때문이다. 그래서 나는 나만의 스타일을 유지한다. 별다른 성과를 얻을 수 없더라도 말이다. 내 인생에서 1순위는 영원히 내 자신이다. 나는 제2의 왕쉬가 되고 싶지 않다. 제1의 나 자신이 되고 싶을 뿐이다.

지금까지는 어쩔 수 없이 다수가 선택한 길을 따라서 왔다면 최소한 지금부터는 당신의 아이가 '왜 다른 사람이 한다고 해서 똑같이 해야 해요?'라고 물을 때 침묵하지 말고 정확하게 답변해주기 바란다. 애초부터 아이가 이런 질문을 하는 상황이 되지 않게끔 아이의 자율적인 선택권을 존중해주는 것이 더 중요함은 물론이다.

손오공은 삼장법사가 머리에 씌워준 긴고주緊箍呪(삼장법사가 손오공을 꼼짝 못 하게 하려고 머리에 씌운 모자)에 갇혀 남이 정해준 운명대로 요괴와 마귀를 물리치는 투전승불鬥戰勝佛(손오공의 봉호)이 되었다. 하지만 우리는 추억 속의 화과산花果山(손오공이 태어난 산)과 자하선녀紫霞仙子(손오공이 사랑했던 대상)를 잊지 말아야 한다. 화려한 겉모습에 가려져 있지만 마음 한구석에 여전히 살아 있는, 손오공 그 자신이 원했던 자유자재의 야생 원숭이를 말이다.

햇살이 무척 따사롭던 어느 날, 강아지 한 마리가 온몸이 더러워진 채로 길거리를 돌아다니고 있었다. 그 강아지는 스치기만 해도 병이 옮을 것처럼 불결해 보였다. 얼마 뒤 산책을 나온 어머니와 어린 아이가 그 강아지 주변으로 다가갔다. 신이 난 강아지가 아이를 향해 달려가자

아이도 웃으며 만지려고 했다. 그때 어머니가 아이를 제지했다. 대부분 다른 어머니가 그러하듯 아이의 어머니도 이렇게 말할 줄 알았다.

'더러우니까 만지지 마!'

그런데 그 예상은 보기 좋게 빗나갔다. 어머니는 아이를 타이르며 이렇게 말했다.

"아가, 네 손이 지금 무척 더럽잖니? 그러면 강아지가 감기에 걸릴 수도 있으니 강아지와는 다음에 같이 놀자."

그 순간 나는 내 마음이 따뜻한 무언가로 가득 채워짐을 느꼈다.

과거의 사랑을
잊을 수 없다면

철 지난 옷은 정리해서 장롱에 넣어둘 수 있다. 사람과의 관계
도 철이 지나면 칼로 자르듯 끊을 수 있을까?

늦가을에 접어든 베이징은 제법 쌀쌀했다. 그런데 미니스커트를 입고
허벅지를 드러낸 여성들이 곳곳에서 찬바람에 떨고 있었다. 계절에 맞
지 않는 옷은 아름다움을 반감시킨다. 한여름에 고급 캐시미어 코트를
입고 다니는 것처럼 말이다. 계절이 바뀌면 철 지난 옷은 잘 정리하여
장롱에 넣어둬야 한다. 나도 이제 철 지난 옷을 정리해야겠다고 생각
할 무렵 한 친구에게 연락이 왔다.

　　"전 여자친구에게 이혼하라고 해야겠어. 그리고 나와 다시 시작하
자고 말할 거야."

다들 추위를 피하고자 겨울옷으로 갈아입는데 유독 그 친구만 철 지
난 옷을 벗지 않으려고 고집을 피우고 있었다. 늦가을 추위에도 미니
스커트를 고수하는 아가씨처럼 말이다. 그는 전 여자친구와 인연을 다
시 이어나가는 것이 장롱에서 철 지난 옷을 꺼내 입는 것처럼 손쉬운
일이라고 믿었다. 그러나 전 여자친구와 재결합하는 일은 쉬운 일도
아니고 지금 상황에 적합하지도 않다. 그녀는 철 지난 사랑일 뿐 과거
로 떠나보내야 한다. 한 번 헤어진 사람은 당신을 떠나 당신과 무관한
사람이 되었기 때문이다.

그들의 연애는 이별을 경험한 모든 연인의 스토리와 비슷했다. 안
면을 트고-깊이 알게 되면서-썸을 타다가-본격적인 연애를 시작하
지만-갈등이 생기면서-헤어지는 과정 말이다. 전 여자친구가 베이징
을 떠나게 되면서 그들은 헤어졌다. 당시 둘 다 연인 관계를 유지하려
고 많은 노력을 기울였지만 두 사람이 함께하는 청사진은 끝내 그리지
못했다. 서로의 감정은 과거에 묻어두는 것이 최대한 서로를 배려하고
존중한 결정이라 생각했다. 그러나 그녀와 행복했던 시간이 떠오를 때
마다 그는 착잡해졌고 감정이 북받쳤다.

그러던 중 그녀가 베이징으로 돌아온다는 소식을 듣게 되었다. 그는
헤어질 수밖에 없었던 문제, 즉 물리적 거리감이 해결되었다고 믿었다.
나는 친구에게 물었다.

"전 여자친구가 베이징으로 돌아오는 게 너랑 무슨 상관이 있어?"

"모든 상황이 명확하게 답을 알려주고 있잖아. 우리는 죽고 못 살

정도로 사랑하는 사이였는데 그녀가 다른 지역으로 이사하는 바람에 헤어졌던 거야. 하지만 이제 같은 지역에 머무를 수 있게 되었어. 이보다 더 분명한 재결합 신호가 어디 있겠어?"

뭐라 대꾸할 수가 없었다. 그는 모든 상황을 둘의 재결합을 암시하는 신호라 여겼고 그녀와 재결합할 수 있다고 믿었다. 그녀가 채팅으로 그에게 베이징에 갈 거라는 메시지를 보낸 것도 일종의 신호이고, SNS에 남편과 다퉜다는 글을 올린 것도 자기 상황을 봐달라는 신호라는 것이다. 심지어 그는 그 무렵 봤던 멜로 영화의 해피엔딩도 신호라고 믿었다. 터무니없는 생각을 진짜라고 믿는 사람에게는 무슨 이야기를 해도 소용없다. 그는 전 우주의 에너지가 모여 그 결정을 하도록 자신에게 신호와 메시지를 보낸다고 믿었다.

어째서 안정적인 삶의 리듬을 깨뜨리면서까지 그녀를 다시 자기 삶으로 끌어들여 관계를 복잡하게 하려는 걸까? 그는 이렇게 고백했다.

"그녀에 대한 미안함이 있어. 사귈 때 잘해주지 못했거든. 약속도 많이 못 지켰고. 그걸 생각하면 아직도 마음이 아파. 지금 걔가 불행하게 된 것도 나 때문인 것 같아 죄책감이 들어. 다시 만나면 그녀의 삶에서 자욱한 안개를 거둬내고 밝은 햇빛을 보여주고 싶어."

그는 이렇게 황당한 이유를 대고 끝에 이런 말을 덧붙였다.

"이게 다 그녀를 위해서야."

과거에서 벗어나지 못한 것은 당신뿐

모든 이야기에는 숨은 뜻이 있다. 상대의 말보다 언어로 표현하지 않는 말이 더 중요할 때가 있다. '그녀의 행복을 위해서'라는 그의 말에는 어떤 뜻이 있을까? 바로 자기 내면의 넘실대는 욕망이다. 남을 위해서라는 말을 입에 달고 다니는 사람은 실상 자기만족을 위해 사는 사람이라고 봐도 무방하다. 자신에게 진심이 부족했다고 후회하지 않으려고, 현실적인 문제로 미래가 안 보일 때 자신의 무능을 자책하지 않으려고, 과거를 회상할 때마다 슬퍼하며 탄식하지 않기 위해 그는 강제로 시간을 되돌려 끝나지 않을 멜로드라마에 다시 출연하려는 것이다. 이런 그에게 필요한 것은 '사실'이 아니라 남을 감동시킬 '이야기'다. 그러나 현실은 냉정하다. 둘의 이별도 전 여자친구의 결정이었으니 그에게는 예전 잘못을 만회할 기회가 없으며 인생 스토리를 다시 쓸 권한도 없다. 이를 마음에서 지우지 않으면 그는 아픈 과거를 떠안고 평생을 쓸쓸하게 살아야 할 것이다. 하지만 천리 밖에 있는 전 여자친구의 자유 선택권을 빼앗아 자기 마음대로 상황을 해석하기 시작한 걸 보니 그는 다시 장롱을 열어 철 지난 셔츠를 꺼내 입기로 결정했나 보다.

그는 알고 있을까? 남편과 더 좋은 보금자리를 마련하려고 그녀가 베이징으로 오는 것일 수도 있음을, 그녀가 그 소식을 알린 이유가 단순한 인사치레에 지나지 않을 수도 있음을. 그는 혹시 알고 있을까? 그녀의 인생은 완전히 새로운 드라마여서 이제 그와 무관한 스토리가 되었다는 사실을 말이다. 이 모든 것은 그가 과거의 그림자에서 벗어나지 못하고 스스로 매듭짓지 못한 미련을 전 여자친구에게 투영했기 때문이다. 그래서 무의식적이고 반강제적으로 옛 사랑을 그리워하면서도 한편에는 내키지 않은 마음이 있었던 것이다.

과거의 달갑지 않은 기억에서 헤어 나오지 못하는 사람이 한 명 더 있다. 나의 또 다른 친구는 전 남자친구와 헤어진 지 1년이 넘었는데도 종일 그의 SNS만 바라보며 소식이 업데이트되기를 기다린다. 더욱 무서운 점은 1년 동안 그의 SNS를 수시로 살펴보면서 그의 상황을 너무나도 정확하게 파악하고 있다는 사실이다. 그가 올린 사진만 보고도 그가 어떤 이성과 썸을 타는지 알아낼 정도였다. 그녀는 내게 말했다.

"그 사람은 장이 좋지 않아서 매운 샤브샤브는 먹으면 안 되는데, 요 몇 달 동안 두 번이나 먹은 것 같아서 걱정이야."

"전에는 내가 별자리 운세 보는 걸 못마땅해 하더니 지금은 별자리 운세가 일리 있다며 글을 올리더라고."

그녀의 말에는 그를 향한 내키지 않은 마음과 온갖 질문이 숨어 있다. '나랑 사귈 때는 조금도 변하려 들지 않았으면서 어째서 지금은 완전히 다른 사람으로 변했을까?', '내 말은 조금도 마음에 두지 않았으면서 왜 지금은 남의 말에 귀를 잘 기울이는 거지?'라는 마음 말이다. 그는 새로운 인생을 향해 성큼성큼 발을 내딛고 있는데 유독 그녀만 과거의 연애 감정을 버리지 못하고 현재의 자신을 질책하고 있다.

사람은 살면서 부단히 변화하고 전진하며 자신을 수정한다. 그러다

보면 누군가를 만나게 되는데 그 누군가는 당신 삶에 조금이라도 흔적을 남기고 당신 또한 그의 삶에 흔적을 남긴다. 그 흔적은 아무런 영향이 없을 수도 있고 운명이라는 이름으로 변해 당신에게 전환기를 맞게 할 수도 있다. 다만 확실한 것은 시간이 지난 지금, 그 사람의 감정이 좋은지 나쁜지, 그가 미래에 성공할지 실패할지 등은 이제 그 사람 개인의 일, 또는 그와 다른 사람 사이의 일이 되었고 당신과는 무관하다는 사실이다.

우리 삶에도 그런 사람이 한 명씩 있다. 그가 누구였든지 헤어지면 과거의 사람에 불과하다. 삶의 렌즈는 당신과 상관없어진 사람을 더는 비추지 않는다. 당신이 연기하는 것은 바로 당신의 삶이기 때문이다. 옛 연인에게 집착하는 당신, 한번 생각해보기 바란다. 만일 누군가가 어둠 속에 숨어서 당신의 삶을 훔쳐보고 있다면 마음이 어떻겠는가? 입장을 바꾸어서 당신이 누군가의 삶을 바라보고 있다면, 그가 당신의 이런 열정을 견뎌낼 수 있을까?

내게도 비슷한 경험이 있다. 철이 없을 때 남의 진심에 상처를 낸 적이 있었다. 비록 고의는 아니었지만 마음에 남은 미안함 때문에 그를 잊을 수 없었다. 그에게 연락해서 그때 내가 그렇게 고집 피울 수밖에 없었던 이유를 설명하고 싶었다. 미안하다는 말만 할 수 있어도 좋을 것 같았다. 고맙게도 운명은 그를 다시 만날 기회를 주었다. 생이별했던 가족을 만나듯 나는 흥분했다. 예전에는 할 수 없었던 말들을 모두 털어놓았고 요즘 어떻게 지내는지도 물었다. 감정을 털어놓으니 죄책감에서 해방되었고 이내 편안함이 찾아왔다. 그러나 해명을 들은 그는 서먹한 미소를 지으며 말했다.

"사실 난 굳이 해명을 듣고 싶지 않았어. 너도 이제 날 기억하지 마. 잘 지낸다니 다행이다."

그 순간 깨달았다. 그동안 미처 생각하지 못한 부분이 있음을 말이다. 그가 나를 다시 만나고 싶었는지, 나의 해명을 듣고 싶었는지, 나와 함께했던 과거를 그리워하는지, 그의 입장에서는 한 번도 생각해보지 않았다. 그러고는 일방적으로 내가 하고 싶었던 말만 쏟아낸 것이다. 그를 위해서가 아니라 순전히 나를 위해서. 조금이라도 내 마음을 편하게 만들어서 고통당하지 않으려고. 그날 이후 비로소 그와 나 사이에 명확한 경계선이 그어졌다. 경계선 한쪽에는 어리석고 잔인했던 과거의 나와 그가, 반대쪽에는 미래의 나와 그가 놓여 있다. 경계선을 기준으로 이쪽과 저쪽은 그 자리에 그대로 있어야 한다. 과거의 나든 다른 사람이든 경계선을 옮길 자격은 없다.

여름이 아무리 길다 해도 언젠가는 서늘한 가을이 온다. 어쩌면 이 시기가 다가올 계절을 준비하는 기간일 수도 있다. 그의 인생에 간섭하지 말고 자유롭게 놓아주자. 그것이야말로 계절에 어울리는, 그에게 베풀 수 있는 가장 따뜻한 배려다.

어린 시절의 상처를
다독여라

그녀가 겪은 일은 그녀에게 안정감 결여, 정서 불안, 인간관계
문제, 자책감, 절망감을 느끼게 했다. 이 모든 것은 어린 시절의
상처가 치유되지 않아 생긴 부정적 결과다.

이제 막 사회생활을 시작했지만 안정적인 연인관계를 유지하는 데 어려움을 느낀 한 여성이 도움을 요청했다. 그녀는 자주 스트레스와 초조감, 정서 불안을 느꼈고 연인과 사귈 때도 불안감을 떨쳐내지 못했다. 그녀의 문제는 연인과 헤어지고 다른 남자를 사귄 뒤에도 전 남자친구가 그리워서 재결합을 시도한다는 점이다. 직장과 일상생활이 늘 이런 식이었다. 자존감이 낮아서 어떤 문제가 생겨도 습관적으로 자기 잘못이라며 자책했다. 자신과 관계없는 일도 자기 책임으로 돌리며 양심의 가책을 느꼈다. 그녀는 깊은 당혹감을 느끼며 자신의 문제가 어

릴 적 가정환경과 관련 있으리라고 짐작했다. 그래서 가끔은 부모를 원망했다. 반면 컨디션이 좋을 때는 가정환경이나 부모 탓이 아니라고 믿었다.

어린 시절 그녀는 다툼이 많은 집안에서 자랐다. 성격이 괴팍했던 아버지는 늘 어머니와 다퉜고 그녀에게도 이유 없이 화를 냈다. 가끔은 뜬금없이 그녀를 지나치게 예뻐하기도 했다. 어머니는 아버지와의 관계 때문에 늘 우울해했고 가끔은 그녀 앞에서 눈물을 흘리거나 원망을 했다. 정도가 심해지면 그녀에게 손찌검을 하기도 했다. 바쁜 농사철에는 그녀를 친척 집에 보냈다. 지금의 심리적 불안감은 어릴 적부터 부모의 폭력에 자주 노출되고 남의 집에서 눈치 보며 살던 환경 탓에 생겼을 가능성이 크다. 편하게 마음 붙이고 살 곳이 없었던 환경은 그녀가 어른이 된 지금도 상처로 남아 지워지지 않은 것이다. 그녀는 다소 떨리는 목소리로 물었다.

"제 문제는 어릴 적 부모님과 관련이 있는 건가요?"

<u>열악하고 불행한 성장 환경이 어찌 심리 형성에 영향을 끼치지 않겠는가? 그녀가 겪고 있는 안정감 결여, 정서 불안, 인간관계 문제, 자책감, 절망감은 어린 시절의 상처가 치유되지 않아 생긴 부정적 결과다.</u> 이는 어린 시절 받은 정신적 상처가 성인이 되어서도 심리적인 문제를 유발시킬 수 있음을 잘 보여주는 사례다. 일종의 '외상 후 스트레스 장애'PTSD라고도 할 수 있다. 일반적으로 외상 후 스트레스 장애는 지진, 화재, 교통사고, 사망 등의 중대하고도 충격적인 사건을 경험한 뒤 나

타나지만 어린아이는 아직 완벽한 인지 체계가 형성되지 않은 데다 정서적 경험이 풍부하지 않기 때문에 가정에서 일어나는 사소한 부정적 경험에도 심각한 상처를 입을 수 있다.

성인이 된 뒤 겪는 외상 후 스트레스 장애의 파괴적인 영향도 무시 못 할 정도인데 어린 시절 상처로 인한 피해는 얼마나 치명적이겠는가? 이것은 가장 치료하기 어려운 상처라고 할 수 있다. 어린 시절에 상처를 경험하면 언젠가는 그에 따른 분노와 수치심, 원망, 고통 등 부정적인 감정이 한꺼번에 분출되어 마음에 큰 충격이 가해질 수 있다. 이 충격은 마치 길들여지지 않은 맹수가 사납게 달려들 듯 성큼성큼 다가와 당신의 인생을 집어삼킨다. 근거 없는 소리가 아니다. 그간 심리 상담사로 일하면서 만난 사람의 80퍼센트 이상이 어린 시절 가정 환경에서 파생된 문제를 안고 있었다. 앞서 말한 사례보다 더 잔혹하고 심각한 사례도 적지 않았다. 어린 시절 겪었던 좌절감을 제때 해결하지 못해 성인이 된 뒤에도 자아 성장을 방해하는 요인이 되는 사례도 많이 보았다. 부모의 다툼과 이혼, 부모와 오랜 시간 떨어져 지냈거나 문제가 많은 부모의 교육 방식 등이 그 원인인데 이런 요소들은 앞으로 언제 어디서 등장할지 모르는 문제의 복선이 된다.

물론 스스로 상처를 치유하거나 성장 과정에서 자연스럽게 치유된 사례도 적지 않다. 그러나 운이 좋지 않아 불행한 유년 시절을 보낸 뒤 지금도 그 상처가 치유되지 않고 있다면, 이는 당신이 자신의 문제에 직면하는 첫 번째 계기가 될 수도 있다. 어린 시절의 상처를 치유하기 어렵다고 넋 놓고 있어서는 안 된다. 심리 상담을 받을 수 없는 상황이더라도 불행했던 어린 시절의 그늘에서 벗어날 방법은 얼마든지 있다.

불행했던 어린 시절의 그늘에서 벗어나는 방법

첫째, 상처의 원인을 알아내야 한다.

"어째서 이렇게 오랜 세월이 지났는데도 예전의 상처가 지워지지 않는 걸까요?"

앞에서 언급한 여성이 풀지 못한 가장 큰 의문점이다. 가정은 사람이 태어나 성장하면서 거치는 첫 번째 정거장이자 세상의 첫 이미지가 형성되는 곳이다. 어린아이는 가치관과 세계관, 인생관이 미성숙해서 정보를 받아들일 때도 피동적일 수밖에 없고 사리 분별도 명확하지 않다. 성인은 과거를 회상하거나 기억을 분석해서 자초지종을 이해할 수 있지만 아이들은 작고 여려서 주변에서 발생하는 사건을 이해하지 못한다. 성숙한 아이도 자기를 둘러싼 사회 전체를 이해하지 못하고 알 듯 모를 듯 모호한 상태로 지낼 뿐이다.

그러나 아무리 어린아이라도 정확하게 보는 것이 있다. 바로 직접적이고 객관적인 사실이다. 그것은 어쩌면 부모의 폭력이나 냉담, 방치일 수도 있으며 또는 부모 간의 다툼이나 이혼이라는 사건일 수도 있다. 그렇더라도 어린아이는 부모 같은 성인의 영향에서 벗어날 수

176

없는 의존적 존재여서 아주 사소하고 단순한 일에도 상처받기 무척 쉽다. 그러니 어째서 그토록 단순한 일이 당신에게 상상할 수 없는 충격과 지울 수 없는 상처를 주었는지 깊이 생각할 필요는 없다. 그때 당신은 어린아이였을 뿐이니까. 그때의 당신은 상황을 이성적으로 판단하고 자신에게 유리한 방향이 무엇인지 판단할 수 있는 나이가 아니었다.

둘째, 당신은 당신을 탓해서는 안 된다.

어린아이는 신체적, 정신적으로 발육이 덜 되어 모든 것을 정확하게 판단할 능력이 안 된다. 그런데도 우리는 부모가 이유 없이 화내는 것을 두려움에 떨면서 지켜봐야 했다. 조심성 없이 유리컵을 깼다는 이유만으로 가혹하게 혼나거나 '아무짝에도 쓸모없는 아이'라는 폭언을 들었을 수도 있다. 숙제를 늦게 끝냈다는 이유로 10분 넘게 육체적인 체벌도 당했을 수도 있다. 가끔은 스스로 '도대체 나한테 무슨 일이 일어났던 거지?'라고 묻기도 할 것이다. 또한 '내가 잘했던 건 아니야. 분명히 내가 뭔가 잘못했기 때문에 부모님이 그러셨을 거야'라고 자책할 수도 있다. '엄마 아빠가 날 미워했던 건 아닐까? 그런데도 내가 그분들을 사랑해야만 하는 걸까?'라는 의문도 생긴다. 아니면 '어째서 다른 친구들은 행복한 가정에서 자랐는데 나만 매를 맞고 다녔을까?'라고 생각하며 스스로 부끄러워할 수도 있다.

이러한 내면의 독백은 어쩌면 오래전부터 당신의 뇌리에서 메아리쳤을지 모른다. 하지만 이런 불행한 대우를 한두 번 당하다가 익숙해지면 잠재의식에는 이런 믿음이 생길 수 있다. '이 모든 문제와 번뇌를 만들어낸 원인 제공자는 다름 아닌 나야', '이런 문제를 초래한 나는 죄인이야. 그러니 어른이 되어도 남을 사랑할 수도 믿을 수도 없을 거야' 하는 믿음 말이다. 결국 당신은 성인이 되어 어떤 문제에 직면하더라도 근거 없는 죄책감에 시달리게 된다. 이 모든 것을 부모의 탓으로 돌려 버리자니 불효자가 되고, 그래서 당신은 부모의 과거 행위를 대신 합리화하려고 애쓴다. 결코 당신 탓이 아닌데도 말이다.

친부모는 당신을 낳아준 존재이므로 그들의 잘못을 인정하기는 두려운 일이다. 우리 내면 깊이 인식된 부모란 완벽하고 신성하고 결점이 없으며 언제나 자애롭고 인자하기 때문이다. 그러나 이것은 당신의 상상일 뿐이다. 그들은 상상만큼 좋은 부모가 아닐 수도 있다. 당신 마음에 그려진 부모는 당신 내면이 투영해낸 이미지에 불과하다. 각종 사회 윤리가 강요하는 스트레스와 압박 때문에 당신은 그들을 보호하고 싶고 그들의 잘못과 문제를 인정하고 싶지도 않다. 내가 말하고자 하는 것은 이 모든 것이 당신 잘못이나 책임이 아니라는 점이다. 당신은 악마가 아니다. 그리고 부모 역시 당신이 상상하는 것만큼 언제나 정확하고 옳기만 한 사람도 아니다. 그들은 당신에게 상처를 줬으며 그중에는 용서할 수 없는 상처도 있다는 사실을 이제 인정하기 바란다.

셋째, 당신은 당신의 감정을 표현해야 한다.

우리는 이미 수많은 상처에 심각한 영향을 받고 있다. 어쩌면 그 영향은 점점 더 심해질 수도 있다. 이는 대다수 사람이 상처를 제때 처리하지 않아 생긴 부정적인 결과다. 어린 시절 우리는 폭력과 욕설에 노출되곤 했다면 이런 기억은 수시로 떠올라 성년이 된 뒤에도 우리를 여전히 괴롭힌다. 이 순간적 기억은 외상 후 스트레스 장애의 전형적 증상 가운데 하나다. 상처를 받고도 감정을 표출하지 않으면 그 부정적 경험은 평생 당신을 따라다니며 분출구를 찾는다. 그리고 종종 적합하지 않을 때 감정이 분출되기도 한다.

당신도 이런 경험이 있는지 돌이켜보라. 여자친구가 스포츠 경기를 한 번 못 보게 했을 뿐인데 당신이 이상하리만치 분노했는가? 운전할 때 차선 변경 기회를 얻지 못했다는 이유로 당신이 상대 운전자의 집안 전체를 욕하며 저주했는가? 아이의 성적이 약간 떨어졌을 뿐인데 화를 참지 못한 당신이 아이를 심한 말로 나무라고 때렸는가? 이때 당신이 화를 내는 대상은 누구일까? 당신이 누구보다 강하다는 사실을 누구에게 알리고 싶은 것인가? 불필요한 분노는 어디서 유래한 것일까? 냉정하게 생각해보자. 당신이 왜 이 지경에 이르렀는지 정말 모르겠는가?

생각지도 못한 때 튀어나와 통제가 힘든 부정적인 감정은 대부분 어린 시절 받은 상처에 대한 감정을 그때 표출하지 못해서다. 그 감정은 오랜 세월에 걸쳐 풍선처럼 부풀다가 어느 시점에 이르면 펑 하고 터진다. 이렇듯 분노가 치밀어 오를 때는 가장 신뢰하는 사람을 찾아가서 어릴 적 표현하지 못했던 경험과 감정을 전부 털어놓자. 그러면 감정을 조절하는 데 큰 도움이 될 것이다. 여건이 된다면 전문적인 심리

상담을 받아 심리적인 소통과 상처 치유에 힘쓸 수도 있다.

넷째, 이제 당신은 상처와 함께 살아내야 한다.

앞서 언급했듯 어린 시절 겪은 상처는 치유가 무척 어렵다. 전문적인 심리치료를 받을 수 없다면 스스로 치유하는 어려운 과정을 거쳐야 한다. 이 과정에서 가장 중요한 두 가지는 '정상화의 자기 암시'와 '상처와 공존하는 길'이다.

'정상화의 자기 암시'란 부정적인 감정이 일어도 절대 자신을 질책하지 않고 현재 상황을 정상으로 받아들이는 것이다. 감기에 걸리면 코가 막히고 콧물을 흘리는 것은 지극히 정상적인 반응이다. 무언가와 부딪쳐서 멍이 드는 것도 정상적인 현상이다. 어린 시절에 불행한 일을 겪었고 그 일이 당신 삶에 부정적인 영향을 끼친다면, 당신이 그 일을 떠올릴 때마다 우울해지고 기분이 침체된다면 이 또한 정상적인 반응이니 자책할 필요가 없다.

우울해지고 초조해지려 할 때마다 자신을 향해 '이건 지극히 정상적인 과정이야', '지금은 어린 시절 상처 때문에 스트레스를 받고 있지만 언젠가는 다 지나갈 거야'라고 말해보자. 이를 정상적인 반응으로 받아들이게 되면 '나는 왜 항상 이런 식일까', '이런 마음을 먹으면 안 돼' 등의 기준으로 자신을 판단하지 않게 된다. 이것은 무척 중요한 성장이자 도약이다.

상처를 경험하지 않았다고 해서 언제나 유쾌하고 긍정적으로 지내는 것은 아니다. 그도 다른 이들과 마찬가지로 감정의 파동을 경험할 수 있으며 인생의 침체기에 접어들 수 있다. 설령 상처를 완벽하게 치유하지 못했다 해도 우리에게는 다른 선택이 있다. 즉, 누구나 상처와 공존할 수 있다는 말이다. 상처나 장애와 함께 살아갈 수 있게 노력하는 것, 이것이야말로 당신이 가만히 앉아서 상처에 아파하는 여타의 사람들과 구별되는 점이다. 나 또한 상처와 공생해왔다. 나와 같은 사람에게 이렇게 말하고 싶다.

"언젠가는 제 진짜 삶이 꽃을 피우리라는 희망을 가지고 살았어요. 그런데 늘 그것을 막아서는 장애물이 있었죠. 해결하지 못하고 마무리 짓지 못한 일이나 갚지 못한 돈 같은 것들 말이에요. 그런 것들이 다 해결되어야만 진짜 제 삶이 시작될 것 같았어요. 하지만 결국 저는 알게 되었어요. 그런 장애물들조차 바로 제 삶의 일부였다는 사실을 말이에요."

연애의 열정이
갑자기 식어버리면

연애나 결혼생활에서 영문도 모른 채 상대와의 관계가 차갑게
식어 서먹해지는 경험을 해보았는가? 그럴 때마다 도대체 그
사람이 왜 그러는지, 나는 또 어떻게 대응해야 하는지 알고 싶
었을 것이다.

얼마 전 익숙한 스토리의 한국 드라마를 봤다. 드라마의 여주인공은
아침에 일어나자마자 휴대 전화를 본다. 간밤에 남자친구로부터 부재
중 전화나 문자 메시지가 왔는지 확인하기 위해서다. 연락이 없자 실
망해 한동안 풀이 죽어 지내는데 거기서 끝이 아니다. 하루 종일 휴대
전화를 손에서 놓지 못하고 안절부절못하다가 혹시 전화기가 고장 나
거나 인터넷이 끊겨서 연락이 안 되는 건 아닌지, 남자친구에게 무슨
일이 생긴 건 아닌지 별별 생각을 다 한다. 초조한 마음을 이기지 못하
고 먼저 전화를 걸지만 수화기 너머로 흘러나오는 남자친구의 목소리

는 심드렁하기만 하다.

"나 지금 좀 바빠."

누군가에게 냉담하고 심드렁한 대우를 받아본 적이 있는가? 더할 나위 없이 친근했던 사이가 어느 날 갑자기 차갑게 식어버린 적이 있는가? 변한 것은 아무것도 없는데 상대는 굳은 표정으로 당신에게 냉담하게 대한다.

갑작스러운 신체 폭력을 당하면 우리 몸은 순간적으로 피하거나 저항해야 한다는 사실을 인지하고 곧장 방어 기제를 작동시킨다. 반면 정신적인 폭력에는 대다수 사람이 무방비로 노출된다. 정신적인 냉대와 멸시를 받으면 그 상황을 받아들이기도 어려울뿐더러 '상대가 도대체 왜 그러는지', '나는 어떻게 대응해야 하는지' 몰라 막막해한다.

정신적 폭력은 가정, 회사, 학교 등 장소를 가리지 않고 일어나며 사람 사이의 친밀감을 무너뜨릴 뿐 아니라 개인의 자존감과 자신감까지 파괴한다. 상대는 메시지에 회신도 하지 않고 전화도 받지 않으며 간혹 답변을 하더라도 냉담한 말투다. 먼저 연락하지도 않고 온갖 핑계를 대며 연락이나 만남을 거절한다. 당신의 질문에 전혀 반응을 보이지 않거나 대충 대답하고, 문제의 원인을 당신 탓으로 돌린다. 관계에서 이런 조짐이 보이면 그것은 정신적 폭력의 징후일 수 있다.

정신적 폭력이 시작되는 가장 큰 원인은 새로움이나 설렘의 감정이 사라졌기 때문이다. 유감스럽게도 처음부터 끝까지 뜨거운 사랑을 유지하는 연인은 없다. 서로에 대한 열정과 신선함이 다하면 자연스럽게 권태가 찾아온다. 연애 초기에는 개인의 삶도 사적인 공간도 모조리 상대방에게 양보할 정도로 함께 붙어 있지 못해 안달이다. 그러나 아무리 달콤하고 격정적인 사랑이라도 영원히 지속될 수는 없다. 연인에 대한 감정이 늘 상승곡선만 타는 것도 아니고 최고점을 찍으면 내리막을 타게 된다. 정신적 폭력은 연애의 열정이 식어 친밀감이 급속도로 하락하면서 생기는 합병증이라고 할 수 있다. 둘은 서서히 권태롭고 무료해지며 연애 이전의 개인 공간으로 돌아가고 싶어 한다. 만일 당신의 연인이 이렇게 말했다고 가정해보자.

"당분간 혼자 있고 싶어. 앞으로 만나는 횟수를 좀 줄이자."

이 말을 들은 대다수 연인은 이렇게 반응할 것이다.

"왜? 무슨 일 있어? 어째서 그러는 건데? 이제 내가 보기 싫어진 거야?"

이런 상황에서 상대가 이렇게 대답한다면 어떨까?

"다른 이유는 없어. 그냥 혼자 있고 싶을 뿐이야."

갑작스러운 관계의 냉각기에 대응하는 방법

상대의 답변은 그다지 합리적으로 들리지는 않는다. 사람마다 심리곡선의 주기는 제각각이므로 어째서 갑자기 혼자 있고 싶은지 정확한 원인은 알 수 없다. 사랑에 대한 상대의 열정이 빠르게 식는지 서서히 식는지, 또는 일정 속도로 유지되는지 알 수 없음은 물론이다. 자신조차 그 변화를 알거나 제어할 수 없을 만큼 사람의 심리는 섣불리 짐작하기 어려운 영역이다. 정말로 혼자 있고 싶어서 그렇게 답했을 수도 있다. 또는 솔직한 심정을 말해버리면 상대방이 오해할까 봐 정확한 답을 피하거나 핑계를 댔을 수도 있다. 그러나 냉대를 당한 쪽에서는 답답한 일이고 상처가 되는 일이다. 이럴 때 해결 방법이 전혀 없는 것은 아니다.

첫째, 상대를 충분히 이해해보자. 상대를 사랑하는 마음이 아직 커서 그를 놔주고 싶지 않을 수도 있다. 하지만 상대의 마음은 이미 떠났다는 사실을 받아들여야 한다. 삶의 주기와 리듬은 사람마다 다르기 때문에 서로를 향한 감정의 시작과 끝은 수업의 시작과 끝을 알리는 종소리처럼 정확하게 맞아떨어질 수 없다. 시기의 차이는 있지만 누구나 격정적인 사랑의 감정에서 물러나 고개를 들고 신선한 공기를 마시고 싶을 때가 있기 마련이다. 당신이 먼저 상대의 권태를 감지할 수도 있다. 그럴 때는 이렇게 말해보자.

"당신의 심경 변화를 이해해. 당분간 시간과 공간을 줄게. 당신 스스로 그 변화에 대처할 수 있도록 말이야."

둘째, 상대에게 그만의 시간을 주자. 상대는 냉담해진 관계 속에서 다시금 자신을 인식하고 관계를 돌아볼 필요를 느낄지도 모른다. 아직 당신 아닌 사람과 친밀하게 지낼 단계는 아니지만 냉각기를 거치며 그는 삶의 리듬을 조금씩 조절해나갈 것이다. 별다른 계획 없이 지낼 수도 있고 분명한 목적을 가지고 무언가를 시작할 수도 있다. 지금까지처럼 당신과 게임을 하거나 독신이었을 때처럼 혼자서 무언가를 시도할 수도 있다. 일상에는 큰 변화가 없다. 과거의 연속선에서 그는 자신이 독립적인 공간에서 비교적 사적인 생활을 누리고 있음을 깨달을 것이다. 연애하는 동안 둘이 지나치게 가깝게 지낸 나머지 개인 시간이 전혀 없어 숨이 막혔을 수도 있다. 그래서 그는 연애를 하더라도 서로 구속하지 않고 자유롭게 지낼 필요가 있음을 느꼈을 것이다.

셋째, 자신에게도 혼자만의 시간을 주자. 열애에 빠져 있던 당신에게도 자신을 돌아보고 관계를 정비하며 미래를 고민할 시간이 필요하다. 연애의 달콤함에 빠지면 상대의 장점만 보게 되고 정작 고민해야 할 문제는 지나쳐버리게 된다. 서로를 향한 뜨거운 감정에만 머물러 있으면 시간이 지날수록 문제가 생기기 십상이다. 이 문제들은 그동안 존재하지 않았던 것이 아니라 격정적인 열애 감정에 가려서 보이지 않았을 뿐이다. 혼자만의 시간을 갖고 충분히 고민해보자. 다음에 만났을 때는 무엇을 주의해야 할지, 무엇을 개선해야 할지, 그에게 바라는 것은 무엇인지에 대해서.

연애 중에도 혼자 지내는 것에 적응하고 이 시간을 통해 스스로 고칠 점은 고치고 부족한 점은 채워야 한다. 미뤘던 일을 처리하거나 취미활동을 하고 각종 모임에 참석하는 것, 친구와 커피를 마신다거나 쇼핑을 하는 것도 주의력을 분산시키기에 좋은 방법이다. 꼭 기억하자. 당신이 집중해야 할 대상은 무심해진 상대가 아니라 자기 자신이라는 사실을 말이다.

　넷째, 적절히 대화하고 만나자. 냉각기를 갖는다고 아예 관계를 끊는 것은 아니므로 적절한 대화와 만남을 유지해야 한다. 관심을 표현하고 안부를 묻는 등 일상적인 교류는 예전처럼 이뤄져야 한다. 상대에게 이렇게 말을 건넬 수도 있다.

　"요즘 뭐하고 지내? 이제 나도 혼자 지내는 것에 서서히 적응해가는 것 같아."

　냉각기에도 종종 만나되, 만나서 하는 일의 수준을 높일 필요는 있다. 이를테면 단순히 얼굴을 보기 위해 만나는 것이 아니라 만나서 유익한 일을 하는 것이다. 그렇지 않으면 둘은 전보다 더욱 거리감을 느끼고 연애의 의미를 찾을 수 없어 결국 각자의 독립된 공간으로 등을 돌릴 수도 있다. 앞서 말한 대화와 만남의 과정이 순조롭게 이뤄진다면 자연스럽게 정상적인 연애생활을 회복할 수 있다. 비록 처음 만났을 때와 같은 열정이나 만남의 횟수는 줄겠지만 절제와 규칙을 갖추면서 만남의 질은 높아질 것이다. 냉각기가 생각보다 오래 지속된다면 당신이 느끼는 문제와 의문점을 상대에게 이성적으로 고백하고 이에 대한 해결방법을 함께 모색할 수도 있다.

정신적 폭력에 있어 경계해야 할 것들

정리해보면 이렇다. 정신적 폭력에 직면했을 때는 우선 자기 삶을 충실하게 살면서 상대에게도 자신이 잘 살고 있다는 신호를 보낸다. 그리고 둘의 관계와 자신의 문제를 충분히 고민한 다음 이성적으로 대화하여 문제를 해결해나간다. 물론 이 기간에 절대 하지 말아야 하는 일도 있다.

첫째, 섣불리 결론지으려 하지 마라. 냉각기에는 머릿속이 온통 물음표로 가득 찬다. '어째서 이젠 내게 연락하지 않는 거지?', '전에는 이러지 않았는데 왜 갑자기 변한 걸까?'라는 의문이 쌓일수록 당신은 심란해져서 온갖 가설을 세우며 이를 검증하려 든다. 그 어떤 단서나 실마리 없이 상상만으로 고민하다가 결국 혼자 결론짓는다. 이럴 때 사람들은 두 가지 양상을 보이는데 하나는 '이건 그 사람 문제가 아니라 다 나 때문이야'라고 자기를 질책하는 것이고, 다른 하나는 '그이는 이제 날 사랑하지 않나 봐'라고 상대를 탓하는 것이다. 이 두 가지 모두 유쾌한 모습은 아니다. 자책하는 쪽을 택한다면 하루 종일 자기를 비하하느라 시간과 에너지를 낭비하고 자신감 저하라는 악순환의 고리에 갇히고 만다. 반대로 상대를 탓하게 되면 마음은 분노와 상심으로 가득 차고 가끔은 감정이 폭발하여 '어째서 날 사랑하지 않는 거니?'라고 물을 수도 있다.

당신은 분명한 답을 얻고 싶지만 그럴수록 상대는 어리둥절해지고 공연히 트집을 잡는다고 여길 수 있다. 이렇게 말하면서 말이다.

"그냥 혼자 있고 싶어. 지금 나도 마음이 편치 않은데 사랑하는지 안 하는지 몰아세우면 나보고 어떻게 하라는 거야?"

이는 두 사람의 관계를 완전히 벼랑 끝으로 모는 행위다. 혼자 경솔하게 결론짓지 말자. 아직 때가 이르다. 당신이 지금 해야 할 일은 연애 중에 반드시 겪는 과정을 자연스럽게 받아들이고 지혜롭게 넘어가는 일이다. 동시에 자신에게 주어진 삶을 잘 살아가면 된다. 원하는 답은 시간이 알려줄 것이다.

둘째, 연인 관계에서 이열치열은 극약임을 기억하자. 나처럼 외곬수인 사람은 정신적 폭력을 당하면 그것을 잘 받아들이지 못해 가끔은 파괴적인 생각을 한다. '네가 이렇게 나온다 이거지? 나를 무시하면 똑같이 대해주겠어'라면서 말이다. 설령 상대가 얼어붙은 둘의 관계를 개선해보려고 사과의 손을 내밀어도 보복심리가 발동해서 이렇게 받아친다. '이제야 내가 보이는 거니? 근데 어쩌지? 난 아직 네가 안 보이는데.' 냉각기에는 '냉정'하게 판단하고 상황을 풀어나가야지 서로 '냉대'해서는 안 된다. '냉정'과 '냉대'는 다르다. '냉정'한 처리는 문제 해결을 위한 지속적 소통인 반면 '냉대'는 징벌적인 관점에서 소통의 중단을 의미한다. 관계의 진전보다는 일시적인 즐거움만 누리는 게 목적이라면 이렇게 해도 상관없다. 그러나 과도기를 평온하게 지나고 싶다면 이런 수단은 쓰지 않는 것이 좋다. 기억하기 바란다. 연애는 경쟁이 아니라 서로 배려하고 협력하는 과정이라는 사실을.

셋째, 자신의 존재감을 증명하려고 조급해하지 마라. 어떤 사람은 냉각기에 접어들면 기존의 사랑을 회복하고자 온갖 방법을 동원하여 상대의 주의를 끌려고 한다. 그래도 실패하면 각종 모임에서 자신을 노출시켜 상대의 관심을 끌고 냉각기에서 벗어나려고 애쓴다. 이를테면 SNS에 일상을 게시하는 심리가 그렇다. 연애할 때보다 더 잘 지낸다는 것을 은근히 SNS 게시 글로 암시하거나 그 사람 없이는 한순간도 살 수 없다는 듯 동정심을 유발하는 글을 올리기도 한다. 이런 행동은 초반에는 상대의 관심을 끌 수도 있으나 지나치면 오히려 반감을 불러일으킬 수 있다. 당신이 잘 살고 있는 모습을 본 상대는 '그렇게 잘 지내는데 나랑 연애는 해서 뭣 하겠어? 그냥 각자의 길을 가는 게 낫지'라고 오해하기도 한다. 그렇다고 상대 없이 살 수 없다는 소극적인 느낌만 표현한다면 어떻게 될까? 그는 당신이 과거에 보여준 의존증과 온갖 결점, 유쾌하지 않은 기억들을 떠올릴 것이다.

지나치게 과격한 말도 사용하지 말자. 예컨대 '너보다 더 멋진 사람', '너 없이도 잘 살아'라는 말은 상대의 자존심을 건드려 예상치 못한 부작용을 불러올 수 있다. 평소처럼 자연스럽고 적극적인 표현으로 당신이 이 고비를 잘 넘기고 있음을 상대가 느끼게 하자. 그러면 당신의 낙관적인 면이 드러나 상대의 적극성을 유도하거나 자극할 수 있을 것이다.

앞서 말한 것은 두 사람의 관계에서 새로움이나 설렘이 사라져서 발생한 정신적 폭력으로 이것은 비교적 낙관적인 상황이다. 그러나 정신적 폭력은 부정적인 결과를 낳을 수도 있다. 상대가 둘의 관계를 이제 그만 포기하겠다고 결심하는 경우가 그렇다. 상대가 당신과 헤어지고 싶지만 말을 꺼내기 어려워 이별을 미루다가 저절로 냉랭한 관계가 된 것일 수도 있고 상대에게 새로운 목표가 생겨서 둘 사이가 소원해질 수도 있다. 그렇게 되면 상대는 당신에게 냉담만 남긴 채 열정은 다른 사람에게 준다. 이럴 때 상대가 다른 누군가에게 관심이 생기면 그의 마음은 즉시 당신을 떠나고 말 것이다. 다만 차선의 선택을 남기고 싶은 마음에 직접적으로 감정을 표현하지 않고 있을 뿐이다. 만일 상대의 정신적 폭력이 한 달 이상 지속되고 관계 개선을 위한 노력에도 별다른 성과가 없다면 상대는 이 관계를 포기했을 가능성이 높다.

정신적 폭력이라는 수단을 자주 쓰는 사람은 사실 가장 유약한 남자다. 그들의 목적은 이런 방식으로 여성이 스스로 나가떨어지게 해서 '신사'의 이미지를 유지하는 것이다. 그러면 도덕적으로도 경제적으로도 책임이 없을 뿐 아니라 여성을 이용하고 버렸다는 비난에서도 자유로울 수 있기 때문이다. 사랑하지 않아서 관계를 내려놓기로 결심하고도 자기 체면만 생각하고 상대가 느낄 고통은 아랑곳하지 않는 것은 무척 이기적인 자세다. 사랑하지 않는다는 사실이 가슴 아픈 게 아니다. 한때 사랑했던 연인을 조금도 존중하지 않고 마지막까지 상처 주는 방식으로 관계를 끝내는 것이 마음 아플 뿐이다.

이럴 때는 당신이 적극적으로 상황을 전환하려 해도 관계를 회복하기 쉽지 않다. 방법이 없다. 당신이 해야 할 일은 그저 고통스럽게 최종 선고를 기다리는 것이 아니다. 먼저 이별을 고하는 것이다. 심리적인 면에서도 당신이 주도적으로 선택하고 통보하는 상황이 주어진 상황을 수동적으로 받아들이는 상황보다 훨씬 유익하기 때문이다. 상대가 초래한 문제지만 당신이 먼저 용서하는 아량을 발휘하거나 주도적으로 이별을 통보하면 더 빨리 마음을 회복할 수 있다.

사실 우리는 연애의 리듬과 타이밍을 훤히 꿰뚫어 볼 만큼 노련한, 드라마에 나오는 연애의 고수가 아니다. 상대의 마음을 휘어잡기 위해 꾀를 쓰기도 어렵고 모든 걸 다 포기한 채 마음을 비우고만 있을 수도 없다. 유리한 고지를 점령하려는 밀당에도 한계가 있다. 연애란 내가 노력한다고 해서 쉽게 좌우되는 것이 아니다. 내게 맞는 사람을 만나기 위해서는 약간의 운도 필요하다. 그러니 명심하자. 자기가 가진 이성을 총동원해서 사랑해야 할 때 사랑하고, 깨어 있어야 할 때 깨어 있으며, 이별해야 할 때 이별하는 것이 가장 중요하다.

혼자 있기를
두려워하지 마라

"너는 네 삶의 기준이나 목표에 대해서만큼은 한 번도 '대충'인 적이 없었어. 그런데 있잖아. 왜 '결혼' 앞에서는 유독 맥을 못 추고 고개를 떨구는 거니? 사랑하지도 않는 사람과 평생 함께 살면서 후회하지 않을 자신 있어?"

평생 독신으로 사는 것을 고려해본 적이 있는가? 예전에는 그저 웃어 넘겼던 질문이지만 최근에 나는 이 문제를 고민하느라 깊은 생각에 잠길 때가 있다. 친구와 밥을 먹다가 비슷한 주제가 나와서 친구의 생각을 물어보았다. 친구의 대답은 '그렇다'였다.

어릴 때는 막연하게 나의 인연이 이 세상 어딘가에서 자기에게 주어진 삶을 잘 살고 있으리라고, 다만 아직 내 앞에 나타나지 않았을 뿐이라고 생각했다. 하지만 나이가 들수록 그 짝은 도대체 언제 나타날지, 정말 나타날지, 아예 나타나지 않을지조차 알 수 없게 되었다. 혼자 살다 늙어 죽을 확률도 아예 없지 않다. 주변 사람들이 슬슬 결혼을 재촉하며 만나기만 하면 결혼 이야기부터 꺼낸다. '이미 결혼해서 부모가 된 친구도 적지 않니?' 그런 상황에 나를 비롯해 나와 비슷하게 독신인 친구들의 주변은 먹구름으로 뒤덮인 것만 같다. 그 먹구름은 결혼에 대한 일종의 집단적 초조함이다. 실제로 어떤 친구는 서른이라는 인생의 전환기를 맞아 더는 기다리지 못하겠다는 듯 '앞으로 1년 안에 반드시 결혼에 성공하고 말겠어!'라고 맹세하기도 했다. 다른 친구 한 명은 수년 간 연애 한 번 제대로 못하다가 점점 심해지는 결혼 압박을 못 이기고 마침내 '결혼이 가능한' 남성 한 명을 찾아내서 사귀는 데 성공했다. 하지만 축하 술자리에서 그녀는 굳은 표정으로 속내를 털어놓았다.

"그는 전체적으로 괜찮은 사람이야. 엄청 좋아한다고 할 수는 없지만 싫어한다고도 할 수 없어. 그러고 보니 그이와는 속 깊은 대화를 나눌 만한 화젯거리도 없었네. 그래도 성실함 하나 보고 만났고 둘 다 적은 나이가 아니라 서로 의지하다 보니 정이 든 것 같아."

그녀의 말을 빌리면 그는 '아쉬운 대로 그럭저럭 괜찮은' 사람인 셈이다. 축하를 해야 할지 위로를 해야 할지 몰라 나는 말문이 막혔다. 끝내 건네지 못한 아래의 말만 입안에 맴돌았다.

그렇게 힘들게 노력해서 여기까지 왔는데 그 노력이 아쉬운 대로 같이 살 만한 남자 한 명 잡기 위한 거였니? 넌 어릴 적부터 예쁘고 특별한 아이였어. 사춘기에 친구들이 수업도 땡땡이치고 연애하느라 바쁠 때도 너는 끝까지 남아 성실하게 공부했어. 그 덕에 대학에 가서는 해마다 장학금을 놓치지 않았잖아. 사회 활동에 누구보다 열정적으로 참여했고 직장에서도 남에게 뒤지지 않았고 말이야. 나이 들면서 주변 사람들이 하나둘 공부와는 담을 쌓을 때도 너만은 끊임없이 자기계발을 해서 대단하다고 생각했어. 운동이든 뭐든 새로운 뭔가를 계속 배웠으니까. 영화와 연극에도 빠지고 여행을 즐겼던 것도 더 나은 사람이 되어 더 나은 미래를 맞이하고 싶어서였지?

넌 절대 포기하지 않았었어. 너는 네 삶의 기준이나 목표에 대해서만큼은 한 번도 '아쉬운 대로', '그럭저럭', '대충'인 적이 없었어. 그런데 있잖아, 왜 결혼이라는 인륜지대사 앞에서만큼은 유독 맥을 못 추고 무릎을 꿇는 거야? 사랑하지도 않는 사람과 평생 함께 살면서, 후회하지 않고 뒤돌아보지 않을 자신이 있어? 난 네가 평생 쏟아 붓던 노력이 단순히 좋은 남편감을 만나기 위해서였다고 믿지 않아. 너는 그 사람보다 더 나은 사람이 어울리지 않을까? '더 낫다'라는 것은 그 사람의 수입이나 집 평수, 생김새를 말하는 게 아니야. 최소한 서로 공감하는 분야에 대해 동등한 위치에서 대화하고 마음을 나눌 수 있어야지.

너 소극장에 가는 것 좋아했지? 그런데 그 사람은 연극과 이인전二人轉(중국 동북지역의 전통극으로 등장인물이 두 명인 공연)의 차이가 뭔지는 알고 있니? 너는 일본 문화를 좋아하는데 어쩌면 그 사람은 '일본'하면 AV영화만 떠올릴지도 모르지. 너는 직장이 삶의 의미를 찾는 공간이라 생각하지만 그 사람은 돈 버는 수단으로만 여길 수도 있어. 나는 너희가 함께 살아가는 모습이 상상이 되지 않아. 네 남자친구가 얼마나 형편없는지 말하려는 것도 아니고 네가 감히 오르지 못할 나무라는 걸 그에게 알려주려는 것도 아니야. 다만 모든 면에서 분명히 보이는 차이가 네 결혼생활을 어렵게 할 수도 있다는 것을 말해주려는 거야. 그에게서 '아내'라는 법적 신분을 얻는 것 외에 서로 어떤 필요를 충족시킬 수 있다고 생각하니? 결혼을 신분상승을 위한 징검다리로 여기라는 건 아니야. 다만 모든 관계의 본질은 서로의 필요를 충족시켜주는 데 있다는 사실을 알려주고 싶어. 서로의 필요가 충족되어야만 긴밀한 유대가 형성되니까 말이야. 부부도 어느 날 서로의 필요가 더는 충족되지 않는다면 그 유대 관계는 느슨해지다가 결국 어느 시점에 깨지고 말거야.

넌 결혼생활에서 충족되어야 할 가치가 '필요'가 아닌 사랑이라고 하겠지. 그런데 그거 아니? 사랑 그 자체가 일종의 필요야. 네가 그를 사랑하고 그도 너를 사랑하니까 서로 필요한 공백을 메워주는 거잖아. 그런데 너희 둘 사이에 사랑이라는 최소한의 필요조차 없다면, 네가 이렇게 급하게 결혼하는 이유는 단지 가족과 사회가 너에게 주는 압박과 스트레스 때문인 거니? 마음 깊은 곳의 생각을 잠깐 덮어둘 수는 있을 거야. 그런데 너, 이런 상태로 평생 살 자신 있어? 나는 그 남자가 너의 모든 필요를 충족시킬 수 있다고 생각하지 않아. 물질적인 풍요로움을 추구한다면 정신적인 만족감은 상대적으로 낮아질 수도 있어. 나는 평생 함께 하기로 한 사이는 촘촘히 맞물려 움직일 수 있어야 한다고 생각해. 기어가 맞물려 기계 전체를 돌리듯 말이야.

소통이 부족한 결혼생활은 두 사람 모두에게 불행한 시간이 될 거야. 일상의 잡다하고 소소한 일은 둘째 치더라도 정신적인 부분에서 주파수가 맞지 않는다면 두 사람의 관계는 평생 합법적인 반려자 또는 이익 공동체에 지나지 않게 되는 거지.

사랑하는 사람을 만나는 게 힘든 게 아니야. 서로 이해해주는 사람을 만나기가 힘든 거지. 네가 심미적 감수성이 뛰어나고 사고방식이 논리적이라고 해도 그가 그것을 받아주거나 이해해주지 못하면 너는 평생 외로움을 느낄 거야. 그래서 나는 자꾸 이런 장면이 상상 돼. 네가 데이비드 린치의 예술 영화를 열정적으로 설명하는데 네 남편은 옆에서 꾸벅꾸벅 졸고 있는 모습 말이야. 너는 촛불로 장식한 저녁 식탁에 고급스러운 스테이크를 내놓았는데 그는 '저기 길모퉁이 가게에서 파는 푸짐한 수육만 못하잖아'라고 핀잔을 주지.

네가 만들어내는 모든 아름다움과 낭만이 그의 눈에는 무료하고 평범한, 심지어 이해하기 어렵고 부담스러운 것으로 비춰지는 거야. 이게 정말로 네가 원하는 결혼생활이니? 가난과 부유, 귀함과 천함을 기준으로 고상함과 속됨을 나눌 수는 없어. 하지만 두 사람이 같은 방향을 보지 않는다면 각자의 눈에 다른 게 들어오는 건 당연한 이치야. 결혼으로 하나가 되면 평온함은 순간이지만 전쟁은 평생이야. 물론 남편이 아내를 사랑한다면 아내를 위해, 자기 자신을 위해, 원만한 결혼생활을 위해 노력하고 변할 수 있어. 그렇게 된다면 정말 좋겠지. 네가 알고 있는 것을 그가 모른다면 그가 좀 더 배우면 되고, 그가 알고 있는 것을 네가 모른다면 네가 노력하면 돼.

맞아. 중요한 건 그가 너에게, 네가 그에게 서로를 기쁘게 하고 싶은 마음과 의지가 있느냐는 거야. 만약 그것을 가지고 있지 않다면 너는 회사에서 있었던 일을 남편과 나누고 싶은데 그는 옆에서 스마트폰 게임에만 열중할 수도 있어. 네가 휴가철 여행계획을 의논하자고 할 때 그는 텔레비전 축구 중계에 빠져 있을지도 몰라. 명절 때 부모님께 선물할 가전제품 이야기를 꺼내면 그는 통장에 돈이 얼마나 남아 있는지 전혀 관심 없을 수도 있어. 그러니 한번 생각해볼래? 서로가 서로를 기쁘게 하기 위해 무얼 했는지 말이야.

앞서 말한 너의 장점이나 관심사가 네 인생에서 가장 중요한 문제일 수도 있어. 그렇다고 남들에게도 똑같이 중요한 가치로 삼으라고 강요할 수는 없지. 하지만 부부가 탐색해서 서로 보충할 만한 영역이 있지는 않을까? 이를테면 네가 요리솜씨가 좋으면 그는 기계를 잘 다룬다든지, 네가 낭만적인 문학을 좋아하면 그는 역사적 사실을 좋아하는 식으로 말이야. 서로 다른 면을 보완해주는 모습 또한 원만한 삶이라고 할 수 있을 거야.

나는 말야. 이 말을 꼭 하고 싶어. 아쉬운 대로 만족하며 그럭저럭 살아가는 결혼생활보다 주어진 조건에 감사하며 혼자 사는 게 훨씬 낫다고 말이야. 혼자 사는 것은 그리 두려운 일이 아니야. 그렇다고 아예 처음부터 결혼하지 말고 혼자 살라고 권하는 게 아니야. 결혼이라는 중대한 일을 결정하기 전에 자기를 돌아보고 고민해보라는 거지. '이 사람이 내가 진짜 원하는 사람일까?', '이 사람이 정말로 내게, 내가 정말로 이 사람에게 어울리는 사람일까?', '내가 과연 이 결혼을 신중하게 결정한 것일까?'라고 말이야.

결혼이라는 인생의 중대한 선택 앞에 다시 한 번 진지하게 생각해봤으면 해. 충분한 고민과 탐색 끝에 네가 결혼을 선택한다면, 혹은 다시 혼자 있는 것을 선택한다면 나는 그 길이 어디로 향하든 간에 너의 선택을 응원해.

자존감을 갉아먹는 관계는
당장 그만둬라

어장관리 연인의 대가 없는 사랑은 숭고하기까지 하지만, 그렇
게 한다 한들 상대가 거들떠나 보겠는가?

나는 어장관리 연인이 원만한 결과를 맞이한 경우를 본 적이 없다. 설
령 스페어 타이어의 신분에서 벗어나 주인공 자리를 꿰찬다 하더라도
그 뒤의 상황은 대부분 여의치 않다.

A는 모임에 나갔다가 미모의 한 여인에게 첫눈에 반했다. 모처럼
사랑의 감정을 느낀 터라 밤새 설레면서 잠을 못 이뤘지만 아쉽게도
그녀에게는 남자친구가 있었다. 이리저리 고민하다가 A는 결국 채팅
을 통해 마음을 고백했다. 의외로 그녀는 단박에 거절하지 않았다. 하
지만 그를 전적으로 받아들인 것도 아니었다. 그저 '지금은 결정하기

가 어려워요'라고 애매한 답변만 내놓았다. A는 적어도 그녀의 마음을 두드려볼 기회라도 얻었다고 생각해 뛸 듯이 기뻤다. 그리고 이렇게 믿었다. '우리 관계는 이제 막 땅에 뿌린 씨앗이야. 언젠가 땅을 뚫고 나와 아름드리 거목으로 자라겠지!' 어장관리 연인에게 이 상황은 봄이다. 상대를 향한 열정과 사랑이 싹터서 희망으로 충만한 계절이다.

B도 그 무렵 여신급 외모의 여자에게 푹 빠져 지냈다. 여신의 남자친구는 1년째 외국에 파견을 가 있는 상황으로 여신은 의지할 곳 없이 외로운 날을 보내고 있었다. 그 틈을 타 B는 여신의 크고 작은 일을 대신해주었다. 이를테면 오늘은 컴퓨터를 수리하고 내일은 마트 쇼핑을 대신 가주는 식으로. 여신과 정식으로 사귀지는 않았지만 진짜 연인이라 해도 믿을 만큼 둘은 가까웠다. B의 열정 또한 대단해서 마치 상관의 명령이 떨어지면 언제든 부리나케 달려갈 준비가 된 전투 군인 같았다. 이 시기는 그녀를 향한 투자가 점점 열기를 더해가는 때로 어장관리 연인에게는 여름과 같은 계절이다.

C는 평소 짝사랑하는 남자에게 유일한 이성 절친이자 편하게 지낼 수 있는 누나 같은 존재였다. 그가 애인과 다투면 가장 먼저 달려가는 이도 C였다. 그의 하소연을 다 들어주고 위로한 뒤 잘잘못을 따지며 어떻게 하면 여자친구의 환심을 살 수 있는지도 알려주었다. C는 성숙하고 지적인 여성이지만 무모한 고백으로 그와의 관계를 깨고 싶지 않았다. 언젠가 그가 자신의 마음을 알아주리라고 막연히 믿을 뿐이다. 언제나 그의 곁을 지켜왔던 자신이야말로 그에게 가장 잘 어울리는 짝이

라는 사실을 말이다. 이 시기는 어장관리 연인에게 가을이다. 냉정하고 침착하게 감정을 제어해 과거의 감정도 서서히 옅어져 가는 단계다.

D는 이미 몇 차례 그를 포기하려 했지만 그가 심어준 헛된 희망 때문에 번번이 실패하고 말았다. 그는 두 차례나 여자친구와 헤어졌지만 좀처럼 D에게는 곁을 내주지 않았다. 오랜 기다림에 지친 그녀는 낙담했지만 아직 절망할 상태는 아니었다. 여전히 그의 동태를 주목하면서 채팅으로 안부를 묻고 가끔은 SNS에 '좋아요'를 누른다. 명절 때마다 무심한 듯 단체 메시지를 보내기도 한다. 사냥감을 궁지로 다 몰아넣고는 끝내 결정적인 공격은 하지 못한 채 그루터기만 지키고 있는 사냥꾼마냥 D는 그의 주변만 어슬렁거린다. 이는 오랜 기다림으로 마음이 황폐해지기 시작한, 어장관리 연인에게 겨울 같은 시기다.

봄, 여름, 가을, 겨울의 사계절이 모두 지나고 어장관리 연인이 이르게 될 종착역은 춥고 잔혹한 자괴감의 벌판이다. 그래도 여전히 어떤 이는 그, 혹은 그녀를 위해 헌신한다. 그리고 자신은 이해관계에 상관없이 순수한 사랑만으로 상대를 기다린다고 믿는다. 짝사랑 상대의 인생 악장에서 타이틀곡은 못 되더라도 중간 삽입곡이나마 되어서 존재감을 확인하려고 한다.

어장관리 연인의 대가 없는 사랑은 숭고하기까지 하지만, 그렇게 한다고 한들 상대가 거들떠나 보겠는가? 바람이 차가우면 되돌아갈 줄도 알아야 한다. 추위에 떠는 당신을 안타까워하며 챙겨줄 사람은 아무도 없다. 두 사람이 하늘이 맺어준 가장 이상적인 짝이었다면 그렇게 숱한 우여곡절을 겪을 필요도 없었을 것이다. 하지만 당신이 그토록 보호하고자 하는 짝사랑 상대는 교활하게도 당신을 자기 손바닥 위에 놓고서 마음껏 부리다가 필요 없어지면 차갑게 버려서 당신에게 실망과 좌절감을 안긴다. 그런 과정을 몇 차례 반복하면 당신은 처절하게 인정할 것이다. 그는 결코 가질 수 없는 존재임을 말이다. 그러나 얼마 지나지 않아 짝사랑 상대는 온갖 불쌍한 척을 하면서 당신에게 다가오고, 당신의 마음은 또 다시 흔들릴 것이다. 당신은 내심 반갑기까지 하다. 그래서 다시 그의 아늑하고도 따뜻한 올가미 안으로 발을 들여놓는다.

그 아늑하고 따뜻한 올가미란 짝사랑 상대가 설치해놓은 심리 게임의 덫이다. 게임은 추격전 위주여서 쫓는 자와 쫓기는 자가 있다. 당신이 짝사랑 상대를 향해 맹렬하게 달려가면 그는 필사적으로 도망가 숨는다. 끝내 그를 잡지 못해서 실망한 당신은 걸음을 멈추고 경기를 종료할 준비를 한다. 당신이 ESC 버튼을 누르려는 순간 이번에는 상대가 추격자로 변신한다. 그리고 당신을 맹렬히 공격해서 당신이 후퇴하지 못하게 가로막는다. 당신은 게이머인 짝사랑 상대의 훈련 파트너에 불과한 셈이다.

영화 〈독자등대〉Waiting Alone 에는 아름다운 미모의 리빙빙李冰冰과 그의 어장관리 연인 샤오위夏雨 간의 심리 게임이 그려진다. 어장관리 연인은 그녀에게 전화를 걸지만 그녀는 받지 않는다. 그러면서도 그녀는 내심 그의 전화를 기다린다. 그녀는 거절하는 중에도 일부를 애매하게 답해서 어장관리 연인이 그녀와 사귀게 될 것이라는 헛된 환상을 갖게 한다. 냉대만 당하는 데 지친 그는 결국 그녀를 포기하기로 결심한다. 그런데 그녀가 돌연 바쁘다는 신호를 보내며 도와달라고 한다. 바로 정신을 차린 어장관리 연인은 자신을 자책하고 구애작전을 한층 강화한다. 그녀에게 사탕반지를 주며 충성심을 드러내지만 그녀의 마음은 좀체 열리지 않는다. 그는 좌절하고 이를 눈치 챈 그녀는 또 반격에 나선다. 무심한 척 그에게 만년필을 선물해서 그가 그녀에게 한 걸음 더 다가갔다는 '합리적인' 오해를 하게 한다.

미련 때문에 자존감을 포기하겠는가

당신이 짝사랑하는 사람에게 몇 걸음 더 다가가도 상대는 그 몇 걸음을 아무 일 없다는 듯 원점으로 되돌릴 수 있다. 남녀 사이의 밀고 당기는 게임은 두 사람 사이를 유지시키는 동력이 된다. <u>그 동력의 한 축은 상대를 사랑하면서도 머뭇거리는 어장관리 연인의 모순된 감정이다. 다른 한 축은 어장관리 연인의 마음을 이용하는 남신 또는 여신의 끝없는 욕심이다.</u>

어장관리 연인 관계를 유지하는 것에는 경쟁과 진화의 법칙이 작용한다. 인류의 잠재의식에는 자신과 맺어질 가능성이 있는 모든 이성 가운데 가장 적합한 사람을 찾아내려는 본능이 있다. 되도록 많은 이

성과 사귀거나 관찰하면서 적합 여부를 살피는 것도 그런 잠재의식의 발로다. 그러나 진화심리학의 입장에서 보면 혹독한 동굴 생활을 했던 시대에는 오랜 시간 자기 옆을 지켜주는 안정적인 사람이 후손을 낳아 기르는 데 훨씬 유리한 배우자로 여겨졌다. 남신과 여신에게 어장관리 연인은 욕망 추구 본능과 엄숙한 혼인 관계의 배타성이 충돌하여 생긴 중간자적 산물이다. 또한 남신과 여신 내면의 모순을 완화시켜줄 최적의 대안이기도 하다. 그들의 태도에 딱히 윤리적인 문제는 없기 때문에 엄숙한 혼인 관계 법칙을 위배했다고 볼 수는 없다. 오히려 더 많이 사랑받고자 하는 욕망을 채우는 등 자아를 충족시키기 위해 적극적으로 대응했다고 볼 수 있다. 동시에 인류가 친밀한 관계에서 추구할 수 있는 '최소한의 지출을 통한 최대의 수익'이라는 경제적 법칙까지 실현한 셈이다.

하지만 이는 어장관리 연인에게는 공정하지 않다. 어장관리 연인으로 살면서 상대의 눈치만 보고 비위를 맞추는 삶은 그들에게 자괴감을 안겨줄 뿐이다. 어쩌면 어장관리 연인은 '사랑을 위해서 자존감 따위는 기꺼이 포기하겠습니다!'라며 혼자만의 사랑을 합리화할 수 있다. 그러나 사전은 '사랑'을 정확하게 '두 사람 사이'의 상호적인 감정으로 정의하며 한 방향으로의 열정은 '미련'이라고 말한다. 이 같은 미련 때문에 당신의 소중한 자존감마저 포기하겠는가?

어장관리 연인이 계속 이런 자세로 산다면 그들은 무조건적인 베풂과 인내, 양보에 습관화되고 상처 입는데 익숙해지게 된다. 이 같은 패턴은 우리 삶 곳곳에 침투되는데, 단편적으로 다음 실험을 예로 들 수 있다. 마틴 셀리그만_{Martin Seligman} 박사는 강아지를 단단히 묶은 뒤 전기 충격을 가하는 실험을 했다. 강아지는 충격을 피할 수 없는 환경에 노출됐기 때문에 무기력하게 충격을 당했다. 얼마 뒤 강아지의 결박을 풀고 몸을 자유롭게 해준 뒤 같은 실험을 했다. 그런데 강아지는 여전히 피하려는 시도를 하지 않았다. 이미 포박된 상태에서 상처받는 것에 익숙해졌기 때문이다.

혈육의 정과 사랑, 우정, 짝사랑 등 우리를 둘러싼 수많은 관계 중 어느 것이 좋고 나쁜지 어떻게 구분할 수 있을까? 가장 중요한 원칙은 그 관계가 당신을 성장시키는지 여부다. 어장관리 연인이 남신이나 여신에게 다양한 이유로 얽매여 성장할 수 없다면 어찌 좋은 관계라고 할 수 있겠는가? 심지어 그들은 자기 자신에 대한 사랑과 자존심마저 잃었으니 더 말할 것도 없다. 정말 두려워할 것은 사랑하는 그, 그녀를 얻지 못한다는 사실이 아니라 자신의 신념을 잃는 일이다. 인생이란 아름답고 추구할 만한 가치가 있다는 신념 말이다.

어장관리 연인으로 살면 날카로운 송곳에 찔리는 고통을 느끼기도 하지만 아이러니하게도 내면의 감정과 정신세계를 흡수해버리는 블랙홀 같은 쾌감도 있다. 그래서 그것을 '마약' 같은 삶이라고 하는 것이다. 하지만 쾌감을 느끼려고 고통 속으로 들어가는 것을 건강한 삶이라고 할 수는 없다.

어장관리 연인은 상대에게 무슨 일이 생기면 헌신적으로 위로하고 격려하는 역할을 하지만, 상대에게 아무 일도 생기지 않으면 쓸모없는 사람이 되고 만다. 마지막에 그의 곁을 지키는 사람은 당신이 아닌 다른 사람이기 때문이다. 홍콩의 작사가 린시林夕의 노래 가사는 우리 마음의 아픈 곳을 찌른다.

'겉으로는 웃지만 내 심장은 눈 녹은 물이 훑고 지나가네.'

이제라도 훌훌 털고 일어나 만년 연애 후보 자리를 내려놓기 바란다. 미련은 황야의 망부석에나 던져버리고 이제는 당신 인생을 향해 달려가자.

미래가 보이지 않아
가슴이 답답한 날에는

사람들이 찾으려는 것은 진정한 인생 목표보다 자신의 막막함
과 무력함을 가려줄 무언가다.

막막함, 그 목표 없는 희뿌연 상태는 대다수 사람의 삶을 뒤덮고 있다.

　며칠 전 상담일지를 정리하다 보니 '막막함'이라는 단어가 유독 많
아서 그 수를 세어보았다. 무려 55차례나 되었다. 내 채팅창에 언급된
수는 이보다 더 많았다. 일단 '막막함'이라는 단어를 떠올리면 '목표',
'이상', '자유', '근심'처럼 연관된 개념들을 떠올리게 된다. 많은 사람
들이 막막하고 목표 없는 삶을 산다. 나 또한 마찬가지였다. 얼마 전
인사평가가 진행될 무렵, 상사가 내게 향후 3년의 목표를 물었다. 갑작
스러운 질문에 나는 말을 잇지 못했다.

'3년이라니? 3개월 뒤도 모르는데 어떻게 3년 뒤의 목표를 말하라는 거지?'

3개월 전의 나는 지금 이 자리에서 이런 일을 하고 있으리라고 상상도 못했기 때문에 더욱 그랬다. 사람들은 목표 없는 막막한 상태를 견디지 못한다. 도대체 무엇을 위해 매일 바쁘게 사는지 모른다는 사실 자체를 용납하지 못한다. 그러나 미래에 대한 모호함과 불확실성은 늘 우리 마음을 맴돈다. 베이징 하늘을 자욱하게 뒤덮은 스모그처럼 불확실성은 무슨 짓을 해도 좀처럼 흩어지지 않는다. 막막함은 형태도 체계도 없다. 사춘기에서 청년기, 심지어 중년기까지 관통하는 인생 전반의 상태일 뿐이다.

막막해도 모호해도 괜찮아

지하철에서 고개를 숙인 채 바쁘게 무언가를 하는 사람들을 바라보며 생각에 잠기곤 한다. '저 사람들은 자기가 어떤 삶을 살아야 하는지 알고 있을까?', '저들은 삶의 목표가 무엇인지 정확히 알고 있을까?', '어떻게 해야만 목적지에 이를 수 있는지 구체적인 길을 알고 있을까?' 각종 매체에서는 '사람이란 모름지기 확실한 목표를 가지고 있어야 한다'고 외친다. 그렇지 않으면 방향을 잃은 선박처럼 부두에 정박하지 못하고 망망대해를 방황할 것이라는 이유에서다. 틀린 말은 아니다.

그러나 진짜 문제는 따로 있다. 구체적인 삶의 목표나 정해진 이상이 없는 것보다 치명적인 것은 목표를 잃은 자신의 상태를 용납하지 못한다는 점이다. 그들에게 목표가 없다는 것은 벌거벗겨져 길에 내쳐진 것처럼 부끄러운 일이다. 그래서 당장 몸을 가릴 천 조각을 구하느라 허둥댄다. 어떤 천 조각이든 관계없다. 일단 가리고 본다.

대학원 졸업반 시절, 나도 같은 경험을 했다. 그전까지는 나 또한 인생 목표가 분명한 사람이었다. 국내에서 심리학 연구를 마친 뒤 유학을 가서 박사학위를 받고, 귀국하여 학생을 가르치면서 상담을 병행하는 것이 목표였다. 그런데 막상 대학원 졸업반이 되자 길을 잃고 방황하기 시작했다. 심리학이라는 분야를 깊이 이해할수록 내가 얼마나 부족한 사람인지 깨달은 탓이었다. 한동안 울적한 시기를 보냈다. 모든 일이 무료했고 무슨 일을 해야 하는지 명확하게 알지 못했다. 이른 아침부터 저녁까지 '내 인생은 이제 어떻게 되는 걸까?'라는 생각에 잠겨 있었다. 그때 지도 교수님께 고민을 털어놓았다. 교수님은 내게 향후 계획을 물었는데 나는 예전처럼 '해외로 유학 갈 거예요'라고 태연하게 답할 수가 없었다. 교수님은 그런 내게 이런 말씀을 해주셨다.

"지금은 잠시 막막하고 모호할 수 있다네. 그런데 이 같은 상황을 받아들이는 것도 일종의 성장이야. 분명하게 결정을 내리지 못한 걸 보니 자네가 아직 준비가 안 되어 있나 보군."

교수님의 말씀 덕에 망설이고 주저하던 나의 모습을 인내하며 받아들일 수 있게 되었다. 그리고 모호함이란 결코 '후퇴'가 아닌 지극히 정상적인 현상이라는 것을, 언제 있을지 모를 전진을 준비할 절호의 기회라는 것을 알게 되었다. 나는 목표가 없어서가 아니라 스스로 '목표가 없는 사람'이라는 사실을 받아들이지 못해서 초조했던 것이다.

이 시대의 교육은 자신과 세계를 인식하는 방법과 자신에게 적합한 인생 목표를 찾는 방법을 명확하게 가르치지 않는다. 유치원부터 고등학교까지 오로지 한 가지 목표, 대학 입학만을 위해 정진한다. 심지어 전공조차 부모님과 선생님의 뜻으로 결정된다. 대학에 들어간 뒤 비로소 나만의 인생 목표를 세워보려고 하지만 이마저도 외부 영향에서 자유롭지 않다. 성공을 독려하는 온갖 자기계발 열풍과 환경의 압박에 굴복하여 '전망 있고 성공할 가능성이 높은 길'을 선택한다. 우리 중에는 벌써 성공 대열에 들어선 사람도 있지만 그 역시 자신이 무엇을 원하는지 정확히 모른다는 사실은 놀라울 뿐이다.

목표가 없는 사람은 정상적인 사람으로 보이지 않고 시대와 주변 사람들에게 절대 받아들여질 수 없는 존재로 인식된다. 이는 이 시대가 사람들에게 성공과 이상을 좇게 하고 그에 맞는 품격과 자질을 갖춰야만 한다는 압력을 넣은 결과다.

목표 없는 사람이 설 곳은 없다. 그들은 꿈에서조차 자기 자신을 받아들이지 못한다. 그러나 사람들이 찾는 것은 진정한 인생 목표라기보다 자신의 막막함과 무력함을 가려줄 무언가다. 면접을 본 사람이라면 누구나 향후 목표에 관한 질문을 받아보았을 것이다. 사람들은 면접관이 원하는 대답을 정확하게 파악하고 장황한 말을 늘어놓는다. 마치 이제 막 정치계에 입문한 정치가가 열정적으로 미래의 청사진을 밝히듯 말이다. 그러나 면접장을 나서는 순간 스스로에게 가만히 물어본다. '정말 내 안에 그런 위대한 꿈이 있을까? 내가 뭘 하고 싶은지, 나는 제대로 알고 있는 걸까?'

목표가 필요하다는 사실을 완전히 부정할 생각은 없다. 하지만 목표란 반드시 가지고 태어나는 필수적인 요소가 아니다. 목표는 배우고 성장하고 탐색하고 시도하는 과정에서 얻는 것이다. 단번에 결정되는 것도 아니고 타인에 의해 결정되거나 성공한 사회 인사가 밟아온 길을 모방하는 식으로 정할 수도 없는 것이다.

바람직한 목표 설정을 위한 여정에서 반드시 거치는 과정이 있다. 바로 목표가 명확하게 수립되기 전, 암흑기라는 단계다. 그리고 이 단계를 담담하고 침착하게 지나는 사람이 있는가 하면 어째서 자기 인생에만 암흑기가 있는지 전전긍긍하는 사람도 있다. 암흑기를 있는 그대로 받아들이지 않으면 어둠이 주는 위협에 사로잡히고 말 것이다. 당신이 힘들어 할수록 그 기간은 점점 길어질 뿐이다.

언젠가 본 TED 강연에서 강연자는 고통에 대해 이렇게 말했다. 우리가 평소 느끼는 고통은 우리가 객관적으로 감당할 수 있는 고통의 지수와 동일한 값이 아니라고 했다. 우리가 최종적으로 감내할 수 있는 고통의 크기는 '객관적인 고통'에 '내면의 저항지수'를 곱한 값이라고 말이다. 마찬가지 원리로 막막함의 크기 또한 당신이 그것을 어떻게 받아들이고 저항하느냐에 따라 달라진다. 막막한 느낌을 견디지 못해서 밀어내기만 하면 그 정도는 더욱 심해질 것이고 수긍할수록 줄어들 것이다. 목표가 없는 상태는 피할 수 없지만 막막함의 크기는 마음먹기에 따라 얼마든지 줄일 수 있다.

미국의 심리학자 칼 로저스_{Carl Rogers} 역시 이렇게 말했다. '자아'란 모든 체험을 합한 결과이므로 목표 없는 당신도 당신의 일부라고. 그러면서 이렇게 덧붙였다.

"당신이 목표 없는 상태를 통제하려 든다면 분열을 초래할 뿐이다. 목표 없는 상태도 당신의 일부인데 그것을 통제하려 하면 이는 자기 자신을 둘로 분리시키는 행위나 다름없다. 목표 없음을 이질적인 것으로 간주해버리는 자체가 질서를 무너뜨리는 시도다. 자신의 일부를 이질적인 것으로 여기고 배척하면 이질적인 그것이 당신에게 저항하기 때문이다. 이것이야말로 더 큰 무질서가 아닐 수 없다. 당신이 제어하면 할수록 이질적인 그것은 더욱 단단하게 성장하여 언젠가는 당신 인생에 큰 걸림돌과 근심거리가 될 것이다."

목표 없는 상태는 심각한 문제가 아니다. 그마저도 자아의 일부이기 때문이다. 목표 없는 상태를 전환시킬 방법이 아예 없는 것도 아니다. '자아'는 유동적이며 발전, 변화하기 때문에 목표 없는 상태 또한 적극적이고 긍정적인 방향으로 바뀔 가능성이 있다. <u>그러니 목표가 없다는 사실을 받아들이고 인정한 뒤 해야 할 것은 바로 목표를 찾는 일이다. 빠르고 직접적인 방법일 필요는 없다. 목표를 찾기 전에 여러 곳을 돌아보며 서서히 전진해도 좋다.</u>

무엇을 하든 멈추지만 마라

꿈이 실현될 기미가 없고 출구를 찾을 수 없어 삶이 방향을 잃었다고 느꼈을 때 상황을 바꾸려고 무언가 시도해본 적이 있는가? 삶에 목표가 없어서 나를 찾아온 의뢰인이 있었다. 최근 2년간 본인이 살아온 이야기를 편하게 들려달라는 요청에 그는 이렇게 대답했다.

"매일 똑같이 출근하고 퇴근한 것 말고는 딱히 이룬 게 없는 것 같습니다. 실제로도 별다른 성취가 없고요. 지금 하는 일이 제게 맞는 일인지도 모르겠습니다. 그저 막막하다는 느낌만 듭니다. 한마디로 삶이 무의미하네요."

"별도의 시간을 내거나 휴가 등을 이용해서 본인에게 맞는 일을 찾아보려고 한 적이 있나요?"

"그런 적은 없습니다."

지난 2년간 막막함의 정도가 커진 것을 제외하고 그에게 변화는 없었다. 지금의 그는 2년 전과 똑같았다.

막막함을 받아들이라는 말이 손 놓고 아무 일도 하지 말라는 뜻은 아니다. <u>우리가 해야 할 일은 현재를 살면서 끊임없이 생각하고 변화하는 것이다. 앉은 채 하늘에서 감이 떨어지기만을 기다려서는 안 된다.</u> 노력하고 행동해야만 목표를 발견할 수 있다. 무엇을 해야 하는지 모르는 상태는 오히려 무엇이든 받아들일 수 있는 개방적인 상태로, 일종의 기회가 될 수도 있다. 이 시기를 이용해서 당신이 흥미를 느낄 만한 다른 영역을 탐색해야 한다. 탐색은 정해진 방향이 따로 없으며 삶에 혼란을 가중시키지도 않는다. 이것은 새로운 세계의 문을 여는 열쇠와도 같다.

스포츠 채널의 편집자로 활동했던 한 친구는 매일 다양한 매체를 통해 스포츠에 관한 수많은 핫이슈를 접했지만 스포츠에 대해서는 조금도 관심이 없었다. 편집자 일은 오로지 가족을 부양하기 위한 수단에 불과했다. 그래서인지 그는 업무에 온전히 집중하지 못했다. 그런데 평소대로 일을 하던 어느 날, 그는 돌연 육상이 무척 흥미 있는 분야라는 사실을 깨달았다. 그리고 자신의 비대한 몸을 바라보면서 달리기를 하면 살도 충분히 뺄 수 있겠다는 생각을 했다. 그는 달리기를 시작했고 얼마 지나지 않아 스스로 '그 깊이를 알 수 없다'고 표현했던 마라톤에서 100위권에 들어서는 놀라운 성적을 거두었다. 그 뒤 그는 중국 전역, 심지어 세계 각지의 마라톤 경기에 참여하기 시작했다. 하지만 그는 여전히 그였다. 쉬지 않고 달리기를 하는 편집자로 변했을 뿐, 분명한 목표가 없기는 마찬가지였다.

그로부터 2년 뒤 그는 한 강연회에서 마라톤 참가 경험에 대해 말하게 되었고 관객들로부터 뜨거운 반응을 얻었다. 관객들은 풍부한 경험 외에도 그의 감화력과 표현력에 높은 점수를 주었다. 대학 시절 스피치 서클에서 익혔던 실력이 빛을 발한 순간이었다. 과거의 작은 흔적이 의외의 장소에서 그에게 새로운 기회를 부여한 셈이다. 그 뒤로도 그는 계속 강연을 다녔고 지금은 전문 육상선수 및 트레이너로 직업을 바꿨다. 이제 그의 목표는 자기만의 육상 훈련 시스템을 가진 육상 종사자로 성장하는 것이다. 그가 편집자로 활동하던 시절, 아무 시도도 하지 않고 허송세월을 보냈다면 그는 지금도 주어진 일만 처리하는 평범한 편집자로 살고 있었을 것이다.

목표 없는 상태를 있는 그대로 받아들이고 인정하는 것 외에 실천해야 하는 일이 바로 이 부분이다. 도전에 인색해지지 말자. 언제 어디서 당신에게 가장 적합한 인생 목표를 발견하게 될지 알 수 없다. 나 또한 수많은 책을 읽고 많은 사람의 사연을 들으며 세계 각지를 여행하는 경험이 내 인생의 목표와 어떤 식으로 이어질지 짐작조차 하지 못했다. 하지만 감정과 지식을 꺼내 문자로 표현하는 과정에서 비로소 깨달았다. 오랜 세월 내 안에 축적된 모든 사건과 지식, 견문은 하나도 헛된 것이 없음을 말이다. 비록 당시에는 정해진 목표가 없어 매 순간 막막한 심정으로 살았지만 그럼에도 멈추지 않고 이것저것 시도해보고 경험해봐서 무척 다행이다. 지금도 명확한 방향과 목표가 보이지는 않지만 나를 둘러싼 자욱한 안개를 거둬내고 앞을 보기 위해 고군분투하는 중이다. 중국의 유명 심리학자 거쌍저런格桑澤仁 교수는 이런 말을 했다.

"앞이 막막하면 깨어나서 분명히 볼 줄 알아야 하고, 깨달은 뒤에는 옳은 일을 선택하고 행동해야 한다."

막막해서 아무것도 보이지 않는 상황이라면 누가 봐도 옳은 일을 해야 하고, 자신이 무엇을 해야 할지 분명히 알게 되었다면 옳은 일 가운데서도 자신에게 더 이로운 일을 선택해야 한다는 뜻이다. 막막하다는 것은 정체한다는 말이 아니다. 과거의 모습에서 조금도 변하지 않는다는 뜻은 더더욱 아니다. 당신이 해야 할 일은 어쩌면 가장 간단한 일인지도 모른다. 내 친구처럼 휴가 기간에 티베트를 여행하며 여행 수기를 쓴 뒤 그것이 간절하게 찾던 일임을 깨닫고 인생 목표로 삼을 수도 있다. 그의 여행 수기는 백만 부 이상 팔렸고 그는 베스트셀러 작가가 되었다.

절대 잊지 말기를 바란다. 당신의 발끝은 당신이 선택한 곳으로 향해야 한다는 사실을, 당신의 모든 걸음이 최종 결과를 결정짓는다는 사실을 말이다. 만일 당신이 이렇게 말한다면 나도 할 말은 없다.

"인생의 목표를 정하는 일은 생각만큼 간단하지 않아서 오랫동안 곰곰이 생각해봐야겠어요."

"얼마 전에 읽은 책에서 사람에게는 적절한 때가 있으니 하늘의 뜻을 기다려야지 함부로 행동해서는 안 된다고 했습니다."

이처럼은 아니더라도 당신 마음 한쪽에는 여전히 내키지 않는 부분이 있을 것이다. 아무리 다양한 방법으로 길을 모색해도 갈피를 잡을 수 없고, 두려운 마음을 품고 갖은 노력을 해도 아홉 시에 출근해서 여섯 시에 퇴근하는 다람쥐 쳇바퀴 같은 삶은 변할 기미가 없기 때문이다. 하지만 우리를 변화로 이끄는 요소들은 예상치 못한 순간 우리 앞에 나타난다. 삶의 큰 깨달음은 누군가 지나가는 말로 흘린 하찮은 말 한마디에서 얻을 수도 있고 큰 길을 지나면서 스치듯 눈에 들어온 샛

길 풍경에서 얻을 수도 있기 때문이다.

현상에 안주하면서 제자리걸음만 한다면 영원히 그 깨달음의 순간은 찾아오지 않을 것이다. 우리의 삶은 무수한 입자가 불규칙하게 움직이는 브라운 운동처럼 다변화하는 현장이다. 예측한 것이 반드시 정확하게 맞아떨어진다고 보장할 수는 없지만, 멈추지 않고 행동하고 변화하면 힘든 삶의 고비마다 이길 수 있는 힘과 저항력이 길러진다. 적어도 '인생무상이지만 그래도 최선을 다했다'고 달관할 수는 있을 것이다.

마음의 안정을
찾는 방법

당신은 마음이 평안한가? 우리는 도대체 무엇으로 안정감을 얻
을 수 있을까? 무엇을 해야만 안정감을 키울 수 있을까?

지난 주말 택시를 탔다가 갑작스러운 손님이 찾아와 당황했다. 한 달
에 한 번씩 여성에게만 찾아오는 바로 그 손님 말이다. 전혀 준비가 안
된 상태였기에 당혹감과 불안감이 커졌지만 그 와중에도 문득 이런 의
문이 들었다. '이 세상에서 나를 가장 불안하게 하는 일은 무엇일까?'
친구들에게 동일한 질문을 던져보았다. 친구 A, B, C는 각각 이렇게
말했다.

"어제 내 은행 계좌에 밥 한 끼 사먹을 돈밖에 남지 않았다는 사실을
알게 되니 갑자기 숨이 턱 막히더라."

"베이징에 첫눈이 내리던 날 집주인이 전화해서는 집 임대 계약을 연장 못 할 것 같다고 하니까 막막하고 불안해졌어."

"여자친구의 회사에 여자친구를 좋다고 따라다니는 녀석이 있는데 그 친구가 재벌 2세라고 하더라고. 그 소식을 듣고 나니 왜 그렇게 불안해지는지 모르겠네."

안정감은 인생이라는 전투에서 갖춰야 하는 투구나 갑옷 같은 것이다. 그런 것 없이 맨몸으로 전쟁터에 나가면 백전백패하고 만다. 심리학자 매슬로Maslow에 의하면 안정감이 부족한 사람은 누군가에게 받아들여지지 않는 느낌, 거절감, 냉대, 질투, 무시, 고독감, 경시, 방치되는 느낌을 자주 받는다. 반면 안정감이 있는 사람은 사랑받고 용납된다는 느낌과 함께 따뜻함, 열정, 귀속감, 소속감을 느끼며 이 세상에 대해 전반적으로 만족하고 우호적이다. '하늘 아래 모든 사람은 형제자매'라는 생각을 품는 것이다.

안정감이란 무엇인가

작년에 옆집에 도둑이 들었다는 소식을 접한 뒤 일주일 동안 나는 불안감에 사로잡혀 베개 밑에 칼 한 자루를 넣어두고도 밤을 지새웠다. 사실 객관적 환경에는 변화가 없었다. 예전처럼 문단속도 했고 온 동네가 보안에 집중해서 안전성은 훨씬 높아졌다고 할 수 있었다. 하지만 왠지 모르게 믿음이 안 가서 편히 잠을 이루지 못했다.

이렇듯 안정감이란 자기 및 주변 세계에 갖는 신뢰로 일종의 심리적 느낌이다. 안정감은 객관적 환경과 절대적인 연관성을 갖는 것은 아니다. 그리고 우리가 최초로 갖는 공포감 및 그것에서 파생되는 불신감과 통제력 상실에 뿌리를 두고 변화한다. 우리 몸에는 천둥번개를 비롯해 맹수의 예리한 발톱과 송곳니, 독사와 곤충이 내뿜는 독, 태풍과 폭우, 가뭄과 메뚜기 떼를 두려워했던 선조의 유전자가 녹아 있다. 그래서 인류는 거대한 자연에 비해 보잘 것 없는 인간의 나약함을 통감하고 자연에 대한 경외심과 두려움, 불안감을 품는다. 자연에 대한 불안감 외에도 우리는 성장하면서 우리를 불안하게 하는 수많은 경험을 했다. 악몽을 꾸고 잠에서 깬 어린 당신을 안심시켜줄 사람이 아무도 없었던 기억 탓에 당신은 어둠 속에 혼자 있는 것을 불안해할지도 모른다. 어릴 적 소풍을 갔다가 길을 잃어 헤맸던 경험 때문에 낯선 곳을 두려워하는 성향이 생겼는지도 모른다. 연애할 때 배신당한 상처 때문에 연인이 조금만 이상한 행동을 해도 불안해하는 사람이 되었을지도 모른다.

이처럼 불안감의 증세는 달라도 원인은 비슷하다. 자신의 필요가 채워질 수 있을지, 다변화하는 세계에서 적응할 능력이 자신에게 있는지 확신할 수 없어서 불안감이 생긴다. 안정감은 투구와 갑옷처럼 필요할 때면 언제든지 걸칠 수 있는 것이 아니다. 그래서 우리는 불안감과 동요, 초조를 수시로 느낀다. 기상이 불안정해서 날씨가 변하듯 안정감 또한 상황에 따라 기복이 심하다. 그런데 이는 더없이 정상적인 과정이다. 안정감을 얻기 위해 거쳐야 하는 첫 번째 과정이 '내면의 불안감을 받아들이는' 단계다. 불안감이란 내면의 안정을 빼앗는 무언가를 느껴서 생기는 것이다. 불안감이 고조되는 이유는 우리 내면이 지나치게 무언가에 주목하여 그것의 존재 여부에 신경을 쓰기 때문이다. 불안감이 일정 단계까지 확대되어 심각해지는 원인은 바로 우리 자신에게 있다고 볼 수 있다.

불안감에는 좋은 점도 있다. 고대 그리스의 디오니시오스 왕에 관한 이야기를 생각해보자. 그의 일꾼이었던 다모클레스는 멋진 왕궁에 앉아 수많은 신하를 거느리는 디오니시오스 왕을 행운아라고 여기며 부러워했다. 그의 마음을 알아챈 왕은 다모클레스를 호화로운 연회에 초청하여 그를 자신의 자리에 앉게 했다. 다모클레스는 웅장한 궁전의 권력에 흠뻑 취해 무심코 천장을 바라보고 기겁했다. 날카롭고 섬뜩한 칼끝이 자신을 향해 거꾸로 매달려 있는 것이 아닌가? 다모클레스는 그때 아무리 평안해 보이는 인생이라도 그 안에는 늘 위기와 불안이 도사리고 있다는 사실을 깨달았다. 평안한 가운데 위기를 염두에 두고 살아야 하는 사람은 군주만이 아니다. 다른 모든 사람이 그렇다. 불안감은 다모클레스의 칼과 같다. 자신의 연약함과 부족함을 떠올리게 하고 시시각각 변해야만 어디서든 살아남을 수 있음을 우리에게 경고한다. 이 점을 알아야만 불안감과 공존할 수 있고 자신의 안정감을 한층 더 강화시킬 수 있다.

안정감은 우리가 이 세계를 어떻게 이해하는가와 관련이 있다. 안정감이 결여된 사람은 외부 환경의 어떤 요소든, 그것이 많든 적든 상관없이 모두 불안 요인으로 해석하기 쉽다. 다시 말해 주변 사물을 어떻게 보느냐에 따라 감정이 달라진다는 뜻이다. 행동과 감정에는 공동의 내비게이션이라고 할 수 있는 '인지'와 '인식'이라는 영역이 있다. 우리가 어떻게 세상에 대응해야 하는지 그 영역이 안내해준다. 당신이 어둠을 위기로, 낯선 환경을 부적합으로, 연애를 분열로 해석한다고 생각해보자. 이처럼 소극적인 해석은 소극적인 생각만 낳게 할 것이다. 자신감과 안정감으로 소극적인 인지를 바꿀 수 있다. 성장 과정에서 겪었던 모든 사소한 경험이 자신감의 원천이 된다. 자신에게 불리한 환경이나 관계가 안 좋았던 사람과의 문제를 극복한 것, 힘들고 어려운 상황을 뛰어 넘었던 경험 등이 지금 눈앞의 문제를 해결하는 데 요긴한 도구가 될 것이다.

나는 당신이 분명 대단한 삶을 살아왔으리라 믿는다. 위기 상황에서도 변화를 두려워하지 않고 적절히 대응해서 위기를 기회로 바꾸고, 인간관계에서도 문제점을 발견하면 순리적으로 해결하며, 새로운 환경에서도 주변 사람을 하나 되게 하는 능력을 발휘했으리라고 믿는다. 일단 당신이 기존에 가지고 있던 특질을 받아들이고 인정하면 심리적 해방이 뒤따를 것이다.

그렇다면 우리는 무엇에서 안정감을 얻을 수 있을까? '배불리 먹으면 안정감을 느낄 수 있다', 'Wi-Fi가 연결되어야만 마음이 편해진다', '언제든지 화장을 고칠 수 있게 화장품 가방을 들고 다녀야 불안하지 않다', '늦게 귀가해도 집 안에 불이 켜져 있으면 불안하지 않다'라는 것들처럼 안정감을 얻기 위한 방법은 제각각이다. 주변의 어떤 매개체라도 안정감의 근원이 될 수 있다. 갓난아기는 어머니의 젖을 통해 안정감을 느낀다. 조금 더 자라면 실패하더라도 내 곁을 지켜줄 부모와 친구들이 있다는 사실에 안도한다. 나이를 더 먹으면 지식과 학습으로 다양한 능력을 갖추게 되는데 이 역시 우리가 안정감을 얻는 원천 가운데 하나다. 세월이 흘러 사업, 친구, 연인으로 이루어진 인간관계를 갖게 되면 그것에서 나름의 위안과 평안을 얻기도 한다.

안정감을 높이는 방법

첫째, 끊임없이 자신을 발전시켜라.

자신감은 결코 근거 없이 생기지 않는다. 만일 스스로 다양한 상황 변화에 대처하는 능력이 없다고 느낀다면 실력을 키우면 된다. 매슬로는 심리적 안정감에 대해 '공포심이나 초조감에서 분리되어 나온 일종의 믿음이자 안정적이고 자유로운 감각으로, 특히 한 사람의 현재 혹은 미래에 각종 필요를 충족시켜주는 감각'이라고 표현했다.

안정감을 키우기 위해서는 다른 사람의 도움을 기다리기보다 스스로 문제에 뛰어들어 해결하는 편이 낫다. 만약 돈이 안정감을 준다고 생각한다면 열심히 돈을 벌면 된다. 좋은 일자리가 당신에게 안정감을 준다고 여기면 전문적인 능력을 키워서 그에 맞는 일자리를 찾으면 된다. 폭넓은 인간관계가 안정감을 준다면 모든 사람에게 미소를 지어보자. 사랑이 당신의 불안감을 줄여준다면 연인에게 관심과 사랑을 듬뿍 나눠주면 된다.

둘째, <u>사회적인 지지는 반드시 필요하다.</u>

안정감의 근원을 자기 능력 범주로 한정시켜서는 안 된다. 개인의 노력으로도 안정감을 얻을 수 있지만 안정적인 주변 환경도 필요하다. 안정적인 환경은 당신과 타인의 공동 노력으로 만들 수 있다. 자신의 능력이 미치지 못할 때는 신뢰할 만한 사람에게 도움을 요청하는 것이 좋다. 그 대상에는 부모도 있고 친구나 연인도 있다. 그들은 당신이 안정적인 환경에서 탐색하고 전진하도록 당신을 도울 것이다.

셋째, <u>위험한 상황, 위험한 사람은 최대한 피한다.</u>

절대적으로 안정적인 환경이란 없다. 평안이나 고요함 속에도 요동치는 파란이 존재하기 때문에 사람들은 불안해한다. 그렇다면 불안감을 유발하는 환경이나 위험요인을 사전에 피하는 게 좋다. 물을 무서워한다면 바닷가에는 가지 말고, 체력이 약하다면 과도한 노동은 하지 말아야 한다. 꽃가루 알레르기가 있다면 마스크를 착용해서 알레르기를 유발하는 근원을 차단해야 한다. 자신의 능력 안에서 최대한 자기를 보호하는 것은 안정감을 높일 수 있는 가장 실속 있는 방법이다. 그러나 불행하게도 실제로 그렇게 하는 사람은 생각보다 많지 않다. 우리는 불안감을 유발하는 요인을 스스로 선택하기도 한다. 자신의 애인이 바람기가 많다며 불만을 토로하는 친구가 있었다. 하지만 친구는 그와 사귀기 전에도 그의 못된 버릇을 알고 있었다. 그런데도 사람들의 만류를 뿌리치고 그와 사귀었다. 다른 친구는 회사가 도산할지도 모른다는 불안감 때문에 힘들어했다. 하지만 그 친구 역시 입사하기 전에 이미 회사의 재정 상황을 알고 있었다. 그런데도 이를 심각히 고려하지 않고 그 직장에 들어갔다. 처음부터 안정감을 얻는 방식을 잘못 선택한 것이 문제의 근원이었다. 사건이 터지고 불안에 휩싸인 뒤에야 '그때 그렇게 하지 말았어야 했는데'라고 후회해서는 소용이 없다.

안정감은 하늘에서 뚝 떨어지지도 않고 키가 크듯 쑥쑥 성장하지도 않는다. 안정감은 오랜 준비와 노력이 축적되어 생기는 것이다. 지금부터라도 자신감을 향상시키려는 노력을 하고, 안정감에 도움이 되는 사람을 찾아야 한다. 또한 안정감을 떨어뜨리는 모든 근원을 멀리해야 한다.

어떤 경우에도
자신부터 챙겨라

당신이 도움이 필요하다고 해서 반드시 내가 나서서 도와야만
하는가?

요즘 계속 맴도는 의문이 하나 있다. '어째서 사람들은 내가 하루 종일
채팅창만 붙들고 대기하다가 그들이 고민을 내놓으면 당장이라도 출
동해야 한다고 생각하는 걸까?'라는 것이다. 최근 상담 요청 메일이
폭발적으로 증가했다. 양이 너무 많아 혼자서는 도저히 감당할 수 없어
일부 메시지에 답변을 하지 않았다. 그런데 어떤 사람이 내게 물었다.

'어째서 회신이 늦어지는 건가요? 혹시 어디 아프세요?'

아프지 않다. 여름이 되면서 체온이 0.2도 상승했고 소화 기능에도
문제가 없고 심장의 박동 수도 분당 75회로 지극히 정상이다. 난 채팅

메시지를 끊임없이 보내는 당신이 건강하지 않다고 본다. 도움 요청이 있을 때마다 내가 달려가 도움을 줘야 한다고 여기는 당신, 정신 건강 체크가 필요한 사람은 다름 아닌 당신이다. 더욱이 그들의 질문은 너무나 자질구레해서 그것에 회신하는 데 시간을 낭비하고 싶지 않다. 그들의 메시지를 읽어보면 자기 인생에서 무엇이 중요한지, 자신과 가깝고 먼 사람이 누구인지조차 판단하지 못하는 것 같다.

사람들이 내게 '왜?'라는 질문을 던지는 이유는 내가 심리학을 공부했기 때문이다. 당연하다는 듯 도움을 요청하는 그들의 내면에는 이런 독백이 메아리친다. '나 당신 알아요. 당신 심리학 공부했잖아요. 그러니 내가 우울증에 걸렸는지 한 번 봐주실래요?', '인터넷을 보고 당신을 알게 됐는데요, 듣기로는 당신이 컴퓨터를 좀 배운 걸로 아는데 제이메일이 어째서 로그인이 안 되는지 좀 봐주실래요?', '당신은 글을 잘 쓴다고 알고 있는데, 이 문장은 이렇게 쓰는 게 맞을까요?', '당신은 뉴질랜드에 가본 적이 있다고 들었는데 어디가 여행하기 좋은지 팁 좀 주세요', '당신은 사수자리 남자를 사귀어본 적이 있잖아요, 사수자리 남자는 어떤 성격인가요?' 등 온갖 터무니없는 질문이 쏟아지는 통에 혼자서는 감당하지 못할 정도다. 여기까지 본 당신은 이렇게 생각할지도 모른다.

'그렇게 안 봤는데 당신 쩨쩨한 사람이네요. 왜 이렇게 못됐어요? 속도 좁고 정이 없고 이기적이고 편협하고 냉소적이에요.'

자, 생각해보자. 나는 다만 몇몇 메시지에 회신하지 않았을 뿐인데 쩨쩨한 사람이라는 오명을 뒤집어쓰고 말았다. 그렇다면 과거에 당신이 날 찾아와 인생의 어려움을 토로했을 때 기꺼이 멘토가 되었던 그때의 내게는 어째서 쩨쩨하다고 비난하지 않았단 말인가? 만일 내가 회사 일에 집중해야 할 때 이처럼 대수롭지 않은 질문에 답하느라 시간을 낭비하고, 프로젝트를 지연시키며 동료의 업무량과 퇴근 시간, 보너스 액수에까지 악영향을 미친다면 이것이야말로 이기적인 행동이 아닐까?

'당신은 능력과 노하우를 가지고 있으므로 내가 원할 때 내 질문에 답하고 도와주어야 한다'는 논리를 펴는 사람은 무척 심각한 정신적 질병을 앓고 있다고 볼 수 있다. 나는 그런 사람을 가리켜 '유아 거인증'이라고 정의한다. 이들은 신체적으로는 어른이지만 심리적으로는 젖을 못 뗀 아이처럼 유약하고 의존적이어서 자기 자신조차 책임지지 못하는 사람들이다. 이들은 도덕이나 인성 따위의 잣대로 타인을 질책하고 폄하하는 증세가 있다. 이 증세는 틈만 나면 발병해서 상대와 관계가 좋은지 나쁜지도 개의치 않고 도움을 요청한다. 한마디로 자신이 어려움을 당할 때는 물불 안 가리고 타인에게 붙어 도움을 독촉하는 식이다. 보답할 줄 모르는 건 기본이다. 그 뒤로 또 어려운 일이 생기면 다시 찾아와 끊임없이 도움을 강요한다.

과거에는 딱한 문제를 안고 있는 사람을 만나면 내 마음도 편치 않아 짬을 내 사연을 듣고 대화를 나눴다. 그런 뒤 상대가 내게 '꼭 막혔던 마음이 일순간에 뚫리는 것 같아요', '큰 깨달음을 얻었어요', '당

신은 참 좋은 사람이에요', '당신이 해준 말이 큰 도움이 됐습니다'라
고 말하면 나는 '다른 사람을 돕는 건 기분 좋은 일이구나!'라고 기뻐
했다. 설령 도움을 요청한 사람이 내 친구의 처제의 동창처럼 멀고 먼
인연이라 해도 그 순간만큼은 스스로 대단히 만족스러웠다. 그때는 나
도 잊고 있었다. 내가 남을 도와 문제를 분석하고 해결책을 제시할 만
큼 성숙하지 않았다는 사실을 말이다. 그 뒤 답변이 어려운 문제를 만
나면 난감해졌다. 아침부터 저녁까지 궁리해서 어렵게 답변을 준 적도
있었다. SNS에서 우연히 알게 된 한 여성은 자신의 문제를 털어놓고
어떻게 해야 하는지 물었다. 당시 나는 그녀의 문제를 내 일처럼 심각
하게 여기고 함께 고민했다. 고심 끝에 생각을 다듬어 몇 가지 큰 방향
을 잡아 회신했는데 그녀는 가볍게 훑어보더니 이렇게 답변하는 것이
었다.

'그동안 번거롭게 해드려서 죄송해요. 이 문제는 다시 생각하고 싶
지 않아요.'

그때 내가 걸렸던 병은 아마도 '유모병'이 아니었나 싶다. 타인을 과
도하게 챙기고 그들의 일에 관여하는 유모병 말이다. 일단 누군가가
나를 자신의 보호자 위치에 올려놓기만 하면 지독한 모성애가 발동하
여 그를 돕고는 '나는 정말로 위대하고 대단한 사람이구나!'라고 자아
도취에 빠지는 식이다. 유아 거인증과 유모병은 종종 짝을 이루어 서
로의 부족한 면을 보완한다. 그러다보면 유아 거인증 환자는 점차 타
인에게 도움을 청하는 것이 습관이 되고, 유모병 환자도 점점 자신을

버리고 타인을 돕는데 열과 성의를 더하게 된다. 그러다 보면 <u>자신의</u> <u>분수나 한계를 잊고 관계 모델에 얽매인다. 그렇게 무엇이 자신의 인</u> <u>생인지조차 잊는다.</u> 유아 거인증 환자는 타인에 대한 의존도를 낮추고 <u>스스로</u> 자신을 책임져야 한다는 사실과 타인의 시간과 공간을 함부로 침범하거나 폄하하지 말아야 한다는 사실을 잊는다. 유모병 환자는 자신의 삶을 먼저 책임지는 것이 더 시급하고 중요한 일이라는 사실을 잊고 만다. 다행히도 이런 문제점을 인식했다는 것 자체가 아직 늦지 않았다는 뜻이다. 하지만 병세를 극복하는 과정에 종종 내가 경험한 아래와 같은 상황을 만날 수 있으니 주의해야 한다.

지난 주말 나는 유아 거인증이 의심되는 사람에게 도움 요청 메시지를 받았다. 나는 답변을 잠시 미루고 친구와 오후의 티타임을 즐긴 뒤 이를 사진으로 남겨 SNS에 올렸다. 이를 본 유아 거인증 환자가 바로 반응을 보였다.

'당신 무척 바쁜 줄 알았는데, 이렇게 노닥거리느라 제 질문에 답을 안 주셨던 것이군요.'

그렇다. 나는 무척 바쁘다. 소중한 오후 티타임을 포함한 내 인생을 즐기느라 바쁘다. 나는 내면을 정돈하고 몸과 마음을 편안하게 해주는 짧은 휴식을 통해 다음에 찾아올 긴장감 넘치는 업무를 감당할 힘을 얻는다. 그때 유아 거인증 환자의 인생은 나와 아무런 관계가 없다. 이처럼 그들은 자기 위주의 도덕적 잣대로 도움을 강요한다. 만일 당신에게 이런 사람을 대응할 강단이 없다면 그들의 문제가 당신의 오후 티타임보다 훨씬 긴급하게 여겨질 수 있다. 그럴 때는 자신에게 물어보기 바란다. 당신 인생의 리듬과 흐름이 늘 타인에 의해 이런 식으로 끊겨버린다면 어떻게 진정한 '유모' 역할을 할 수 있겠는가? 아이가 독립적인 인격체로 성장하게 돕는 것이야말로 유모의 진짜 존재 이유일 텐데 상대는 도리어 '남에게 부탁하고 의존함'으로써 모든 문제를 해결하려 드니 말이다. 평생 그의 인생을 책임지지 못할 바에는 차라리 지금부터 심리적 보살핌을 중단하는 편이 낫다. 유아 거인증 환자도 곰곰이 다시 생각해보기 바란다. 어째서 당신의 상황을 완벽하게 이해하지도 못하는 사람에게 인생의 키를 내주려 하는가? 묻고 또 물은 결과 얄팍한 답변을 얻어냈다 한들 그것이 진정 당신 인생에 도움이 된다고 생각하는가?

사람은 외로운 섬 같은 존재다. 섬의 유지 여부는 스스로의 힘으로 문제를 해결하고 생활을 꾸릴 수 있는 데 달려 있다. 타인의 섬과 얼마나 멀리 떨어져 있는지 명확히 파악하고 기존의 경계선을 유지하려면 자신의 섬을 잘 관리하는 일부터 시작해야 한다. 타인의 섬을 간섭하지 않고 그들의 땅을 침범하지 않으며 자기의 내면 생태를 건강하게 순환시키는 것, 그것이야말로 바람직한 성장일 것이다.

말하지 않으면
상대는 모른다

"우리는 즐겁게 지낼 수 있었던 사이잖아. 네가 한마디만 해주
면 될 것을 어째서 그 한마디를 못하는 거니? 말해봐. 도대체
내가 어떻게 해야 만족하겠니?"

중국의 예능프로그램 〈치파쉬〉奇葩說의 시즌1에서 사회자 마둥馬東이 이
렇게 묻는 장면이 나온다.

"만일 당신이 죽은 뒤 살아 있는 사람에게 편지 한 통을 보낼 수 있
다면 누구에게 어떤 말을 전하고 싶습니까?"

그러자 출연자 가오샤오쑹高曉松이 이렇게 말한다.

"막상 그렇게 되면 아무 말도 못할 것 같아요. 이생에서 해야 할 말
은 벌써 다 했어요. 사랑했던 사람도 내 마음을 다 알고, 특별히 미워
하는 사람도 기억 안 나고 말이에요. 이생에선 침묵할 기회도 별로 없

었으니 저승에서나마 침묵해야죠."

나도 나름의 답변을 생각해보았다. 처음에는 한 사람에게만 편지를
보낸다는 것이 뭔가 충분하지 못하다고 느꼈다. 못 다한 말이 너무 많
기 때문이다. 그러다 문득 '죽은 뒤에는 하고 싶은 말이 그렇게 많은데
왜 살아 있을 때는 입을 꼭 다물고 사는 걸까?' 하는 생각이 들었다. 그
리고 같은 질문을 지인들에게 던졌다. 대부분 깊은 생각에 잠겨서 답
변을 못했다. 아마 다들 같은 생각일 것이다. 우리는 정작 표현할 수
있을 때는 아무 말도 하지 않는다. 얼마 전 인간관계에 관한 몇 건의
상담을 진행했다. 답변자들은 저마다의 생각과 감정, 인생관을 이야기
했는데 그들의 말은 영원히 끝나지 않을 것처럼 장황했다. 그래서 이
렇게 질문해보았다.

"그러면 지금 하신 말씀을 전부 그분께 해보셨나요?

그들의 답은 한결같았다.

"아니요."

그들은 관계에 대한 감동과 실망, 소망, 미래에 대한 설계, 또는 상
대와 관계를 개선할 수 있는 시도나 해결방법 등 다양한 말을 했다. 하
지만 정작 그 말을 들어야 할 사람에게는 하지 못하고 있었다. 어쩌면
그 말을 들어야 할 사람은 평생 듣지 못할지도 모른다. 주변 사람들은
종종 이런 하소연을 한다.

"내가 아무리 노력해도 여자친구는 즐겁지 않은가 봐. 도대체 내가
어떻게 해야 하느냐고 물어도 자기도 모르겠다면서 나더러 잘 생각해

보래."

"사장님이 보고서가 별로라고 수정해오라는데 벌써 세 번이나 수정했거든. 그런데도 만족을 못하시는 거야. 내가 물어봤어. 어떤 부분을 고치면 좋겠느냐고. 그랬더니 나더러 잘 생각해보래."

"친구가 마음이 울적한 것 같아서 불러내서 밥도 먹고 영화도 봤는데 자기가 원하는 스트레스 해소 방법이 아니래. 그래서 뭘 원하느냐고 물었더니 자기도 모르겠으니 마음대로 하라나?"

상대가 속마음을 시원스럽게 표현해서 소통이 된다면 좋겠지만 그는 정작 답변을 회피한 채 모호함만을 남긴다. 이러한 모호함은 우리를 거대한 퍼즐 안으로 던져 영원히 알 수 없는 답을 추측하게 한다. 애매모호한 태도는 블랙홀처럼 사람과 사람 사이의 모든 가능성을 빨아들여 어둠 속으로 침몰시킨다. 여자친구의 영문을 알 수 없는 태도 때문에 답답한 나머지 식욕까지 잃은 남성은 오랜 시간 축적된 불만으로 끝내 이별을 선언할지도 모른다. 사장에게 이유 없는 핀잔만 듣는 직원은 스트레스를 이기지 못하고 회사를 떠나버릴지도 모른다. 하루 종일 친구가 무슨 생각을 하는지 고민했지만 명확한 답을 얻지 못한 친구는 점점 그와 소원한 사이가 되고 말 것이다. 그리고 그들은 하나같이 이렇게 말하고 싶을 것이다.

'원래 우리는 즐겁게 지낼 수 있는 사이잖아. 네가 한마디만 해주면 되는데 어째서 그 한마디를 못하는 거니? 말해봐. 도대체 내가 어떻게 해줘야 만족하겠니? 네가 말해주면, 그리고 내가 그것을 감당할 수 있

다면 최선을 다해서 해볼게.'

애인에게 구체적으로 어떻게 하라고 조금만 귀띔해준다면 그는 최선을 다해 시도할 것이다. 그러면 시간 낭비 없이 당신이 원하는 방식대로 일이 풀릴 것이니 어찌 좋은 일이 아니겠는가? 당신의 동료나 부하직원이 능력이 떨어질 수도 있지만 조금만 명확하게 방향을 제시해주면 그들도 더 이상 효율 낮은 방법으로 일을 처리하지 않을 것이다. 그렇게만 되면 전보다 훨씬 빠르고 효율적으로 목표를 달성할 수 있으니 어찌 기쁘지 않겠는가? 당신에게 정성을 쏟는 친구의 마음을 조금이라도 알아주면 당신의 무관심 때문에 친구가 상처받지도 않을 것이니 어찌 기쁘지 않겠는가?

당신은 말하기 싫은 것인가, 아니면 감히 말하지 못하는 것인가

당신이 '말하지 않는' 이유는 '굳이 말하지 않아도 상대가 다 알 것'이라고 믿기 때문이다. 그래서 당신은 당당하게 '이렇게 쉽고 간단한 것을 어째서 모르는 거죠?', '이렇게 쉬운 것을 왜 못 알아차리는 거지?', '답이 빤히 보이는데 어떻게 모를 수가 있어요?'라고 항변할지 모르겠다. 그러나 정말로 이해가 안 가는 사람은 바로 당신이다! 사람과 사람 사이에는 차이가 존재한다. 당신이 말을 하지 않으면 상대가 어찌 알겠는가? 표현하지 않으면 모든 것이 모호해질 수밖에 없다. 그 누구도 당신의 눈짓 하나 탄식 하나의 의미를 정확하게 꿰뚫을 수 없다. 당신의 표정과 행동, 말의 의미와 배경을 누구보다 잘 아는 사람은 오직 당신뿐이다. 타인이 당신을 더 이해하고 만족시켜주길 원한다면, 그들과 친밀한 관계가 되길 바란다면 시원스럽게 필요한 것을 말해야 한다.

당신은 아직 때가 아니라고 생각해서 또는 아직 말할 기회가 많이 남았다고 믿어서 말하지 않을 수도 있다. 나는 당신이 어떤 기회를 기다리는지 모르겠다. 정말로 〈치파쉬〉에서 질문했던 것처럼 죽은 뒤에 편지를 쓸 수 있다고 믿는 것인가? 나중에 반드시 말할 기회가 생기리라는 보장은 없다. 아직은 때가 아니라서 마음을 표현하지 못한다고 생각하는가? 그런 '때'는 영원히 오지 않는다. '지금'이 감정을 표현하고 문제를 해결할 최적의 시기다.

지금 당장 말하겠다고 생각하면 당면한 문제와 자신의 감정, 지금 하고 싶은 말을 정확하게 자각할 수 있다. 이렇게 하는 목적은 현재에 집중하기 위해서다. 지금 이 순간, 이 감정, 이 환경은 모든 것을 정확하게 이해하기 가장 좋은 조건이며 문제를 있는 그대로 논할 수 있는 기회다. 시기가 무르익을 때까지 기다린다면 서로의 마음에는 유쾌하지 않은 감정만 생기고 당신은 '과거 일을 들추어내는 사람'이라는 오명을 뒤집어쓸 수도 있다. 지금 말하고 바로 표현하자. 시간이 흘러 상황이 변하기만을 기다리면 관계는 회복할 수 없는 지경에 이를 수도 있다.

당신은 상대가 상처받을까 봐 차마 말을 못하기도 한다. 우리의 표현은 100퍼센트 객관적일 수 없다. 말에는 분노, 유감, 실망 등 각종 부정적인 에너지가 포함되어 있을 수 있다. 부정적인 감정을 표현하지 않고 스스로 해소할 수 있다면 더할 나위 없이 좋을 것이다. 문제는 이런 감정이 마음에 쌓이다가 극으로 치달아 결국에는 심각해진다는 점이다. 따라서 감정이 쌓이길 기다렸다가 말한다면 그것은 이미 '표현'이 아닌 '폭발'에 가까운 분출이 될 것이고, 그때 초래될 상처 또한 엄청날 것이다. 시간이 지난다고 부정적인 말의 실질적인 내용이 변하는 것은 아니다. 오히려 일찍 말하면 상처의 크기를 줄일 수 있다. 적당한 때만 기다리다가 어쩔 수 없이 말해야 하는 날이 닥치면 그동안 고민했던 여러 요인이 겹겹이 쌓여서 원래 의도가 무엇이었는지조차 구분하기 어려워진다.

당신이 '말하지 않는' 이유는 '어떻게 말해야 하는지 몰라서'일 수도 있다. 솔직히 털어놓으면 상대가 도망갈까 두렵고, 완곡하게 말하자니 잘 알아듣지 못할까 두렵다. 말할 때 감정이 실려서 상대의 마음을 상하게 할까 두렵고 진지하게 말했다가 상대가 복잡한 생각에 사로잡힐까 겁난다. 그럴 때 나는 다음과 같이 조언한다.

'거짓 없이 진실하고 직접적으로 말하되 빙빙 돌려 말하지 않는다.'

상대가 쉽게 받아들일 수 있도록 표현하라는 것이다. 선의와 사랑을 표현하고자 한다면 솔직할수록 좋다. 반면 부정적인 평가나 감정을 표현할 때는 긍정적인 것을 먼저 말하고 그다음에 부정적인 것을 말하는 게 좋다. 칭찬을 먼저 한 뒤 비판하는 것이다. 자신에게 유리한 것만 생각하지 말고 상대와의 관계에도 유익한 면이 있는지 따져봐야 한다. 해결 방법을 제시할 때는 '너는 반드시', '너는 꼭', '너는 되도록'이라는 단어는 피하고 최대한 부드럽고 온화한 방법을 쓰자. 말한 뒤 상대방의 피드백을 새겨듣는 것도 잊지 말자. 당신이 모든 것을 다 털어놓을 수 없는 부득이한 상황에 처했다면 내가 작년에 들은 유용한 방법을 하나 소개하겠다.

'진실이라고 다 말하지 말고, 거짓말은 조금이라도 하지 않는다.'

말할 필요가 없는 문제든, 감히 말 못 하는 문제든, 때가 이르지 않아 말하지 못하는 문제든, 뭐라고 말해야 하는지 모르는 문제든 모두 개선될 여지가 있다. 문제는 우리가 이런 장애물을 뛰어넘고도 여전히 표현하기와 소통을 쓸데없는 짓이라고 여기는 것이다. 그렇게 아무것도 표현하지 않은 상태에서 상대의 사랑과 관심만 원하면 안 된다. '말로 표현'하는 것보다 더 간단하고 효율적인 방식은 이 세상에 없다.

| 제3장 |

있는 그대로의 나로
더 행복해지기 위해

걱정이 일을
만든다

당신도 비슷한 느낌을 받은 적이 있을 것이다. 걱정을 많이 할
수록 어느새 그 일이 현실이 되는 경험 말이다.

혹시 이런 경험을 한 적이 있는가?

- 다음 날 아침 일찍 중요한 회의가 있다. 그런데 잠들기 전 '혹시
  내일 미팅에 늦으면 어쩌지?' 하며 잠을 못 이루다가 다음날 늦
  게 일어나서 지각하고 만다.
- 매표소 앞에 사람들이 두 줄로 늘어섰다. 처음에는 길이가 비슷
  했지만 왠지 내가 선 쪽은 줄이 줄지 않는 것만 같아 불안하다.
  그런데 정말로 그렇게 된다. 반대편 줄에 선 사람은 나보다 더 늦

게 왔는데도 일찍 표를 사서 현장을 빠져나간다. 그러나 난 아직
도 줄을 선 상태다.

- 부모와 논쟁을 벌일까 봐 걱정할수록 다툼도 많아진다.
- 과거에 애인이 나 몰래 바람피웠던 것이 트라우마로 남았다. 그
  뒤로는 연애할 때마다 같은 일을 당할까 마음을 졸인다. 번번이
  같은 이유로 연인과 헤어지고 만다.

이런 사례를 다 들자면 끝도 없다. 당신도 비슷한 느낌을 받은 적이
있을 것이다. 걱정을 많이 하면 할수록 어느새 그 일이 현실이 되는 경
험 말이다. 이는 알 수 없는 저주처럼 우리를 걱정이라는 창살에 가두
고 걱정이 초래한 엉망진창의 결과까지 떠안게 한다. 그야말로 이중의
피해가 아닐 수 없다. 부정적인 결과를 피하려고 온갖 노력을 해보지
만 소용없음을 깨달은 당신은 어쩌면 이것이 숙명이라고 여길지도 모
른다. 하지만 이는 숙명이 아니다. 저주를 가한 사람은 오히려 당신이
다. 걱정하는 일이 현실에서 일어나도록 당신의 무의식이 촉진시켰을
뿐이다. 이런 무의식을 가리켜 '선택적 기억의 효과' 혹은 '자기실현적
예언'이라고 한다.

서두에서 언급한 네 가지 사례를 살펴보자. 앞선 두 가지 사례는 선
택적 기억의 효과를 가장 잘 설명해주는 예다. 걱정만 했을 뿐인데 실
제로 그 일이 발생한 것이다. 걱정은 우리에게 어떤 일이 발생할 가능
성이 높은 것처럼 느끼게 하고, 심지어 그 일이 반드시 발생하리라는

오해까지 심어준다. 이는 뇌의 기능에 문제가 생긴 것이 아니라 지극히 정상적이며 보편적인 현상이다. 하지만 이 일의 근본 원인을 알지 못한다면 삶은 이내 곤혹스러워질 것이다.

　대뇌는 매일 엄청난 양의 정보를 처리하지만 그 정보가 모두 기억장치에 저장되지는 않는다. 일부는 선택적으로 여과되어 오랫동안 저장되는 반면 나머지는 지워진다. 선택과 도태의 여과 시스템에는 나름의 운용 체제가 있으며 그중에도 무척 중요한 기준 몇 가지가 있다. 첫째는 정보 자체의 중요성, 둘째는 개인의 감정, 셋째는 정보를 인지하고 가공하는 프로세스다. 따라서 정보가 중요하고 쉬울수록, 강렬하거나 부정적인 인상을 남길수록 쉽게 기억된다. 또한 정보를 인지하고 가공하는 과정이 정밀하고 복잡할수록 기억에 잘 남게 된다.

　중요한 회의를 앞두고 있다면 지각할지도 모른다는 부정적인 생각이 든다. 고민은 여기서 멈추지 않고 꼬리에 꼬리를 물어 온갖 복잡한 생각을 떠오르게 한다. 이를테면 중요한 회의를 앞두고 번번이 지각했던 과거를 떠올리고는 지각을 하지 말았어야 했다며 자책하는 식이다. 이런 기억은 우리에게 깊은 인상을 남긴다. 우리 뇌가 부정적인 정보에 더 민감하기 때문이다. 좋았던 기억보다 고통스럽고 슬픈 기억이 더 오래 남는 것도 같은 이치다. 아무리 아름다운 기억만 남기를 원해도 결과는 바뀌지 않는다. 좌절이나 실패, 실망, 수치심 등 부정적인 감정을 느끼면 가장 먼저 신체 곳곳의 지표에 변화가 일어난다. 이런 신체적 변화는 인지까지 영향을 미쳐서 자꾸만 그것을 반복적으로 곱

씁고 가공하려 한다. 그렇게 고통은 우리 몸과 마음에 더 많은 흔적을 남긴다. 그 흔적은 선택적 기억으로 이어진다. 만일 걱정했던 일이 실제로 발생하지 않는다면 그것은 선택적 기억의 대상에서 제외된다. 걱정과 달리 일이 순조롭게 풀린다면 굳이 신경을 쓸 필요가 없어 심각한 감정의 흔적을 남기지 않기 때문이다. 한편, 걱정했던 일이 실제로 발생하면 절망스럽다가도 흡사 원했던 일이 현실이 되기라도 한 것처럼 내심 반갑다. 그러나 이것은 선택적 기억이 불러일으킨 착각일 뿐이다.

이 같은 현상을 유발하는 원인에는 위에서 말한 선택적 기억 외에도 자기실현적 예언이 있다. 자기실현적 예언의 뜻을 제대로 알고 나면 소위 '숙명'이라는 것도 모두 자신이 설정한 울타리에 불과하다는 사실을 알게 될 것이다. 자기실현적 예언이란 이미 알고 있는 예언을 자기도 모르게 따라서 행동하다가 결국은 그 예언이 현실화되고 만다는 뜻이다. 여기서 이미 알고 있는 예언이란 어떤 일을 바라보는 관점을 말한다. 예컨대 당신이 평소 '면접 준비는 아무리 많이 해도 소용없다'라는 확신을 가지고 있다고 하자. 실제로 면접 일정이 잡히고 사전 준비를 했지만 면접에서 떨어진다. 그렇다면 정말로 당신의 확신처럼 면접 준비가 소용없기 때문에 떨어진 것일까? 반드시 그런 것은 아닌데도 당신은 면접 준비에 대한 부정적인 인식 때문에 면접에 전력을 다하지 않았다. 그러다 보니 자료나 답변 준비가 형식적일 수밖에 없었고 이는 곧 면접 실패로 이어졌을 수도 있다. 부정적인 인지가 행동에 영향을 미치고 그 행위가 부정적인 결과를 초래한 것이다. 결국 당신의 처음 인지, 즉 '이렇게 해 봐야 아무 소용이 없다'라는 확신이 옳다고 증명되는 악순환의 고리에 갇히는 셈이다.

우리의 인지는 어디서 오는 것일까

우리의 인지는 근거 없이 생겨나는 것이 아니라 개인의 경험과 감정에 큰 영향을 받는다. 자기실현적 예언도 바로 '걱정'이라는 감정 상태에 뿌리를 둔다. 사람이 무언가를 걱정한다는 것은 안정감이 결여된 상태다. 안정감이 부족하면 우리는 늘 무언가를 경계하고 조심하게 되는데 이는 타인을 대하는 태도에도 변화를 일으킨다. '어떻게 할지' 걱정하는 것은 단순히 자기 자신에게만 영향을 끼치는 것이 아니라 앞서 언급했던 세 번째, 네 번째 사례처럼 타인과의 관계에도 영향을 준다. 우리의 행위가 '우리를 대하는 타인의 태도와 행위'에까지 영향을 끼칠 수 있다는 말이다.

앞서 말한 네 번째 사례, 즉 바람기 많은 애인 때문에 상처받았던 사례를 살펴보자. 이 사람은 그 뒤로 다른 사람을 사랑하게 되어도 같은 일이 반복될까 봐 안절부절못한다. 이런 심리 상태는 상대를 향한 의심으로 발전한다. 상대가 이성 동료와 밥을 먹는다거나 이성 친구와 연락하는 등의 행동을 하면 이것을 무척 위험한 신호로 받아들이는 것이다. 이런 신호를 받게 되면 상대에게 심문하듯 질문하거나 해명을 요구한다. 휴대 전화 메시지를 검사하는 식으로 대응할지도 모른다. 이 같은 불신의 태도 때문에 상대는 존중과 신뢰를 받지 못한다는 생각을 할 수도 있다. 상대는 둘의 관계에서 안정감이나 신뢰감을 구축하지 못한 채 추궁을 피하려고 일의 진상을 숨기게 된다. 이런 상황이 지속되면 유쾌하지 않은 기억과 묵은 스트레스가 축적된다. 둘은 감정의 피로를 느낀 나머지 마음을 기댈 새로운 상대를 찾아 나선다. 자기 실현적 예언은 자신을 가두기 위해 스스로 만든 올가미에 불과하다. 이처럼 자기중심적이고 이기적이며 진실하지 못한 예언은 필요하지 않다.

여기 '흉터'에 대한 유명한 심리연구 사례가 있다. 실험 지원자들이 얼굴에 흉터를 그린 뒤 지정된 장소를 돌아다니며 사람들이 자신에게 어떤 반응을 보이는지 관찰하는 내용이었다. 분장을 마친 지원자들은 거울을 보며 흉터가 그려진 자신의 낯설고 추한 얼굴을 확인했다. 얼마 뒤 실험 팀은 그들이 알아차리지 못하도록 그들의 얼굴에서 흉터를 지웠다. 지원자들은 자신의 얼굴에서 흉터가 없어졌다는 사실을 인지하지 못한 채 거리로 나갔다. 정해진 시간이 지나고 돌아온 지원자들이 결과를 보고했다. 놀랍게도 한 명도 예외 없이 부정적인 반응을 느꼈다고 답변했다.

"사람들이 절 혐오하는 것 같았어요."

"아무도 절 따뜻하게 대해주지 않아요."

"심지어 어떤 사람은 제 상처를 뚫어져라 쳐다보기까지 했어요."

그러나 실제로 그들의 얼굴에는 이렇다 할 흉터가 전혀 없었다. 그런데도 왜 그런 느낌을 받았을까? 자기 얼굴에 흉터가 있다고 믿었기 때문이다. 결론은 이렇다. 스스로 자기 얼굴이 못났다고 생각하면 다른 사람도 자기를 못생긴 사람으로 볼 것이라고 믿는 것이다.

마음의 흉터는 얼굴의 흉터보다 심각하다. 그것은 인생을 소극적으로 살게 하며 타인을 대할 때도 근심을 떨치지 못하게 한다. 여기서 말하는 심리적 흉터는 다름 아닌 자기실현적 예언이다. 위의 흉터 실험을 통해 우리는 분명히 알게 되었다. 우리가 당연히 그럴 것이라고 믿는 어떤 것이 어쩌면 아예 처음부터 없었을 수도 있다는 사실을 말이다.

'무언가를 걱정하면 걱정하는 일은 실제로 일어나고 만다'라는 명제는 가설일 뿐이고 수많은 가능성 중 하나에 불과하다. 그 개연성에는 어떤 절대성이나 필연성도 없다. 하지만 분명한 것은 그 일의 발생을 사람이 조정하거나 바꿀 수도 있다는 점이다. 이러한 인위적인 조정은 결코 걱정의 역할이 아니다. 적당한 고민은 우리를 보호하지만 지나치면 오히려 모자란 것만 못하다. 과도한 걱정은 운명이라는 자동차의 핸들을 당신의 걱정이 모여 있는 곳으로 꺾을 뿐이다. 그러니 일의 진행에 영향을 끼치는 내적 요인을 잘 파악하고 난감한 결과가 발생할 가능성을 적극적으로 줄여나가야 한다.

지각이 염려되면 조금 일찍 일어나자. 다툼이 걱정되면 마음을 가라앉히고 솔직한 대화를 시도해보자. 연인이 바람피울까 봐 두렵다면 상대의 행동을 관찰하고 이후 관계 유지 방법을 선택하면 된다.

우리가 모든 외부 요인을 통제할 수는 없다. 일이 발생했다는 사실을 받아들이고 마음의 평안을 유지하면서 일을 처리하면 더 큰 상처는 피할 수 있을 것이다.

우리 손에는 두 개의 무기가 쥐어져 있음을 잊지 말자. 하나는 부정적인 기억보다는 '객관적인 기억'을 선택할 수 있는 능력이다. 다른 하나는 부정적 결과를 초래하는 예언보다는 '더 나은 삶을 위한 예언'을 검증하고 선택하는 능력이다.

미안하지만 당신의 사생활을
알고 싶지 않아요

SNS에 끝도 없이 올라오는 '애정과시용' 혹은 '자녀의 현황 공
유' 글을 볼 때마다 어떤 마음이 드는가? 축복이나 부러움은커
녕 짜증만 치밀지 않는가? 때로는 속에 있는 말을 남김없이 내
뱉고 싶은 심정이다.

서른 즈음 나와 같은 연령대의 사람들은 누구를 만나든 결혼과 육아에
관한 화제에서 벗어나기가 쉽지 않다. 이것이 이 연령대의 특징인 것
은 인정하지만 나는 거기에 맞장구칠 의향은 없다. 나는 지금까지처
럼 나름의 패턴대로 살고 싶다. 그런데 이 같은 평화를 가만히 두고 보
지 못하는 사람들이 있다. 그들은 우리에게 조금만 틈이 생겨도 그 사
이로 자기가 믿는 '정확한' 가치관을 집어넣으려고 기를 쓴다. 자기들
의 금슬 좋고 행복한 모습을 우리 뇌리에 남기지 못해 안달이다. 그래
서 SNS에 올리는 자기들의 행복한 모습을 우리가 수시로 체크하고 공

감 버튼을 눌러주길 바란다.

아직 결혼의 문턱을 넘어서지 않은 젊은 친구들에게 물어보고 싶다. SNS에 끝도 없이 올라오는 '애정과시용' 혹은 '자녀의 현황 공유' 글을 볼 때마다 어떤 마음이 드는가? 축복이나 부러움은커녕 짜증만 치밀지 않는가? 나는 때로는 속에 있는 말을 남김없이 내뱉고 싶은 심정이다.

매일 SNS에 올라오는 수천 건에 달하는 메시지의 키워드를 뽑아 보니 '아이'가 언급된 수는 568회였고, '분유'는 176회, '기저귀'는 291회, '장난감', '수유' 등이 그 뒤를 이었다. 이 같은 게시물의 폭격을 받으면 나는 감정에 부하가 걸린다. 자칫 잘못하다가는 PTSD(외상후 스트레스 장애)까지 얻게 될 지경이다. 그 증세는 주로 현기증, 과민성, 초조함이다. 심각할 때는 휴대 전화를 7층 창문 밖으로 던져버리거나 소리라도 지르고 싶은 충동까지 든다.

해외에서는 이처럼 자녀에 관해 글 올리기를 좋아하는 부모를 일컬어 '공유하다'라는 뜻의 '셰어'Share와 '부모'를 의미하는 '페어런츠'Parents를 합하여 '셰어런츠'Sharents라고 한다. 동서양 문화가 다르긴 하지만 셰어런츠를 대하는 태도만큼은 비슷한 것 같다. 미국의 덴버대학교 연구팀은 셰어런츠가 사람들의 SNS 친구 리스트에서 삭제되기 쉽다는 연구 결과를 발표했다. 이유는 간단하다. 하루 종일 남의 사적인 육아 일기를 읽고 싶지 않기 때문이다. 모르긴 해도 아마 많은 사람들이 이런 심정일 것이다.

'피 같은 돈을 들여 산 노트북과 아끼고 아껴서 마련한 대형 모니터,

어렵게 장만한 아이폰은 당신들이 매시간 업데이트하는 자녀 성장일 기나 수유 노하우를 읽으려고 산 게 아니란 말이에요!'

그래서 나는 전 세계 네티즌을 대표해서 이렇게 외치고 싶다.

"미안하지만 우리는 당신의 사생활을 관찰하고 싶지 않아요!"

각자 인생의 단계가 다름을 인정하자

어릴 적부터 알고 지낸 친구는 가장 순수한 시절을 함께 보냈기 때문에 친구로서 정이 꽤 두텁다. 하지만 어른이 되어 각자의 인생을 살면서 가치관도 달라진 탓에 생활 방식에도 차이가 생기게 된다. 따라서 누구의 행동이 옳고 그르다고 비판할 수 없다. 그런데도 나는 가끔 친구들에게 이렇게 손가락질을 당하는 느낌이다. '쟤는 빨리 결혼을 해야 아기도 낳을 텐데, 왜 저렇게 늑장을 부리고 있는지 모르겠어'라고 말이다. 번번이 유급만 당하는 열등생이 상급반으로 올라간 친구들에게 무시당하는 느낌이다. 그러나 모란은 4월에 만개하고 수련은 6월에 피어나듯 자기의 재능과 아름다움을 꽃피울 수 있는 시기는 저마다 다르다. 각자 인생의 단계가 다름을 인정해야지 비판해서는 안 된다. 동창 한 명이 SNS에 이런 글을 올렸다.

'우리 아기, 이가 나려나 봐요. 가려운지 자꾸만 뭔가를 물어뜯네요. 안쓰럽기도 하고 왠지 마음이 좋지 않아요. ㅠㅠ'

나도 똑같이 이렇게 외치고 싶었다.

'내 마음도 좋지 않아. 그거 아니? 그동안 너희는 날 볼 때마다 '너도 빨리 결혼해서 아기를 낳아야지'라고 말하고는 행복한 삶을 증명하듯 아이 사진을 올리곤 했지? 그때마다 난 우정을 잃지 않기 위해 미소 지으려고 애썼고 아기가 예쁘다고 칭찬해주었어. 아기를 별로 좋아하지 않았던 내겐 상당한 노력이 필요한 일이었어.'

피츠제럴드는 《위대한 개츠비》에서 데이지를 떠올리며 "그녀의 목소리에는 돈이 가득하지." Her voice is full of money 라고 묘사한다. 난 이 말을 이렇게 바꿔보고 싶다. '셰어런츠의 말에는 아기 이야기로 가득하지.'

처음 부모가 되는 것이 얼마나 흥분되고 감격스러운 일인지 충분히 이해한다. 그래서 입만 열면 아기 이야기를 해도 너그럽게 봐줄 수 있다. 그러나 그 정도가 과하지 않은 선에서만 가능할 뿐이다. 중국과 미국을 오가며 활동하는 예술가 천단칭陳丹青은 《퇴보집》退步集에서 이렇게 말했다.

"사람은 교양이 있어야 한다. 딸이 태어난 뒤로 나는 틈만 나면 딸 자랑을 해댔다. 그런데 부모님이 내게 귀띔을 해주셨다. '자식 자랑하면 팔불출 소리 들어. 교양 없어 보인다'라고 말이다."

유리 멘탈을 가진 부모들은 교양 없다는 말에 상처를 받을 수도 있으니 좀 더 부드러운 '소양'이라는 말로 바꾸겠다. 자기 아기 사진을 무더기로 SNS에 올리고 지루하기 그지없는 아기 동영상을 반복적으로 봐주기를 강요하는 것은 타인의 인내심을 시험하는 행위이자 소양이 낮은 행동이다. 회사에서도 여덟 시간 동안 일은 하지 않고 자기 자식이 먹고 싸는 모든 일상을 실시간으로 체크하면서 아기가 눈이 얼마나 크다느니, 밥을 얼마나 많이 먹는다느니, 목소리가 얼마나 우렁차다느니, 똥을 얼마나 많이 싼다느니, 건강해서 큰일이라느니 떠들어대는 것도 소양이 낮은 행동이다. 그들은 각종 SNS에 벌거벗고 침 흘리며 자는 아기 사진, 집을 어질러놓은 아기 사진을 올리고는 귀엽고 천진난만하다며 좋아한다. 그러다 누군가 조금이라도 반대 의견을 내면 사랑이 없다면서 공격한다. 이것이야말로 소양 없는 행위가 아닐까? 부모들이 이 글을 보면 화가 치밀어서 이렇게 항의할 것이다.

"부모의 사랑이 얼마나 위대하고 숭고한데 그것조차 너그럽게 이해하지 못하는 겁니까?"

아이는 부모의 유전자를 이어받은 분신이기 때문에 부모의 자식 사랑도 나르시시즘의 일종일 수 있다. 따라서 부모가 자녀의 모습을 공유하는 것은 호화 저택과 고급 자동차, 명품 백으로 치장한 자기를 뽐내는 행위와 별반 다를 게 없다. 아이 사진을 올리며 그들은 자신의 유전자와 가정환경이 꽤 괜찮음을 과시한다. 겉으로는 아이의 일상을 공유하는 것처럼 보여도 실제로는 자신을 드러내는 셈이다. 정상적인 부모라면 자식 사랑을 꾸미지 않으며 타인에게 자기 방식의 사랑을 강요하지도 않는다. 그러면 셰어런츠는 '너도 아이를 낳으면 이해할 수 있을 거야', '나중에 네가 아이를 낳아도 안 그러는지 두고 보자'라며 덧붙여 말한다.

아이를 낳는다고 모두 셰어런츠처럼 되지 않는다. 무슨 일을 하든 타인의 감정을 배려하는 것은 가장 기본적인 소양이다. 이들에게는 이런 소양이 부족한 것이다. 정상적인 범위에서 가정의 희로애락을 공유한다면 충분히 받아들일 수 있다. 아기들의 사랑스러운 미소를 거부할 사람이 몇이나 되겠는가? 하지만 이런 관용도 예의와 염치를 잊은 셰어런츠에게는 적용되지 않는다. 나는 방금 배운 기술을 이들에게 적용해서 소리치고 싶다.

"한 번만 더 셰어런팅하면 나도 내 강아지 사진으로 SNS를 도배할 겁니다!"

이것은 방금 내 절친 뭬ᄬ에게 배운 말을 그대로 옮긴 것이다.

'오늘'을 살면
매일이 특별해진다

삶이 참으로 피곤하네요. 많은 사람을 사귀었지만 그 가운데 날
이해해줄 사람이 과연 몇 명이나 될까 싶어요. 나만 빼고 다들
행복하게 사는 것 같아요.

대학에 입학한 뒤 한동안은 심리학에 빠져 지내느라 다른 분야의 책은
많이 읽지 못했다. 가끔 게으름을 피우고 싶을 때 로맨스 소설 몇 권을
읽었다. 그때 가장 유행했던 책은 작가 이수亦舒의 소설이다. 스토리는
가물가물하지만 그녀의 펜 아래 탄생했던 생동감 있는 여성 캐릭터들
은 아직까지 선명하게 기억이 난다.

출신 가문이 좋은 천생 여자, 독립적이고 당당한 인텔리 여성 사업
가 캐릭터가 그 예다. 캐릭터가 풍기는 분위기나 처세 방식은 비슷했
다. 그녀들은 언제나 독립적이고 품위 있게 처신했으며 적당히 지적이

고 우아한 분위기를 풍겼다. 삶 전체를 자기만의 리듬과 속도로 얼마든지 통제할 수 있는 사람처럼 느껴졌다. '이수의 여자'라고 불리는 그녀들은 무슨 일을 하든 힘겨워하지 않았다. 아무리 곤란한 일을 만나도 척척 해결했다. 어깨의 먼지를 가볍게 털어내듯 그녀들에게는 모든 것이 너무나 쉬운 일이었다. '이수의 여자' 스타일은 대학시절부터 나의 이상향이었다.

안타깝게도 나는 아직 그 근처에도 다가가지 못하고 있으며 내 주변에도 그 꿈을 이룬 사람은 없다. 도리어 우리 삶은 마치 '이렇게 살면 안 된다'는 것을 알려주는 교재 같다. 어려운 일을 손쉽게 처리하기는커녕 쉬운 일을 어렵게 만드는 재능을 발휘하기도 한다. 기존의 고민에 스스로 업그레이드한 새로운 고민을 짊어지기 일쑤다. 결국 우리는 이렇게 '이수의 여자'가 아닌 '고민투성이의 여자'가 되어 간다. 일찌감치 고민 클럽의 회원이 된 사람이 적지 않을 것이다. 예컨대 아래의 상담 메일을 보낸 사람처럼 말이다.

친애하는 선생님, 전 지금 무척 고민스럽고 의기소침해져서 누구에게 무슨 말을 어떻게 해야 할지 모르겠습니다. 선생님께 답을 얻고 싶어서 연락드려요.

전 베이징에서 3년간 살았는데 이 도시에서의 삶은 녹록치 않더군요. 혼자서 살아가기가 무척 힘듭니다. 제가 좋아하는 사람도 없고, 절 좋다고 따라다니는 사람도 없어요. 가끔은 마주보며 인생의 고충을 나눌 사람이 있으면 얼마나 좋을까 생각합니다. 그리고 지금 다니는 직장은 무척 큰 스트레스예요. 매일 감당하기 어려운 문제를 처리해야 하니 쉽게 피곤해지는 것 같아요. 베이징에서 지내는 동안 많은 사람을 사귀었지만 한편으로는 그 가운데 날 이해해줄 사람이 과연 몇이나 될까, 아마 한 명도 없을 것이라는 생각이 문득 들더군요. 나만 빼고 다들 행복하게 사는 것 같아요. 이런저런 걱정과 고뇌로 몇 겹의 벽에 둘러싸인 것 같습니다.

선생님처럼 탁월하신 분은 아마도 이런 감정을 모르시겠죠. 그래도 좀 알려주세요. 어떻게 해야만 걱정 없이 정신 차리고 인생을 똑바로 바라볼 수 있을까요? 감사합니다.

진솔한 그녀의 이야기에 나는 답하지 않을 수 없었다. 그녀의 마음이 절절하게 느껴졌다. 나는 다음과 같이 회신했다.

상담 내용은 구체적일수록 좋아요. 주신 메일처럼 추상적이고 사변적인 질문에는 철학 분야의 전문성이 필요할 것 같습니다. 일단 어떻게 하면 매일 행복하게 살 수 있는지 물으셨는데요. 바로 그 물음에 당신의 문제가 반영되어 있는 것 같네요. 존재하지 않는 답을 찾고 있으니까요. 전 당신에게 진짜 세계가 어떤 곳인지 알려드리고 싶습니다. 우리 삶에 '쉬운' 것이란 하나도 없어요. 모든 일이 영원히 어렵지요. 심지어 '영원한 즐거움'이란 것도 평생 계속되면 사람을 피곤하게 만들어요.

이 세상에서 당신 혼자 고민하는 것 같고 다른 사람은 다 행복한 것 같지요? 그러나 사람이라면 누구나 고민하며 삽니다. 이것은 가장 공평한 이치예요. 무엇에 대해서든 고민하고 고뇌하는 것은 유쾌하지 않은 경험이지요. 저 또한 당신이 상상하는 것처럼 늘 행복한 사람이 아닙니다. 다른 사람과 마찬가지로 저도 갑작스럽게 발생하는 의외의 변고에 하루에도 몇 번씩 가슴을 쓸어내리죠. 이마의 여드름에서부터 야근으로 인한 수면 부족, 영감이 떠오르지 않아 글을 쓸 수 없는 경우, 골드미스 대열에 진입했지만 아직 결혼은 꿈도 못 꾸는 삶, 순조롭게 해결되는 일이 없어 매일 어수룩하게 살아가는 현실까지 모두 제게는 고민이라고 할 수 있습니다. 저에게 비책을 얻을 수 있으리라 기대하셨죠. 저 역시 평범한 사람임을 알게 되셨으니 이젠 저를 과대평가하지 마세요.

인간으로 살다 보면 과일 한 알이 입속에서 터지듯 짜릿한 풍미를 경험하기도 하고 운명이라는 맷돌에 갈리는 수많은 고뇌로 힘들어하기도 합니다. 살아도 좋고 죽어도 어쩔 수 없다는 생각도 들죠. 따라서 어떻게 하면 더 이상 삶에 대해 고민하지 않을까 생각할 필요가 없어요. 차라리 어떻게 그런 고민과 공존할 수 있을까를 생각하는 편이 낫지요.

짐작컨대 당신이 필요로 하는 것은 심리학적인 측면에서 어떻게 자신의 삶을 조절, 조율할 수 있는가에 관한 조언인 것 같습니다. 최대한 빨리 효과를 볼 수 있는 만병통치약 같은 대안 말이에요. 그렇다면 당신은 제 답변에 실망할 수도 있어요. 왜냐면 가장 간단하고도 직접적이며 효과적인 방법은 바로 '행동'이기 때문입니다. 그다지 '심리학'적인 방법은 아니지요?

당신은 이렇게 물을 수도 있겠네요. '내가 원하는 것은 감정을 조절하고 생각을 바꾸는 방법인데 이것이 행동과 무슨 관계가 있습니까?' 그러나 철학자가 아닌 이상 비슷한 사변을 비교하는 것만으로는 새 사람으로 거듭날 수 없습니다. 보이지도 않고 만질 수도 없는 '감정'이란 분야는 변화시키기 가장 힘든 영역이니까요. 하지만 다행히도 우리 몸과 마음 사이에는 서로 연결되어 움직이는 메커니즘이 있습니다. 바로 행위-인지-감정으로 이어지는 프로세스예요. 그중 하나만 개선해도 다른 두 가지에 도움을 줄 수 있어요. 사람이라면 누구나 행위의 일부를 개선하거나 새로운 시도를 할 수 있습니다. 이러한 행위의 변화를 통해 감정을 통제할 수 있어요. 저 또한 무수한 시도를 통해 침체된 감정과 고뇌에서 벗어나는 가장 빠른 방법이 행동임을 알게 되었습니다.

그렇다면 도대체 무엇을 행동해야 할까요? 물론 열심히 일하고 전문 지식과 기술을 쌓으며 부단히 재충전하는 것이 가장 이상적이지만 이런 일들은 엄청난 의지와 노력이 필요하고 단기간에 얻을 수도 없어요. 마음이 침체되었을 때는 더욱 어렵죠. 마음을 다잡아주는 좋은 문구 몇 개 읽는 것처럼 공허한 방법보다 훨씬 빠르고 효과적으로 만족감을 얻을 수 있는 방법이 있습니다.

혹시 쇼핑이나 폭식을 떠올렸나요? 네, 그것들은 대체할 수 없는 즉각적인 즐거움과 만족감을 안겨줄 거예요. 그러나 그로 얻은 만족감은 오래 지속되지 않으며 오히려 우환의 씨앗이 될 수 있습니다. 고액의 카드대금 청구서, 불어나는 체중, 정신적 공허함이라는 새로운 고민거리를 줄 거예요. 이런 방식은 겉만 번지르르할 뿐 실제로는 위기를 품고 있습니다.

우리에겐 고뇌에 시달린 감정을 가라앉히면서 감정 조절에 자원을 낭비하지 않는 방법이 필요합니다. 지금부터 실용적이고도 가성비 높은 방법 몇 가지를 알려드릴게요. 아래 방법들은 우리에게 즉각적인 만족감을 안겨줄 뿐 아니라 계속해서 긍정적인 영향을 끼칠 것입니다.

외모 관리를 하십시오. 이 방법은 여러 번의 검증으로 감정 조절에 탁월한 효과가 있음이 입증되었습니다. 아로마 스파를 하면 부드럽고 따뜻하게 보호받는 느낌이 듭니다. 아로마 스파를 하는 동안만큼은 편안하게 나의 피로 회복에만 집중하세요. 아로마는 스트레스를 완화시키는 작용도 합니다. 몸과 마음은 서로 연결되어 있기 때문에 몸이 편안해지면 마음도 서서히 편안해질 것입니다. 마사지 팩도 시도해보세요. 외출할 때 적당히 화장하고 어울리는 옷을 갖춰 입는 것도 좋습니다. 거울에 비친 내 모습에 활력이 있을 때 고민과 싸울 힘도 얻을 수 있으니까요.

<u>운동을 하십시오.</u> 걷기나 요가, 몸짱 아줌마 정다연의 비디오를 보고 운동을 해보세요! 운동을 하면 엔도르핀과 도파민이 생성되는데 이 두 물질은 건강하고 탁월한 쾌감을 선사해줍니다. 도파민은 대뇌가 분비하는 신경전달물질로 주로 흥분과 기쁨의 감정을 전달합니다. 엔도르핀은 뇌하수체가 분비하는 모르핀 성격의 생물화학 합성물 호르몬으로 모르핀, 아편처럼 통증을 억제하고 쾌감을 느끼게 합니다. 천연 진통제나 다름없지요. 이 호르몬은 '쾌감 호르몬' 또는 '젊음 호르몬'이라고 불립니다. 즐거움과 젊음을 유지하는 데 도움을 주기 때문이죠. 한마디로 운동은 당신을 기분 좋게 해주는 공짜 처방인 셈입니다.

<u>술을 적당히 즐기십시오.</u> 술을 조금 마신 날은 왠지 기분 좋게 하루를 보낸 것 같습니다. 다만 술의 양은 '약간'이 좋아요. 지나치게 많이 마시면 심각한 사고가 발생할 수 있으니 주의하시기 바랍니다.

<u>책을 읽으십시오.</u> 유명인의 전기를 읽어보세요. 생각지도 못한 감동을 느낄 수 있습니다. 조조曹操나 청나라 말기의 학자 증국번曾國藩, 마가렛 대처, 건축가이자 작가인 린휘인林徽因 등 유명인의 전기를 읽다 보면 자신의 삶을 읽게 됩니다. 책을 읽으며 거대한 세계 안에 고민을 내려놓으십시오. 그러면 그 고민은 점차 작아지다가 나중에는 거의 보이지 않을 정도로 희미해져서 사라지고 말 것입니다. 당신이 의식하지 못하는 사이 고민은 역사의 먼지가 되어 흩어질 것입니다.

<u>가끔은 영화를 보십시오.</u> 다른 사람의 이야기를 프리즘 삼아 자신의

인생을 바라보고 조절할 수 있습니다. 울고 웃는 과정을 통해 마음을 풀어놓을 수도 있고 새로운 깨우침과 영감을 받기도 합니다. 저는 영화를 보며 일상에서 느끼지 못했던 감동과 격정, 동력과 용기를 얻고 그것들을 반대로 삶에 풀어놓기도 합니다. 이것이 바로 제가 '제 마음'이라는 밭에 물을 대는 방식이랍니다.

맛 좋은 음식을 드십시오. 음식의 맛을 감상하는 것도 '적당량'의 범주를 지켜야 합니다. 지나치게 배부르게 먹는 것은 맛을 감상하기보다는 그저 허기를 채우기 위한 행위일 뿐이죠. 지나치게 적게 먹는 것 또한 사람을 불안하게 만듭니다. 적당히 배가 부를 때가 가장 좋습니다. 아기가 처음 태어나면 어머니의 젖을 통해 세상과 연결되는 것처럼 우리도 음식을 통해 안정을 찾고 감정을 배출할 수 있어요. 소박한 힐링의 방법이지요. 만남을 유지하고 싶은 지인에게 우리는 꼭 이런 말을 하지 않나요? '언제 한 번 밥이나 같이 먹자' 라고요. 사람 사이 소통에 가장 철학적인 매개체가 바로 음식이라고 생각합니다.

지금껏 시도하고 싶었지만 아직 실천하지 못한 일을 해보십시오. 고민은 인생의 장애물이지만 가끔은 문제 해결에 결정적인 열쇠가 되기도 합니다. 늘 해보고 싶었지만 이런저런 이유로 미뤘던 일이 있을 것입니다. 지금 그 일을 미룬다면 언제 다시 그 일을 할 수 있을지 아무도 모릅니다. 차라리 지금 도전하는 편이 낫습니다.

영화 〈사이드웨이스〉Sideways에 나오는 주인공 마일스처럼 말이죠.

그는 평소 와인을 즐겨 마시는데, 최고급 레드와인 한 병을 마시지 않고 보관해두고 있었지요. 특별한 날을 위해서 남겨둔 겁니다. 그는 그 영광의 날이 사랑하는 여인과 함께하는 기념일이거나 그의 소설이 출간되는 역사적인 날일 거라 생각했지만 '그날'은 도무지 다가오질 않았습니다. 그의 고뇌가 점점 커지던 어느 날 그는 문득 '어쩌면 그 특별한 날이란 이번 생에는 영원히 오지 않을지도 몰라'라는 생각을 하게 됩니다. 결국 마일스는 와인을 들고 패스트푸드점에 갑니다. 그리고 햄버거와 함께 그 진귀한 와인을 홀짝홀짝 다 마셔버립니다. 이 날은 영화 전체에 걸쳐 가장 침울한 날이었지요. 마음이 꽤나 아팠어요. 하지만 그 진귀한 술은 마일스를 축하해주려고 만들어진 것이 아닙니다. 마일스가 그 와인에 부여한 의미에 불과하지요.

이처럼 무엇이든 행동하기 시작하면 매일이 특별해질 수 있습니다. 마음이 침체되면 뭔가 특별한 것을 위해 건배하고 삶을 이어나가면 됩니다. 고민과 고뇌가 최고조에 이른 날에는 오히려 패기 있게, 그간 도전하고 싶었지만 여러 가지 이유로 못했던 일을 해보세요. 그 일을 마친 뒤 새로운 깨달음과 전환의 기회가 기다리고 있을지도 모릅니다.

이렇게 많은 방법을 제시해도 당신은 여전히 이런저런 고민 때문에 아무것도 할 수 없고, 자신을 바꾸는 일은 멀게만 느껴질 수도 있습니다. 당신이 원하는 것은 억지로 고민하는 일을 줄이는 방법이 아니라 동화 속 공주처럼 평생 행복하게 살아가는 것인가요? 하지만 인생은 찬란한 빛과 아름다운 꽃으로만 가득 차 있지 않습니다. 기쁘고 순조로울 때만 자기 삶에 참여하려 한다면 그만한 인생 낭비와 실수가 없습니다. '이수의 여자'들이 손에 쥐고 있던 것은 당신과 똑같은 '인생 입장권'입니다. 그녀들은 슬픔과 고뇌의 무대에서도 최선을 다해 공연했고 성장과 발전의 조건을 조금씩 쌓아올렸습니다. 그로 인해 자유롭고 멋진 인생을 살 수 있었고 새로운 세계로 나아갈 힘을 얻었던 것이지요. 울상을 하고 무대 앞에서 망설이며 위로 올라가지 않으면 결코 원하는 목적지에 이를 수 없습니다.

마지막으로 개인적으로 좋아하는 영화 대사를 알려드릴게요.

"나를 진화하게 한 것은 물이 밀려들면 흙으로 막고, 흙이 안 되면 손으로 막으셨던 일이다."

삶의 순간순간이 비통하기 그지없어도 살아서 눈부시게 빛나길 바랍니다. 마찬가지로 우리 모두가 그런 사람이 되기를 바랍니다.

더 이상 악의에
반응하지 않는다

아무리 자기 단속을 잘하려고 해도 가끔 남들이 당신을 이러쿵
저러쿵 헐뜯는 경험을 해본 적이 있는가?

출판사에서 일하는 기획자라고 자신을 밝힌 한 팔로워에게 메일 한 통
을 받았다. 그가 다니는 출판사는 급여가 그리 높은 편이 아니었다. 그
는 문학을 좋아했고 경제적으로 넉넉했기 때문에 급여는 크게 신경 쓰
지 않았다. 그래서 큰 불만 없이 출판사를 다녔다. 그런데 자기만 빼놓
고 다른 동료 몇 명이 단체 채팅방을 개설하여 자기 험담을 하고 있다
는 사실을 얼마 전에 알게 되었다. 집안 배경이 좋은 그가 연줄을 동원
해서 출판사에 입사한 뒤 사장님의 사랑을 독차지한다는 내용이었다.
어떤 동료는 몹시 분개해서 이런 메시지를 올리기도 했다.

'그 사람은 집안도 좋다면서 뭐가 아쉬워 여기 들어왔답니까? 집에 가만히 앉아만 있어도 평생 돈 걱정 없이 지낼 수 있을 텐데 말이에요. 그냥 재벌 2세 놀이나 할 것이지 왜 여기 와서 우리 실적을 빼앗는 거냐고요!'

채팅 내용을 다 훑어봤지만 동료들에게는 그 일을 모른 체했다. 하지만 속으로는 화가 치밀어 올랐다. 내게 하소연한 메일에도 당시 심경이 잘 드러나 있었다.

'만일 제가 가족에게 일자리를 부탁했다면 이렇게 작은 출판사에 왔을까요? 저는 책을 좋아해서 많은 시간과 열정을 쏟아가며 기획자가 되려고 했던 거예요. 사장님도 저의 착실함을 칭찬하셨지만 그것도 한두 번뿐이에요. 동료들 말처럼 집안의 연줄을 이용했다는 말은 완전히 잘못되었어요.'

그는 평소 겸손하고 온화한 자세로 동료와 상사를 존중하며 지냈다고 자부해왔기 때문에 이 정도로 동료들에게 미움을 받으리라고는 생각지도 못했다. 집안 자랑을 한 적도 없는데 어째서 악의적인 추측과 뒷담화의 대상이 되었는지 도무지 이해할 수 없었다.

'겉으로는 모르는 척하고 있지만 제 속이 말이 아닙니다. 이 고비를 넘기기가 무척 힘이 드네요. 저는 어떻게 해야 할까요?'

이 세상에는 선의만큼 악의도 많다

나는 그에게 이렇게 말해주고 싶었다. 살다 보면 선의의 도움 못지않게 악의적인 공격을 받고 무수한 방해와 견제를 당할 수도 있으며 이는 지극히 정상적인 현상이라고 말이다. 어떨 때는 악의적 공격이 당신의 언행이나 인품과 직접적인 인과관계가 없을 수도 있다. 다시 말해 당신이 아무리 자기 단속을 잘하고 조심히 행동해도 남들이 이러쿵저러쿵 헐뜯는 것을 막을 수 없다는 뜻이다. 헐뜯는 사람의 입장에서 보면 이 같은 악의는 어쩌면 단순한 연상이나 나름대로 합리적인 추론의 결과일 수도 있다. 그런 맥락에서 가끔은 소문을 만들고 악의적으로 공격하는 사람이 당신이 될 수도 있다.

악의는 특별한 동기가 아니라 서로 다른 입장과 기준 때문에 생겨나기도 한다. 지하철에서 젊은 사람이 노인에게 자리를 양보하지 않는 것을 보고 '젊은이가 마음 씀씀이가 못됐구먼' 하고 혀를 끌끌 찰 수도 있고, 길에서 남자가 여자에게 소리 지르는 것을 보면서 '사내가 여자한테 큰소리나 치고 밴댕이 소갈머리가 따로 없네'라고 흉볼지도 모른다. 또한 젊고 예쁜 아가씨가 고급 승용차를 몰고 다니는 것을 보고 '저 아가씨는 어디서 돈 많은 남자친구를 구했나 보지'라고 넘겨짚을지도 모른다. 나 또한 이런 억측이 어느 정도는 합리적일 수 있다고 생각한다. 어쨌든 세상에는 이런 인과관계가 존재하고 실제로도 비슷한 사례가 적지 않기 때문이다.

그러나 이것만이 유일한, 그리고 정확한 해석은 아니다. 노인에게 자리를 양보하지 않은 젊은이에게 몸이 편치 않다거나 다른 이유가 있을 수 있다. 그리고 소란을 피웠던 연인도 사정을 들여다보면 여자의 특정 행동이 남자를 충분히 분노하게 했을 수 있다. 젊고 예쁘장한 여성이 고급 자가용을 몰고 다닐 때도 그녀가 사업 수완이 매우 뛰어나기 때문일 수도 있다. 어떤 사건이 발생했을 때 그 배경이 될 만한 원인은 매우 많다. 그러나 사람들은 많은 원인 가운데 오직 한두 가지만 골라서 단정 지으려 한다. 왜 그럴까?

첫째 원인은, 사람들이 어떤 정보를 접하면 이를 단순하게 인식하려는 특성이 있기 때문이다. 바쁘고 혼란스러운 세상을 살아가면서 사람들은 '어떻게 하면 일을 잘할 수 있을까?', '어떻게 해야 돈을 좀 더 많이 벌 수 있지?', '어떻게 하면 우리 가정이 화목해질 수 있을까?' 등 수없이 많은 고민을 한다. 내 문제만 생각해도 머리가 복잡한데 누가 타인의 인생을 생각하느라 신중을 기하겠는가? 하물며 자신에게 중요한 타인이 아니라면 두말할 것도 없다. 그래서 우리는 그다지 중요하지 않은 사람과 일을 판단할 때는 가장 단순하고 거친 방식을 쓴다. 그럴 때 나를 향한 타인의 억측과 판단은 그리 객관적이거나 정확하지 않고 상대에게는 단순히 스쳐 지나가는 생각에 불과하다. 그러니 굳이 그 오해에 우리가 참견할 가치가 없다.

둘째 원인은, 사람이 무언가를 인지하거나 원인을 추론할 때는 대부분 자기를 위안하는 동기에서 시작하기 때문이다. 즉, 어떤 일에 대해서 판단하거나 결론지을 때 자신에게 유리한 해석만 선택하고, 또 그것이 진짜라고 굳게 믿는다는 말이다. 위에서 언급한 출판 기획자의 동료들은 어쩌면 오래전부터 회사에 불만을 품고 있었을지도 모른다. 급여는 턱없이 낮고 사장에게 인정도 받지 못했기 때문이다.

때마침 나타난 집안 좋은 동료는 그들의 불만을 투영시키기 좋은 먹잇감이 되었다. 동료들은 그가 집안 배경을 이용해서 입사한 뒤 사장의 사랑을 독차지한다고 믿고 싶었고 그를 집중적으로 비난하기 시작했다. 그러자 내면의 불만과 자기 무능에 대한 분노가 거짓말처럼 사라졌다.

언젠가 지하철에서 옆자리 여성들의 대화를 우연히 듣게 되었다. 얼핏 들으니 그녀들의 친구 가운데 능력 좋은 여성이 있었던 모양이다. 둘은 경멸과 질투가 가득 찬 어조로 그 친구를 비난하기 시작했다.

"걔는 돈 때문에 그 남자랑 사귀는 거잖아. 걔 주제에 어떻게 그렇게 비싼 가방을 메고 다닐 수 있겠어?"

둘의 말에는 자신을 향한 우월감이 함축되어 있는 듯했다. 그래서 내 귀에는 이렇게 들렸다.

'내가 지금은 걔보다 인생이 잘 안 풀려서 비싼 가방은 못 들고 다니지만 적어도 나는 남자친구가 아닌 나를 의지하면서 산다고!'

만일 자신과 무관한 유명인사의 흉을 본다면 주변의 지인을 헐뜯는 것처럼 짜릿하지는 않을 것이다.

이처럼 모든 일의 원인을 자기에게 유리한 방향, 마음 편한 방향으로 돌리면 내면의 유약함도 드러나지 않고 자기 비하에도 빠지지 않을 수 있다. 이를 심리적 방어 기제라고 한다.

모든 문제의 원인을 자신의 무능으로 돌리면 행복감이 줄어든다. 하지만 자기보다 우월한 타인에게 전가시키면 상황은 달라진다. 타인을 폄하하며 자기를 높이는 방식으로 자책과 무력감으로부터 해방될 수 있는 것이다. 누군가 악의적으로 당신을 헐뜯을 때 진짜 숨은 동기를 살펴보면 최종 목적은 다른 데 있음을 알 수 있다. <u>그는 당신을 헐뜯는 행위로 자신의 장점을 부각시키려는 것이다.</u>

우리의 인식이나 보편적인 추론 방식에 맞지 않는 일들도 많다. 그런데도 사람들은 자기가 보고 싶은 것만 보고 자기 생각과 일치하는 것만 믿음으로써 번거로움을 피하려 한다. 자기를 합리화할 나름의 논리까지 갖추고서 말이다. '최소한 내가 본 바로는 그랬단 말이에요', '적어도 난 사람들에게 직접 상처를 주지는 않았잖아요', '어차피 내 인생도 아닌 걸요' 하는 식이다. 그렇게 보면 그들의 악의는 사실 아무 의미가 없다.

스스로 존엄성을 부여하라

악의적인 행동에 어떻게 대응하느냐고 물으면 '아무것도 하지 마라'고 조언하고 싶다. 그 외에도 원래 어떻게 했었어야만 했는지, 지금 무엇을 어떻게 해야 하는지에 관한 고민도 하지 말기 바란다. 악의적인 유언비어는 아무 대꾸 없이 방치하는 것이 좋다.

이 세상에 악의는 선의만큼 많다. 악의에 대응할 때마다 선의에 관한 행복한 기억마저 잊힐까 걱정되어 나는 악의에 대응하지 않기로 했다. 어떤 사람들은 악의에만 집중해서 절망의 구렁텅이에 빠져들기도 한다. 그렇게 되면 당신의 눈과 귀, 마음은 악의로 가득차서 당신에게서도 악의만 흘러나온다. 악의를 악의로 대하는 악순환은 바꾸기가 무척 어렵다. 히가시노 게이고는 그의 소설 《악의》에서 이렇게 말한다.

"사람의 악의는 잡풀이 무성한 토양과도 같다. 그래서 언제 하늘을 치받고 선 나무를 키워낼지 모른다."

평생에 걸쳐 잎이 무성한 거목 한 그루를 키워낼 수 있고 지금 그 나무의 씨앗을 선택할 기회가 주어진다면 어떻게 하겠는가? 선의로 충만하고 언젠가 풍성한 열매를 맺게 될 종자를 선택하지 않을 이유가 있을까? 대부분은 악의적인 대우를 받을 때 거기에 반박하여 해명하고 만회하려는 충동을 느낀다. 그렇게 한들 무슨 소용이 있을까?

나는 초등학교 2학년 때까지만 해도 수학에 자신이 없었다. 수학 성적도 그리 좋지 않았다. 그래도 오기가 발동해서 한동안 수학 공부에 열을 올렸던 적이 있었다. 얼마 뒤 치른 수학 시험에서 반에서 2등이라는 높은 성적을 거둘 수 있었다. 어린 나이였지만 그때 느꼈던 감격은 지금도 잊히지 않는다. 그런데 그때 짝꿍이 무심코 던진 말 한마디가 찬물을 끼얹듯 내 마음을 서늘하게 했다.

"네가 이렇게 높은 성적을 거둘 줄 몰랐어. 어리바리한 게 시험은 잘 보네."

나는 아무 대꾸도 하지 않았지만 그 말 때문에 울적하고 의기소침해졌다. 집에 돌아와 상처받은 자존심을 어머니께 하소연하며 짝꿍한테 복수할 수 있는 방법이 뭐가 있을지 물었다. 그때 어머니께서 해주신 말씀은 아직도 기억에 남아 있다.

"짝꿍한테 그 문제로 따지고 다투면 너의 기분이 나아질까?"

초등학교 2학년 때 확실히 알게 된 이 이치는 어른이 된 지금도 내 삶에 적용되고 있다. 화가 치밀어 한바탕 따져 물어서 기분을 풀고 무너진 자존감을 회복하고 싶지만 그것은 지나치게 일방적인 방법이다. 정작 당신에게 상처를 준 사람은 아마도 진즉에 그 일을 잊어버렸을 것이다. 그러니 상대에게는 당신의 반박이 오히려 자신의 추측이 옳았음을 증명하는 행위로밖에 여겨지지 않을 것이다.

당신의 무력한 반박은 증거가 될 수 없을 뿐 아니라 자존감 회복에도 도움이 안 된다. 그러나 당신의 행동만은 최고의 증명이 될 수 있다. 당신은 해야 할 일을 묵묵하고 성실하게 하면 된다. 즉, 결과로써 반격하라는 말이다. 타인으로부터 존중과 신뢰를 얻기 위해서 모든 일에 노력을 기울이란 뜻이 아니다. 일을 시작할 때 당신이 품은 소망을 버리지 말고 스스로 존엄성을 부여하란 뜻이다. 다른 사람이 당신에게 욕을 하든 아첨을 하든 관계없이 말이다.

당신이 자신을 존중하지 않고 남과 비교하면서 타인의 악의적인 행동에 동요하면 막대한 시간과 에너지, 감정의 대가를 치르게 된다. 심지어 잘못하면 당신 인생도 실패의 길로 들어서고 말 것이다. 또한 악의를 가지고 당신을 억측했던 사람들에게 계속해서 당신을 공격할 빌미를 제공해줄 뿐이다.

진정으로 존엄성을 갖춘 강자가 되는 것만이 악의에 대응하는 최선의 길이다. 그렇게만 된다면 그 누구도, 그 어떤 것도 당신을 자극하지 못한다. 그때 당신은 어떤 악의적 비방에도 침묵으로 일관하며 웃어넘길 수 있는 여유를 가지게 될 것이다.

자주 자신을 돌아보고 일깨우자. 살면서 아무리 악의적인 말을 많이 듣는다 해도 그와 비슷하게 선의와 사랑의 보살핌도 받을 수 있다. 우리는 악함을 위해 살기보다 선함과 사랑을 위해 사는 존재다.

내면의 열등감을
인정하라

자신의 경험을 늘어놓으며 조언하는 사람들이 있다. 다른 사람
들은 어떤지 모르겠지만 나는 자신이 걸어온, 안전하고 쉬운 길
을 권하는 말들은 모두 의심한다.

얼마 전 스물여덟 살의 여성이 메일로 연애와 이직 문제에서 겪는 고
민을 털어놓았다. 친구의 주선으로 소개팅을 한 그녀는 상대 남자가
특별히 싫지는 않았지만 마음에 거리낌이 있었다. 소개팅을 하기 전
그녀는 이미 회사 동료 중 한 명에게 호감을 느끼고 있었기 때문이다.
소개팅 남자를 계속 만나야 할지 회사 동료에게 마음을 고백해야 할
지 판단이 서질 않았다. 직장 문제로도 망설이기는 마찬가지였다. 지
금 다니는 회사가 대우나 전망이 그리 좋은 편이 아닌데 최근 마음에
드는 회사가 생겨서 이직을 고민하고 있었기 때문이다. 그런데 마음에

드는 회사는 영어 요구 수준이 높아서 여차하면 주말마다 학원에서 영어 공부를 해야 할지도 몰랐다. 얼핏 들으면 행복한 고민처럼 들린다. 연애건 직장이건 본인의 선택으로 꿈을 이룰 수 있는 상황이니 말이다. 나는 그녀에게 물어보았다.

"제가 보기에는 선택의 기로에 있기는 하지만 행복한 고민에 가까운데요? 무엇이 고민이죠?"

그제야 그녀가 진짜 하고 싶었던 말이 시작되었다.

"저의 가장 친한 친구가 그러는데요…."

친구야, 넌 내가 불행해지길 원해?

많은 사람의 인생 스토리가 이런 식으로 시작된다.

'제게는 가장 가까운 ○○가 있어요, 그 ○○가 그러는데요….'

이 고민 많은 여성처럼 우리도 친구나 동료 같은 지인의 영향에서 벗어나기가 어렵다. 생선도 좋고 곰발바닥도 좋다고 했던 맹자孟子처럼 그녀도 비슷한 대안 사이에서 양자택일의 고민에 빠진 것이다. 그때 소위 그녀의 '절친'이라는 친구가 나타나서 일단은 보수적이고 안전하며 쉬운 길, 또는 자신이 걸었던 길과 같은 길을 선택하라고 조언한 것이다. 나는 친구가 그렇게 조언한 이유가 무엇인지 물었다. 그녀는 이렇게 답했다.

"친구는 자기가 직접 경험해봤다며 본인 말대로 하면 순조롭게 될 거라고 했어요."

친구는 그녀의 대학 동창이다. 외모는 그녀보다 예뻤지만 공부에도 취미가 없고 취업에는 더욱 관심이 없어서 졸업 뒤 지금의 남편을 만나 바로 결혼했다. 남편은 직장도 없었는데 그나마 집안이 부유해서 몇 년간 놀면서도 그럭저럭 지낼 수 있었다. 하지만 최근 경기가 안 좋아지면서 남편 집안의 사업도 잘 풀리지 않았다. 졸업 후 5년이 지난 지금, 다른 친구들은 사회에서 자리를 잡아가고 있는데 유독 그 친구의 삶은 별다른 진척이 없었다. 이러한 경험 탓인지 친구는 조언을 할 때도 자신이 처한 상황과 겪었던 일 이상을 벗어나지 못했다. 그래서 그녀는 여자로 태어난 이상 무슨 일에든 지나치게 매달릴 필요가 없다고 조언했다.

"그렇게 돈을 들여서 영어 공부에 매달린다고 좋은 성적을 거두리라는 보장도 없잖아. 게다가 지금 다니는 회사 일에도 이미 익숙해졌고 말이야. 아쉬운 대로 거기에 계속 남아 있어. 영어 공부에 쏟을 돈과 시간과 에너지를 차라리 외모에 투자하는 건 어때? 옷도 좀 사고 예쁘게 꾸미고 다녀. 자기 짝 고를 때도 오르지 못할 나무는 쳐다보지도 말고. 여자가 남자 좋아하는 티를 너무 많이 내면 남자는 콧대만 높아지니까 그 회사 동료에게 지나치게 매달리지 마. 얼마 전 만난 소개팅 남자에게 큰 문제가 없으면 둘이 잘 지내보고."

절친은 조언을 마친 뒤에도 한참 동안 자기 인생을 들먹이며 구구절

278

절 설교를 늘어놓았다.

"내가 대학 다닐 때부터 다이어트와 외모에 신경을 얼마나 많이 썼는지 알지? 나를 가꾸는 데 그만큼 노력을 했으니까 그나마 지금 남편을 만날 수 있었던 거야. 그때 남편을 잡지 않았다면 나도 지금쯤 너처럼 노처녀 소리나 듣고 있겠지. 우리처럼 내세울 것 없는 학벌이나 집안을 가진 여자들은 좋은 직장이나 좋은 남편을 만나기 어려워. 남자는 있잖아, 죽을 때까지 젊고 예쁜 여자만 찾게 되어 있어. 너도 항상 자기를 꾸미는 것을 잊지 말고 그 소개팅 남자나 잘 잡아. 나중에 땅을 치며 후회하지 말고."

친구의 말만 들으면 처량하기 그지없는 것이 여자의 운명이다. 친구는 그녀를 위해 진지하고 간곡한 마음으로 조언하는 것 같지만 그 말의 이면에는 왠지 모를 계책이 숨어 있는 것 같다. 친구의 말은 내게는 이렇게 들렸다.

'지금 내가 사는 모습이 별 볼 일 없어 보이지? 외모에 신경 쓴 결과가 고작 이거야. 너는 나이도 많은 데다 상황도 나보다 열악하니 발버둥 쳐봤자 소용없어. 그래봐야 더 나은 삶은 살 수 없을 테니까.'

나는 그녀에게 친구의 조언은 들을 필요가 없다고 단언했다. 친구의 조언에 악의가 있다고 생각했기 때문이 아니다. 친구 내면의 사고가 균형적이지 못해서 그녀에게 적절한 조언을 하기는 어렵다고 판단했기 때문이다.

그녀는 친구가 말하는 소위 '보수적이고 안전하며 쉬운 길'을 선택할 수도 있지만 그녀에게 그 길은 적합한 길이 아닐 수도 있다. 스물여덟이라는 나이는 다양한 경험과 도전, 감정의 기복을 경험하면서 끊임없이 다듬어져야 하는 청춘의 절정이다. 자신이 좋아하는 일과 사랑을 시도조차 못할 이유가 어디 있겠는가? 설사 남자친구를 찾는 데 실패하고 더 나은 직장으로 이직하지 못하더라도 경험과 배움의 기회가 된다. 그래야 당신도 먼 훗날 친구와 술잔을 기울이며 당당하게 '나도 다 겪어봤어'라고 말할 수 있지 않겠는가?

가끔 내면의 저울이 중심을 못 잡을 때가 있다. 그래도 끝까지 마음에서 들리는 진짜 소리를 들어야 하는데, 조급한 마음에 자기 문제를 주변 사람에게 성급하게 내던져버리는 이들이 있다. 그럴 때 당신의 문제를 손에 쥐고서 회심의 미소를 짓는 이는 공교롭게도 당신의 오랜 친구이거나 형제인 경우가 많다. 안타깝게도 그들은 좋은 조언자가 아닐 수도 있다. 그들도 각종 삶의 문제와 내면의 불균형으로 어려움을 겪고 좋은 결정을 내리지 못하기도 하고, 때로 당신도 자기처럼 살면서 더 나은 인생을 포기하고 정체하도록 끌어내리려 하기도 한다.

우리는 가끔 지위가 높은 사람이 높은 곳 어디선가 고독한 나날을 보내면 좋겠다고 생각한다. 그리고 돈 많은 사람이 BMW 자동차에 홀로 앉아 외로움에 떨길 원한다. 누군가 잘 되는 모습을 보면 뒷짐을 진 채 '언젠간 중심을 잃고 미끄러지겠지'라고 못된 주문을 걸기도 한다. 이 같은 못된 상상은 자신이 원하는 삶을 얻지 못한 데 대한 분풀이에 가깝다. 이런 사람들의 마음 깊은 곳에는 꿈틀대는 수치감과 열등감이 있다. 이 열등감은 주변의 작은 움직임에도 무척 민감해서 일단 어떤 촉발점이 생기면 곧장 반응하여 자신의 결함이 타인 앞에 드러나는 것을 전력을 다해 막는다.

어쩌면 당신의 친구들은 당신의 상황을 자신과 동일시하려는 건지도 모른다. 그들에게 당신은 자신과 삶의 수준이 비슷하거나 조금 떨어지는 친구였는데 어느 날 자기보다 더 나은 삶을 사는 것처럼 보이면 열등감이 꿈틀대고 내면에 이런 독백이 울려 퍼진다.

'저 애는 나랑 같은 급이었는데 어떻게 나보다 더 나은 삶을 사는 거지?'

이런 생각은 질투로 표출되거나 위로라는 그럴싸한 도움으로 다가온다. 이것들은 당신 인생을 폐허로 만들 포탄이 될 수도 있다. 어쩌면 그들도 당신처럼 더 나은 직장이나 더 멋진 반려자를 꿈꾸며 밤새 고민할지도 모른다. 그러나 아무리 고민해도 바꿀 수 없는 현실을 깨닫고는 무력감과 공허감에 휩싸인다. 그들의 이런 마음을 위로하고 계속 살아가게 하는 힘이 바로 자기와 비슷한 수준의 사람이 뜻대로 되지 않는 인생 때문에 좌절하는 모습을 보는 것이다. 그제야 그들은 다른 사람도 자신과 '별반 다를 것이 없다'는 사실에 안도한다.

이런 '일치감'은 사회적 박탈감에서 느끼는 초조함을 줄여주고 잠시나마 마음의 평안을 얻게 한다. 그러나 자신이 갖지 못한 것을 남이 소유하는 것을 보면 순식간에 자신의 결함과 열등감이 의식되고, 고르지 못한 내면의 문제들이 돌출된다. 다른 사람들도 자기처럼 살아야 한다는 불합리한 망상은 누군가 성공하는 모습을 보는 순간 무너지고 만다. 그러나 자신과 남을 '같은 급'이라고 믿었던 인식 자체가 일방적인 망상이므로 오래 갈 수가 없다.

　사람이라면 누구나 더 나은 삶의 가능성을 추구하며 산다. 설령 그 가능성이 열등감을 품은 타인에게 방해받고 말살당하더라도 당신까지 그들처럼 열등감에 걸려 정체할 필요는 없다. 열등감이 드러나면 분노와 파괴의 욕구가 따라온다. 내 삶에도 이런 예들이 있다. 동기들이 같은 선상에서 비슷한 수준으로 시작한다. 그 가운데 누군가는 자기 발전과 성장을 위해 온갖 노력을 기울인다. 그러다 보면 남이 잘 되는 꼴을 못 보는 누군가에게 배척당하고 방해받는다. 본래 자기와 비슷한 수준이었던 친구가 자기보다 잘 나가는 것을 아니꼽게 생각하기 때문이다. 그들은 남을 억누르고 배척하며 중상모략한다. 무의식적으로 나온 행동일 수도 있지만 실제로는 자존감의 상처로 인한 반격이다. 가끔 이런 공격성은 어떤 대가도 두렵지 않을 만큼 강렬하고 위험하다. 이것은 우리 모두가 느끼고 겪는 일이다.

　삶의 수준에 격차가 생기면 당신과 알고 지내던 사람들은 열등감을 이기지 못해 당신을 피한다. 관계는 점차 소원해지고 결국 서로 낯설어지는 상황이 온다. 이보다 더 슬픈 일도 없을 것이다. 하지만 지금까지 무일푼으로 지내던 친구가 갑자기 당신이 원하던 것을 소유하게 되었을 때 이를 아무렇지 않게 바라보기도 힘든 일이다. 어떤 사람은 '다른 사람의 삶이 나와 무슨 관계가 있겠습니까? 그들이 얻은 것은 그들 것이지 내 것이 아니잖아요'라고 말하며 달관할 수도 있다. 하지만 질투심에 쉽게 사로잡히는 사람의 사정은 그렇지 않다. 그들은 자기가 얻지 못하는 모든 것을 나뿐만 아니라 다른 사람도 모두 얻을 수 없는 것 또는 나만 가질 수 있고 결코 남이 가질 수 없는 것으로 규정한다. 그래서 혹여나 그것을 얻는 사람이 있으면 질투심이 폭발하여 마치 자기 물건을 빼앗긴 것처럼 억울해한다.

질투가 나쁘다거나 질투심을 숨기고 위선적으로 행동하라는 말이 아니다. 질투라는 감정을 인지하고 적절하게 조절하면 된다. 나 또한 성격적인 약점과 내면의 열등감을 가지고 있으며 이를 담담하게 인정한다. 시시각각 고개를 드는 열등감과 질투심으로부터 자유로울 수 있는 사람은 아마 이 세상에 없을 것이기 때문이다.

질투라는 감정을 어떻게 다스릴 수 있을까

질투라는 감정을 다스리는 가장 적극적이고 건설적인 방법은 자신의 관심과 주의력을 남이 아닌 자신에게 집중시키는 것이다. 내면의 열등감이 도대체 어떤 상처에서 기인한 것인지 잘 헤아려본 뒤 종합적인 측면에서 자신을 바라볼줄 알아야 한다.

남이 자기보다 더 나은 삶을 산다는 이유로 질투심이 생길 때, 진짜 문제는 남이 아닌 바로 자기에게 있음을 인지하는 것이 첫 번째 단계다. 정신분석의 관점에서 보면 우리가 질투하는 대상은 어쩌면 우리 자신의 일부, 즉 내면의 분열되고 억눌린 부분일 수 있다. 그 부분은 '성공'이라는 목표일 수도 있고 '더 나은 삶을 사는 자아'일 수도 있다. 다시 말해 우리 내면은 이미 자신을 성공한 것으로 믿지만 갖가지 현실적, 심리적 요인 때문에 자신을 더 나은 삶을 살 가능성이 낮은 사람으로 인식하고 마는 것이다. 결국 우리가 용납하지 못하는 것은 다름 아닌 '변변찮은 자기 모습'이다. 그래서 자기에 대한 미움, 증오를 주변 사람에게 투영시킨다. 때문에 질투를 해결하는 근본적인 방법은 자신에게 있다고 할 수 있다. 구체적으로 스스로 더욱 강한 사람이 되는 것이다.

심리학자 알프레드 아들러Alfred Adler 는 《그 사람이 나를 괴롭히는 진짜 이유》What Life Could Mean You 라는 책에서 '열등감'을 언급했는데 거기에는 보상 작용이라는 유명한 이론이 나온다. 그에 따르면 신체의 결함이나 기타 원인으로 유발된 열등감은 한 사람을 파멸시켜 타락하게 하거나 정신병을 일으키기도 하지만 다른 한편으로는 그 사람을 분발시켜서 자신의 약점을 보상받게 한다.

고대 그리스의 디모스테네스Demosthenes 는 본래 말을 더듬는 버릇이 있었지만 각고의 노력 끝에 명연설가가 될 수 있었다. 미국의 루스벨트 대통령도 소아마비를 이겨내고 역사에 길이 남을 위대한 대통령이 되었다. 특정한 방면에 결함이 있으면 다른 방면에서 보상을 받고자 하는 욕구가 생기게 되고 의외의 장점이 발현되기도 한다. 이를테면 니체는 몸이 약하다는 약점이 있었지만 글쓰기에 집중한 결과 불후의 명저 《권력에의 의지》를 써낼 수 있었다. 열등감은 성장을 가로막는 골칫거리가 아니라 앞으로 나아가려는 의지를 북돋는 동력이 될 수도 있다. 하지만 열등감을 적절히 다루고 활용하지 않으면 자신을 넘어서서 주변 사람에게까지 부정적인 영향을 끼칠 수 있다.

우리는 내면의 열등감과 수치감을 조절하여 인생의 진짜 의미를 찾아야 하는 길에 서 있다. 예리한 통찰력으로 열등감 때문에 당신의 마음을 상하게 하는 사람과 당신의 의지를 북돋아주는 진정한 친구를 분별하도록 하자.

실패의 자리에서도
'삶'은 자란다

"만약 당신의 삶이 어찌 해볼 도리가 없는, 처음 품었던 꿈을
영원히 이룰 수 없는 상황이 되었다면 어떻게 하겠는가?"

최근 샤오신小新과 나나娜娜라는 두 명의 팔로워에게 메일을 받고 스스
로 질문해봤다.

'무엇이 내 삶을 이끄는 동력인가?'

샤오신은 자신의 삶을 이끄는 동력이 그저 '살아서 버티는 것' 그 자
체라고 했다. 그는 중학교 때 뜻하지 않은 사고로 한쪽 다리를 잃었다.
감수성이 예민했던 사춘기 시절에는 좌절감을 못 이겨 자살을 시도하
기도 했다. 하지만 10년이 지난 지금 샤오신은 어엿한 대학 졸업반이
되었다. 그는 주어진 삶을 끝까지 살아내고 싶었다. 사는 목적이 그저

'사는 것'뿐이고 마음에 품었던 꿈은 영원히 실현되지 못할 수도 있지만 말이다. 샤오신은 소도시에서 태어났다. 여느 소도시 학생들처럼 그 또한 누릴 수 있는 교육 환경이 제한적이었다. 그럼에도 어릴 때부터 지리 정보가 실린 다양한 잡지를 읽으며 소도시를 벗어나 세계 여러 나라를 돌아보는 꿈을 키웠다. 그는 무언가를 위해 필사적으로 노력하는 타입은 아니었지만 어릴 적부터 좋아했던 달리기는 꾸준히 했다. 세계 일주를 위해서는 체력을 쌓고 몸은 단련시켜야 한다고 생각했기 때문이다. 반면 공부는 잘하지도 못했고 열심히 하지 않았다. 세계의 다양한 도시에 가보는 일에 크게 필요하지 않다고 생각해서였다. 그러나 사고를 당한 뒤 비로소 깨달았다. 공부를 해서 지식과 학력을 쌓아야 외부 세계의 문을 노크라도 해볼 수 있다는 사실을 말이다.

현실은 매우 가혹했다. 의족으로 달리기는커녕 가까운 거리를 가는 것조차 엄청난 의지와 노력이 필요했는데 하물며 대학에 간다는 것은 너무나 혹독했다. 성적만 따지면 좋은 학교에 입학할 수도 있었지만 장애를 가진 학생을 받아주는 곳은 많지 않았다. 결국 그는 지명도가 그리 높지 않은 학교로 진학했다.

처음 소도시를 떠나 부딪친 세상은 지방의 작은 세계와는 비교할 수 없을 만큼 컸다. 강의실을 찾아가거나 식당, 욕실을 갈 때도 온전한 사람보다 몇 배나 많은 시간과 노력을 들여야 했다. 그제야 외부 세계의 일면을 조금씩 알아가는 듯했지만 빨리 걸을 수 없는 탓에 드넓은 세상의 모퉁이만 만지작거리는 느낌이었다. 10년 전 품었던, 두 다리를 가지고 세계를 휘젓고 다니리라는 꿈은 물거품이 되고 마는 것 같았다. 졸업 후 일자리를 찾기도 쉽지 않은데 하물며 세계 일주를 꿈꿨으니 터무니없는 꿈이 아닌가 생각했다. 그냥 지금 이 순간을 버티고 살아내는 것만으로도 충분하다는 소극적인 생각으로 한없이 위축되었다. 눈을 감고 당시의 사고 현장을 떠올리면 죽음의 사자가 내뿜던 숨결이 아직도 생생해서 숨조차 쉬어지지 않았다. 메일의 말미에 그는 물었다.

"제가 장애를 안고 있다는 사실은 영원히 바뀔 수 없는 현실일까요? 제가 이 장애를 받아들이면, 그 다음은요? 저는 이렇게 평생을 살아야 할까요? 그저 순간순간 버티며, 한마디로 '살아가기' 위해서 살아야만 할까요?"

그의 메일을 다 읽고 처음으로 나는 두 다리가 있음에 감사했다. 예전에는 그것들이 당연히 있어야 할 신체의 일부라고 생각했다. 그러나 그의 메일을 통해 처음으로 알게 되었다. 정도의 차이만 있을 뿐 누구나 심리적인 결점뿐 아니라 신체적인 결함으로 고통받고 있으며 그중 어떤 사람은 우리가 상상하지도 못한 방식으로 삶의 어려움을 이겨나가고 있음을 말이다. 그리고 우리에게 주어진 모든 것은 당연한 것이 아니라는 사실도 통감했다.

나나라는 팔로워에게도 메일을 받았다. 그녀는 어렸을 때부터 어머니와 단 둘이 서로를 의지하며 살았다. 어머니는 간단한 수공예품을 팔며 그녀를 뒷바라지했고 가정 형편은 늘 어려웠다. 고등학교 시절

친구들은 카페나 패스트푸드점에서 숙제를 했다. 하지만 그녀는 어머니가 힘들게 번 돈으로 커피를 사 마실 수 없어서 가끔은 카페에 들어가도 주문은 하지 않고 이내 나오곤 했다. 나나는 메일에서 자신을 지금까지 살게 한 동력은 바로 카페에서 풍기던 커피향이라고 했다. 그것은 그녀의 몸과 마음을 편하게 하는 가장 감동적인 향기였다. 자연스럽게 그녀는 카페를 차리는 꿈을 갖게 됐다. 자기처럼 커피향을 좋아하지만 주머니 사정이 좋지 않은 사람들을 위한 공간을 만들고 싶었다. 하지만 이제 갓 졸업한 사회 초년생이 카페를 바로 차릴 수 있을 리 만무했다. 자원이나 노하우가 턱없이 부족했다. 갚아야 할 학자금도 있었고 집안 사정을 생각한다면 위험 부담을 안고 가게를 차리기보다는 안정적인 회사에 취직해 어머니의 생계 부담을 줄여야 했다. 그녀는 카페의 꿈을 잠시 미루고 일단 취업을 하기로 했다. 항공승무원의 급여가 높다는 이야기에 그녀는 항공사에 지원했고 운 좋게 합격했다. 그녀는 너무나 기뻤다. 남들이 부러워하는 직업을 갖게 되어서가 아니었다. 차근차근 자신의 꿈에 다가갈 수 있다는 사실이 너무 기뻤다.

나나는 누구보다 성실히 일했다. 서른이 되기 전 충분히 돈을 모아 카페를 차리자는 계획을 실행하기 위해서였다. 그러나 서른을 앞둔 어느 날, 어머니가 암 진단을 받았다. 자신을 뒷바라지 하느라 어머니에게 여윳돈이라든가 비상금을 모아둘 여력이 없다는 것쯤은 잘 알고 있었다. 나나는 그간 모아둔 저축을 어머니 치료비로 썼다. 다행히 어머니 병세는 호전되었다. 그녀는 모아둔 돈이 있어 다행이라며 꿈은 조금 미뤄도 된다고 자신을 달랬다.

그러나 이후에도 어머니의 병원비를 대느라 재정적 여유는 생기지 않았다. 그녀에게 꿈이란 잠시 부풀어 올랐다가 이내 사라져버리는 거품처럼 허망한 것이었다. 퉁퉁 부은 다리를 이끌며 승객에게 커피를 따를 때면 그녀는 말할 수 없는 절망을 느끼곤 했다. 수많은 커피향을 맡아보았지만 그녀를 미소 짓게 하는 커피향은 어디에도 없었다. 지금은 어머니의 건강을 챙기는 일이 그녀를 이끄는 가장 큰 동력이다. 그녀는 탄식하며 물었다.

"카페 하나 열고 싶다는 꿈을 이루기가 왜 이리 어려운 걸까요?"

메일을 받은 뒤 며칠간 나는 어떤 답장도 할 수 없었다. 그러나 둘의 이야기는 머릿속에서 지워지지 않았고 깊은 생각에 잠겼다.

우리 주변에는 상상하지도 못할 만큼 어려운 상황에 처해 있는 사람이 적지 않다. 또한 우리의 능력으로는 어쩔 수 없는 일도 무수히 많다. 그런 상황이 팔로워들의 삶에 나타났을 때 나는 그것을 쉽게 논할 수 없었다. 왜냐면 그들에게는 바꿀 수 없는 상황마저도 자기 인생의 일부이기 때문이다. 평생 안고 가야 할 신체의 장애, 암 환자 가족으로서의 막막한 현실, 원치 않는 직업을 택했지만 이미 돌이킬 수 없게 된 상황, 사랑하지도 않는데 결혼해 헤어질 수 없게 된 부부 등 우리 주변에는 현실에 가로막혀 우리 힘으로는 어쩔 수 없고 되돌릴 수 없는 일이 너무나도 많다. 나는 돌이킬 수 없는 인생을 사는 모든 이를 대신하여 묻는다.

"만약 당신의 삶이 어찌 해볼 도리가 없는, 처음 품었던 꿈을 영원히 이룰 수 없는 상황이 되었다면 어떻게 하겠습니까?"

꿈꿔왔던 삶을 살 수 없게 된다면

기업인 리카이푸李開復는 일찍이 바꿀 수 있는 것은 바꾸되 바꿀 수 없는 것은 받아들이라고 했다. 흔쾌히 받아들이지는 못하더라도, 열악한 환경에서 무례한 대우를 받더라도, 우리는 주어진 삶을 묵묵히 살아가야 한다고 말이다. 지금의 상황을 받아들이라고 해서 자신의 꿈과 가능성까지 모두 버리라는 의미는 아니다. 샤오신이 받아들여야 할 것은 신체적 장애와 고통스러운 현실, 그리고 실현할 수 없는 꿈이다. 나나가 인정해야 할 것은 기존 직장을 계속해서 다녀야 한다는 사실과 병약한 모친을 보살피는 일, 그리고 잠시 접어둔 카페 개업의 꿈이다. 하지만 이것이 그들이 받아들여야 할 모든 것은 아니다. 우리 삶에는 늘 '다른 무언가'가 있다. 그 다른 무언가란 단순히 이상적인 삶만을 가리키는 것이 아니라 다른 가능성, 또 다른 세계를 말한다. 또 다른 세계는 당신의 마음에 있다. 원하기만 하면 언제든 그것을 꺼내어 실제의 삶으로 확대할 수 있다.

샤오신의 본래 꿈은 넓은 세계를 보는 것이었다. 지금 실현할 수 없는 꿈은 사고 이전의 건강한 두 다리로 세상을 보는 것일 뿐 세상을 보는 것 자체는 아니다. 그의 마음에는 여전히 그가 간절히 보길 원했던 열대 섬과 아프리카의 밀림, 북극의 오로라가 선명하게 남아 있다. 그가 직접 볼 가능성은 희박해졌지만 다양한 방식으로 다른 세계에 접속이 가능하다. 다른 사람의 눈을 통해 그 세계를 볼 수도 있고 직접 여행을 떠날 수도 있다. 비록 사고 전에 꿈꿨던 것만큼 수월하지 않을 수도 있다. 하지만 못할 것도 없다. 나는 얼마 전 베트남 여행에서 장애인 부부를 만났다. 남편은 팔이 하나뿐이었지만 그 팔로 사랑하는 아내를 꼭 안으며 눈부신 미소를 짓고 있었다. 무라카미 하루키의 소설 《바람의 노래를 들어라》에는 몸이 성치 않은 상황을 묘사하는 장면이 나온다.

"때때로 '만일 회복이 안 된다면' 하는 생각을 할 때마다 너무 무서워서 비명을 지르고 싶을 정도입니다. 평생 이런 식으로 돌처럼 침대에 누운 채 천장만 바라보고 책도 읽지 못하고 바람 속을 걷지도 못하고 누구에게도 사랑받지 못하며 몇십 년 동안 병원에서 나이를 먹고 그리고 쓸쓸하게 죽어간다고 생각하면 견딜 수 없이 슬퍼집니다."

이것이야말로 진정으로 받아들일 수 없는 상황일 것이다. 몸의 장애 때문에 삶이 불편해지는 것이 문제가 아니라, 몸의 장애가 마음의 장애와 인생의 장애로 번지는 상황이 문제다. 그렇게 되면 그의 두 다리 뿐 아니라 정신세계까지 좌초되고 말 것이다.

카페를 열겠다는 나나의 꿈도 지금은 실현될 수 없지만 그 꿈을 버리지 않고 마음에 잘 보관한다면 이를 막을 사람은 아무도 없다. 어쩌면 카페는 꿈을 현실화시킨 기호 혹은 상징적인 목표에 불과할 수도 있다. 그녀가 원하는 것은 카페를 차린다거나 평생 커피향을 맡는다는 구체적인 행위가 아니라 평소 동경했던 삶을 누리는 것이다. 카페처럼 따뜻하고 아늑한 감정을 느낄 수 있고 예술적인 분위기가 꿈틀대며 아름다운 삶의 단편이 만들어지는 공간을 이루는 것, 이것이야말로 그녀가 추구하는 꿈의 본질인 셈이다. 이것은 굳이 카페를 열지 않아도 실현 가능하다. 한가한 시간에 책을 읽거나 여행을 하는 등 문화예술의 취미 활동을 통해서 말이다.

당신은 지금 끝없이 펼쳐진 인생 중간에 피어 있는 한 송이 꽃 앞에 잠깐 멈추었을 뿐이다. 더 아름답고 다양한 체험이 당신을 기다리고 있음을 기억하자. 단, 이 모든 것은 당신이 충분히 넉넉하고 열린 마음을 품고 있다는 전제 아래 가능하다. 만일 새가 날개를 다쳐서 더는 높이 날 수 없고, 물고기가 고인 웅덩이에 갇혀 바다로 나갈 수 없게 됐다면 그보다 더 안타까운 일은 없을 것이다. 새와 물고기에게는 낮은 하늘과 작은 웅덩이가 인생의 전부가 되어버렸기 때문이다. 인류가 이들 생물과 다른 점이 있다면 무궁무진한 공간과 가능성을 가지고 있다는 점이다. <u>황폐하고 부서진 파편의 세계가 우리 인생의 전부가 될 수는 없다. 인류에게는 여타의 생물과는 다른 독특하고도 높은 차원이 있으니, 그것은 바로 인류 내면의 '정신적인 삶'이다.</u>

아무리 거센 눈보라가 몰아쳐도 봄기운 완연한 정신세계는 결코 침범당하지 않는다. 신체적인 장애를 비롯한 그 어떤 객관적 삶의 어려움도 우리 내면을 좌우하지 못한다. 그것들에 영향을 끼칠 수 있는 존재는 오직 당신 자신뿐이다. 이런 상황에서 우리가 할 수 있는 유일한 일은 우리 내면의 정신세계를 개척하는 일이다. 어차피 모든 일이 순조롭게만 이뤄질 수는 없다. 그러나 불평을 품기보다 그 상황을 견디고 만족하면 다른 분야에서 삶의 의미를 발견할 수도 있다. 이것 또한 꿈을 현실화하는 과정인 셈이다.

아무리 뛰어난 사람도 자기 운명을 바꾸지는 못한다. 손오공도 1만 근에 달하는 여의봉과 요란한 도술로 신계를 뒤섞었지만 부처님 손바닥을 벗어나지 못하고 오행산에서 오백 년 동안 외롭게 감금되어 있었다. 손오공이 애초에 품었던 꿈은 무엇이었나? 화과산花果山으로 돌아가 원숭이의 우두머리, 미후왕美猴王으로 자유자재의 삶을 만끽하는 것 아니었던가? 그러나 운명은 그를 가만두지 않았고 손오공은 긴고주를 쓴 채 9,981개의 고난을 겪어야만 했다. 남이 정해준 운명을 따라 요괴를 물리치다가 투전승불이 되었지만 화과산과 자하선녀를 잊지 않았던 손오공을 기억하자.

지금 당장
외출을 계획하라

주말에 친구와 만나기로 약속을 했다. 몇 시에 집을 나서야 하는지 계산까지 한 다음 외출 준비를 시작했다. 하지만 문을 나설 시간이 다가와도 여전히 진도는 나가지 않고 두 번, 세 번 약속 시간을 변경했지만 결국 지각하고 말았다.

계획한 시간에 맞춰서 씻고 화장하고 옷을 입고 교통 노선까지 완벽하게 확인했지만 계획한 시간을 훌쩍 넘어서는 일이 허다하다. 가뜩이나 늦어서 조급하고 불안한데 막상 집을 나서려고 문을 열면 '괜히 만난다고 약속을 했나 봐'라는 생각마저 든다. 이 같은 현상이 빈번하게 나타난다면 당신도 외출 곤란증 환자다. '곤란증'이라는 호칭을 붙인 것이 다소 과하게 느껴질 수도 있다. 하지만 이런 현상 때문에 당신이 자주 곤란한 상황을 만난다면 이는 당신의 성장을 저해하는 위험 요인이다. 공교롭게도 나 역시 외출 곤란증 환자 중 한 명이다. 같은 환자의 입장에서 직접 겪은 일을 바탕으로 쓰는 것이니 아래의 제안을 참고하여 더욱 건강한 삶을 살아가기 바란다.

왜 외출하지 못하는가

외출 곤란증 환자의 유형에는 네 가지가 있다. 첫째, 소위 오타쿠라고 불리는 사람의 유형이다. 주로 집에 머물면서 관심 있는 분야에 몰두한다는 의미의 오타쿠 문화는 일본에서 전해졌다. 이미 중국에도 수많은 오타쿠 족이 있다고 알려져 있다. 그들은 만화나 게임 등 특정 세계에 심취하는 경향이 있다. 요즘에는 애호가가 아니더라도 오타쿠처럼 집에만 머무르려는 사람들이 점차 늘고 있다. 집에서 무엇을 하느냐는 중요하지 않다. 음악을 들어도 좋고 영화를 봐도 좋다. 그들은 문을 닫은 채 바깥세상의 삶과 문화를 집에서 누리려 할 뿐 좀체 문을 열고 나가 세상의 다양함을 느끼려 하지 않는다.

온라인과 오프라인의 경계가 무너지고 O2O서비스가 발전해가는 요즘, 굳이 밖으로 나가지 않아도 생활이 된다. 배가 고프면 배달을 시키고 온라인으로 영화를 보며 인터넷에서 쇼핑을 하고 피곤하면 스마트폰 애플리케이션으로 안마사를 요청할 수 있다. 집에서 처리하지 못할 일은 거의 없다.

사회적 교제도 마찬가지다. 소통의 수단으로 채팅 소프트웨어나

SNS 플랫폼을 활용하는 사람이 늘고 있다. SNS에서 근황을 확인하고 멘트를 달아주며 '좋아요'를 누르는 것도 사회적 교제가 된 지 오래다. 설령 직접 대면하여 밥을 먹는 상황이 오더라도 스마트폰을 놓지 않고 끊임없이 SNS 소식을 업데이트 한다.

이런 삶에 익숙해지면 외부 활동에 적응하지 못하는 존재로 변할 수도 있다. 혼자 폐쇄적으로 지내는 시간이 길어지면 가끔 밖에서 사회 활동을 하는 기회가 생기더라도 사람들과 공유할 만한 관심사나 화제가 줄어들지도 모른다. 이런 악순환이 계속되면 외출 곤란증의 전형적인 증세가 생긴다. 거절하기 쉬운 약속이라면 애당초 거절하고 부득이하게 참석해야 하는 모임이 생기더라도 답변을 차일피일 미루게 되는 것이다. 이러한 유형의 사람들에게서 자주 볼 수 있는 심리적 특징은 다음과 같다.

- 오타쿠 행위를 합리화함: 집에서 많은 문제를 해결할 수 있는데 왜 굳이 나가야 하는지 반문한다. 집에 머무는 것이 훨씬 편하고 돈이 절약되며 번거롭지 않다고 여긴다.
- 사회적 교제를 회피함: 집에서도 인터넷에 접속하여 친구와 얼마든지 수다를 떨 수 있다고 생각한다. 직접 대면해봐야 더 좋을 것도 없으니 문을 닫고 혼자 살면서 현실 세계와 직접적인 교제나 접촉 자체를 거절한다.
- 생활방식의 고착화와 배타성: 집에서 책을 보고 운동을 하며 영

화를 보는 등 좋아하는 일을 하고 이를 자신의 생활방식으로 고착화한다. 외출을 통한 외부 활동의 가치를 부인하고 새로운 가능성을 수긍하지 않는다.

둘째, 외출이나 사회적 교제를 거부하지는 않지만 뭐든 지연하고 미루는 증세가 습관이 된 유형이다. 이들은 외출 및 외출 전 준비 시간을 상습적으로 지연시키거나 연기한다. 이를테면 이런 증세다. 열 시에 집을 나서야 한다면 아홉 시에 밥을 먹고 아홉 시 반에 씻는 것이 적절한 시간 배분이다. 하지만 온갖 이유를 들어 밥 먹는 시간과 씻는 시간을 뒤로 미룬다. 게다가 준비하는 속도도 느리고 외출과 상관없는 잡다한 일을 처리하느라 시간을 허비하는 바람에 결국 열 시 반이 지나서야 겨우 문을 나선다. 그 결과 약속 시간을 한참 넘겨 약속 장소에 도착하고 만다. 이들은 즉시 행동하지 않는 이유에 대해 다음과 같은 전형적 사고방식을 핑계 삼는다.

'내가 다른 사람보다 행동이 10분 정도 늦긴 하지만 빨리 움직이면 늦지 않을 거야.'

'조금 늦는다고 별 문제 될 것도 없지. 어차피 다른 사람들도 늦을 텐데.'

지연 증세를 해결할 수 있는 근본 방법은 시간을 지연시키는 원인이 무엇인지 알아내 해결하는 것이다. '지금 바로 문을 나서는' 행위부터 시작해도 좋다.

셋째, 잠재의식에 문제가 있을 수 있다. 외출 곤란증 환자들을 보면 지연증 환자의 증세와 무척 유사하다. 그들은 어떤 행동을 개시하는 데 어려움을 느끼거나 시간을 지연시킨다. 이들이 문을 나설 때 꾸물대는 것은 대부분 심리적 이유 때문이다. 잠재의식이 행위를 가로막는 것이다. 정신분석학파가 제시한 중요한 개념 중 하나인 잠재의식은 의식의 세계에서는 느낄 수 없지만 우리의 행위와 인지에 적잖은 영향을 끼친다. 외출 곤란증을 앓게 된 이유도 어쩌면 외출을 원치 않는 잠재의식 때문일 수도 있다. 심지어 이런 잠재의식 때문에 외출에 관한 부정적인 심리가 형성될 수도 있다.

예를 들어 외출의 목적이 소개팅이라고 할 때 의식적으로는 자기 인생의 행복과 직결되는 문제라고 여겨 외출을 중요하게 인식할 수도 있다. 하지만 잠재의식은 낯선 사람과의 만남에 긴장하고 자신감이 저하되어 소개팅 자체를 거부할 수도 있다. 이 같은 잠재의식은 아무리 무시하고 억눌러도 우리의 생각과 행동을 좌우한다. 별다른 이유가 없는데도 외출 곤란증을 겪는 사람은 잠재의식이 그들을 조정한다고 볼 수 있다.

넷째, 모든 멋대로인 사람들의 경우이다. 이들에게는 고집스럽고 답답한 지연 증세도 없고 본인들도 그것을 좋아하지 않는다. 그들에게 외부 세계는 무척 매력 있는 장소지만 외출 전에는 여전히 갈피를 잡지 못한다. 마음만 급해서 화장도 제대로 못 하고, 옷을 입으려고 보면 아직 세탁이 안 된 옷뿐이며, 컴퓨터 전원은 끄지도 못한 상태다. 모든 주변 환경이 문을 나서는 당신의 발목을 붙들고 놓아주지 않는 상황이다. 그들이 일부러 행동하지 않았다거나 시간을 지연시킨 것은 아니다. 다만 문을 나서기 전에야 비로소, 원래 계획했던 시간이 부족했음을 깨달을 뿐이다. 이들에게는 '아무리 사전에 짜임새 있게 계획해도 유독 내가 행동하기만 하면 시간이 오래 걸린다'라는 머피의 법칙이 적용되는 것만 같다. 계획 없이 행동한 것도 아닌데 시간의 변화를 따라잡지 못해 늘 버거워한다. 그렇다고 계획을 지나치게 상세하게 설정하면 시간 관리에 융통성이 없어진다. 이들에게 외출 곤란증이 생긴 원인은 행동의 문제에 가깝다. 이 부분을 해결할 수만 있다면 시간 관리 문제도 해결될 것이다.

어떻게 해야 문제를 고칠 수 있을까

<u>첫째, 외출의 목적을 명확히 설정하라.</u> 외출하느냐, 외출하지 않느냐? 이는 외출 곤란증을 해결하기 위해 가장 먼저 답을 내야 하는 문제다. 설령 외출이 1회성의 모임이나 아이쇼핑처럼 단순한 목적이라고 해도 각자에게 주는 의의는 다를 수 있다. 만일 그다지 가고 싶지 않은데 반드시 가야만 하는 외부 활동이 생겼을 때는 이 일이 자신에게 주는 의의를 다시 한 번 돌아보는 것이 좋다. 외출 여부에 따른 장단점을 분석하고 종합하여 판단하면 된다. 외출하지 않으면 어떤 심각한 손해 혹

은 영향이 있을지 판단해보자. 이런 것들을 종이에 분명히 적어서 비교해보면 외출 여부를 결정지을 수 있다. 만일 나가지 않는 편이 낫다고 판단된다면 그들의 초청을 거절함으로써 불필요하게 고민하는 수고를 덜 수 있다. 외출의 장점이 단점보다 클 경우에는 외출의 장점을 인지적으로 의식해보자. 그렇게 되면 행동상의 지연이나 장애 요인이 어느 정도 줄어들 것이다.

둘째, 합리적인 계획을 세워라. 이왕 외출하기로 마음을 먹었다면, 그리고 만일 당신이 외출 전에 만반의 준비를 갖추는 것이 습관화된 사람이라면 사전에 행동 계획을 세우는 것은 필수다. 외출 전 일정 시간 내에 준비해야 할 일들을 집중해서 처리하지만 어찌 된 일인지 막바지에 이르면 늘 머피의 법칙이 작용하는 듯 시간이 모자란다. 계획을 세우고 해야 할 일을 미리미리 한다면 막바지에 허둥대며 범하는 실수를 줄일 수 있을 것이다.

아무리 행동 계획을 완벽하게 세우고 실행해도 쓸데없는 시간 낭비가 생길 수 있다. 그렇다고 시간 계획을 지나치게 구체적이고 엄격하게만 세운다면 어느 것 하나 제대로 마무리 못 하는 상황이 올 수도 있다. 그래서 모든 시간을 원래 계획보다 15분 정도 탄력적으로 운용할 것을 제안한다. 그렇게 되면 시간에 여유가 생기면서 심리적인 압박도 줄어 허둥대지 않을 것이다.

또한 최대한 일찌감치 일을 처리하길 바란다. 예컨대 토요일 아침에 교외로 놀러가기로 했다면 당일 아침에 잠이 덜 깬 상태로 짐을 쌀 생각은 접어두자. 씻는 일을 제외하고 나머지는 전날 저녁에 모두 준비해두어야 한다. 아침에 준비해야 할 항목만 미리 리스트에 표시해두고 출발 전에 일일이 체크하면서 준비하면 된다.

셋째, 긍정적인 감정을 적극적으로 만들어라. 살다 보면 어쩔 수 없는 소위 '부득이한' 선택의 순간이 다가오는데 '어쩔 수 없이 반드시 해야만 하는 외출'도 거기에 포함된다. 머리로 외출의 필요성을 인지하고 행동적인 면에서도 만반의 준비를 갖추어도 감정이 이를 받쳐주지 않으면 어떻게 할까? 모든 것이 다 준비되었지만 마음에 조금이라도 꺼려하거나 소극적인 심정이 남아 있다면 이는 당신의 외출 곤란증을 악화시켜 치유를 어렵게 할 것이다. 그러므로 외출 전의 감정 또한 위의 두 가지 요인만큼 중요하다.

내가 시도해보았던 비교적 유용한 방법은 긍정적 감정 연상법이다. 긍정적인 감정을 불러오는 특정 사물이나 사건과 외출을 연계해서 연상하는 방법이다. 이를테면 특정 모임에 참석하기 위한 외출일 경우, 모임에서 맛있는 음식을 먹고 아름다운 경치도 감상하며 길거리의 미남, 미녀를 보고 눈이 행복해지는 상상을 하자. 해당 모임과 연관 지어 당신을 유쾌하게 할 모든 일을 머릿속으로 떠올리는 것이다. 이 같은 연상 사고를 반복하면 특정한 인식과 감정 사이에 연관 관계가 형성되어 해당 모임을 떠올릴 때마다 유쾌한 감정이 솟아나고 외출 곤란증을 감정적인 측면에서 조절할 수 있게 된다.

나도 여기에 쓴 내용을 바탕으로 여러분과 함께 외출 곤란증을 치료하고 싶다. 이 글을 쓰면서 무려 44시간 동안 문밖을 나가지 않고 집에만 틀어박혀 지냈다. 하지만 나는 지금 바로 외출하기로 결심했다. 문을 열고 나가 이어폰도 벗어던지고 사람 사는 모습을 둘러보려 한다.

인생이라는 초행길에
헤매는 것은 당연하다

지금까지 '난 절대 실수하지 않겠다'라는 신조를 지키며 살아왔
다. 그래서 조그만 실수라도 하면 절대 용납하지 못하고 심각한
우울감에 빠진다. 그러나 모든 실수가 전혀 돌이킬 수 없는 것
은 아니다.

봄은 만물이 소생하고 꿈틀거리는 계절이다. 눈 더미 아래 동면했던
온갖 감정과 생각이 4월만 되면 세상 밖으로 뛰쳐나오는 통에 더는 이
것들을 잡아둘 수가 없다. 마음은 느슨해지고 머릿속은 몽롱해져 봄
철에는 특히나 실수를 범하기 쉽다. 집 열쇠를 잃어버린다거나 요리
할 때 양념을 잘못 넣는다거나 지하철 카드 인식기에 사원증을 터치한
다거나 옷의 앞뒤를 뒤집어 입는다. 말도 안 되는 실수 때문에 화가 나
서 그것들을 집어던지며 불만을 토로하기도 한다. 그렇다. 우리는 이
런 자신에게 불만이다. 그래서 나는 지금까지 나에게 끊임없이 '실수

하지 않기'를, 완벽하기를 요구해왔다. 그런데도 꼬리에 꼬리를 물고 등장하는 실수 퍼레이드는 나를 짜증나게 했고 또 힘들게 했다. 어찌나 실수를 많이 하는지, 흡사 한 걸음 내딛을 때마다 실수를 하나씩 하는 것 같았다. 그 실수가 나를 처참한 실패로 몰아넣지는 않았지만 실수를 할 때마다 나는 무엇이 옳은지 혼란스러워했고 그럴수록 나를 질책했다. '넌 왜 이렇게 멍청하니?' 마침 그 무렵 한 친구가 날 찾아와서 하소연했다.

"지금까지 하루도 빠짐없이 오직 회사를 위해 부지런히 뛰어다녔어. 그런데 작은 실수 때문에 사장님께 신뢰를 잃었고 해고될지도 모를 상황이야. 지금껏 늘 사적인 감정은 억누르고 예의를 갖추려고 노력했어. 선을 넘어선 적도 없어. 게다가 최근엔 유부남까지 좋아하게 됐어. 점점 내 인생이 돌이킬 수 없는 심연으로 추락하는 것 같아."

그 마음은 충분히 이해한다. 실수 하나 때문에 수년에 걸쳐 쌓은 이미지와 공로가 깨지고 다시는 회복할 수 없을 것 같은 절망스러운 느낌 말이다. 스스로 설정한 마지노선을 넘어서는 실수를 범할 때마다 우리는 지체 없이 원상 복구를 위해 발버둥 친다. 이쯤에서 나는 묻고 싶다. 실수는 왜 자꾸 하게 되는 것일까? 무엇이 우리를 실수로부터 멀어지게 할 수 있을까?

우선 나는 우리를 둘러싼 '실수를 용납하지 않는' 사회적 분위기가 문제라고 이야기하고 싶다. 시험을 보더라도 하나를 더 틀렸다는 이유로 낙방하고, 직장을 구할 때도 잘못된 답변 하나 때문에 회사로부터 거절을 당하며, 여행을 갈 때도 길 한 번 잘못 들어섰다고 방향이 완전히 틀어지는 등 우리의 모든 실수에는 잔혹한 결과가 기다리고 있다. 그래서 중요한 길목에서는 옳은 선택만 하려고 온갖 신경을 쓴다. 왜냐면 주변 사람들이 하나같이 이렇게 말하기 때문이다.

"이 세상에는 돌이킬 수 없는 길이 너무 많아. 기회는 당신을 기다려주지도 않고 말이야. 이 세상은 절대 실패를 허락하지 않지."

이런 사회적 분위기와 맞물려 우리는 '실수를 범하지 않는다'라는 신조를 굳게 지키면서 우리 안에 실수가 발붙일 수 없게 하고 오로지 완벽하게 일하는 모습만을 용납한다. 실수에 대한 거부감은 자기 자신뿐 아니라 다른 사람에게도 동일하게 적용된다. 남편이 어쩌다 늦게 귀가한 것을 비난하고 아내가 밥 한 끼 안 차렸다고 잔소리를 한다. 동료가 프로젝트를 좀 더 일찍 마무리하지 못했다고 비판하고 친구가 돈을 빌려주지 않은 것 때문에 책망한다. 그러니 그 누가 함부로 행동할 수 있겠는가?

저마다 실수하지 않으려고 미세한 움직임에도 민감하게 반응하고 조금이라도 잘못될 조짐이 보이면 바로 통제에 나선다. 나 역시 마찬가지다. 하늘이 조금이라도 흐려지면 우산부터 챙기고, 문을 나서기 전에는 열쇠와 지갑, 휴대 전화를 챙겼는지 몇 번이나 확인한다. 메일 발송 버튼을 누르기 전에는 세 번 이상 꼼꼼히 읽어서 실수가 없는지 확인하며 전자 제품을 사용하기 전에는 반드시 설명서를 확인한다. 낯선 장소에 가려면 내비게이션을 켜고 타인과 대화하기 전에는 사전에 충분히 준비한다. 의사표현이 애매한 이성과는 아예 처음부터 사귀지 않는다. 심지어 지나치게 화려한 색의 옷은 배제하는데 이는 다른 의상과 매치하기 쉽지 않기 때문이다.

이처럼 우리는 자기를 완벽해야만 살아남을 수 있는 울타리와 보수적인 규범 안에 가두어둔다. 그래서 작은 실수라도 생기면 절대 용납하지 못하고 심각한 우울감에 빠진다. 하지만 우리는 이 같은 내적 갈등과 자책 속에서 어떤 사실들을 잊고 산다. 설사 잘못된 길로 들어섰더라도 생각지 못한 풍경을 보고 감탄할 수 있으며, 업무에서 실수하더라도 더욱 유익한 교훈을 얻을 수 있다. 잘못된 사람을 사랑하게 되더라도 위선과 가식을 버리고 정확하게 자기 자신을 바라볼 수 있다는 사실을 말이다.

제발 실수하게 해주세요

심리학자 볼프강 쾰러Wolfgang, Kohler의 실험에 따르면 사람이나 오랑우탄이나 모두 '시도-실수-시도'의 과정을 통해 자기 자신의 생존 방법을 모색한다고 한다. 실수가 우리로 하여금 생존하게 만든다는 것이다. 이 실험 이야기가 아니더라도 사실 실수는 두려워해야 할 일이 아니다. 모든 실수가 다 만회할 수 없는 것도 아니고, 완벽하게 일을 처리했다고 반드시 즐거우리라는 보장도 없기 때문이다. 인생은 늘 다음 단계를 향해 나아간다. 실수라는 돌부리에 걸려 잠깐 넘어지더라도 훌훌 털고 일어나 가던 길을 다시 가야만 성장할 수 있다. 스스로 세우고 지켜왔던 신조가 다 옳은 것만도 아니다. 하늘의 이치에서 벗어나거나 원칙을 어기지 않는 이상 그 어떤 신조도 옳거나 그르다고 단정 지을 수 없다.

남자로서, 여인으로서, 부인으로서, 자녀로서, 선생님으로서 살아가야 할 인생 궤도를 스스로 규정짓고 거기서 벗어나지 않아야만 진정으로 행복한 것일까? 남들이 자신을 향해 거는 비현실적인 기대에 부합해서 영원히 실수를 하지 않아야만 인생이 가치 있는 것일까? 이 세상에서 가장 폭력적인 말은 소위 '남자답다, 여자답다, 엄마답다, 학생답다'라는 말이다. 사람들은 상대가 '○○답지 않게 살 경우' 비난하고 상처를 준다. 하지만 인생은 누구에게나 처음 겪는 일이기 때문에 낯설 수밖에 없다. 조그만 실수를 한다고 그것이 무슨 큰 잘못이겠는가?

실수를 했더라도 상황이 개선될 여지와 능력이 있다면 자신을 이해하고 용서하는 도량을 발휘하자. 실수를 한 다음에라도 성실함을 유지하며 개선 의지를 갖고 살 자신이 있다면, 잠깐의 실수는 미래의 성장을 이끄는 저력이 된다는 면에서 가치가 있다.

나는 앞으로도 계속 실수를 범할 것이다. 그리고 잘못을 고치고, 또다시 실수하면서 저력을 키워 나갈 것이다. 당신도 그렇게 하기를 바란다.

항상 자기 자신을
주시하라

이 책을 끝까지 다 읽은 당신에게 감사의 마음을 전한다. 책을 읽은 후 당신의 마음이 읽기 전보다 홀가분해졌기를 바란다.

그리고 마지막으로 한 가지 더 당부하고 싶다. 당신이 무엇을 시작하든 이것을 기억하길 바란다. 늘 자기 자신을 주시하고 돌볼 것. 그래야 진정으로 누구에게도 휘둘리지 않고 나 자신으로 인생을 행복하게 살아갈 수 있다.

다시 한 번 감사하다는 말을 남기며 글을 마친다. 진심으로 당신의 건투를 빈다. 늘 당신의 걸음걸음을 응원하겠다.

이 책을 처음 만난 뒤 저는 한국 최초의 독자이면서, 치유 받는 내담자의 심정으로 번역을 시작했습니다.

그렇습니다. 우리는 내면에 너무나도 많은 가시와 쓴 뿌리, 모난 돌을 품고 살아갑니다. 운 좋게 그것을 발견하면 치유의 첫 걸음을 내딛게 되지만 평생 무엇이 문제인지조차 알지 못한 채 살아간다면 우리는 어쩔 수 없는 불행과 시행착오에서 헤어 나오지 못할 것입니다. 이 책을 만나기 전, 저도 그랬으니까요.

제 삶을 그대로 엿보고 쓴 것이 아닌가 싶을 정도로 이 책은 제 삶과 가까이 맞닿아 있었습니다. 내성적인 성격과 비틀린 고집, 사람들은 그것이 고쳐야 할 성격이라며 이구동성으로 꼬집었고 저 또한 사람들을 불편하게 하는 제 성격이 내내 못마땅했습니다.

하지만 본서의 저자 '다장쥔궈'의 생각은 다릅니다. 그녀는 그것이 고쳐야 할 대상이 아니라 '인정'해야 할 대상이라고 말합니다. 평생 지적받던 내 안의 쓴 뿌리가 생전 처음, 있는 그대로 인정받는 순간이었습니다. 제 자신으로부터 말입니다.

제게는 말할 수 없는 자유가 찾아왔지요.

"그래! 나는 나야!"

그리고 지금껏 느껴보지 못했던 자신감과 자기애를 누리게 됐습니다. 비틀렸던 내면이 하루하루 회복되는 기쁨에 빠져있다 보니 어느새 번역은 마무리되어 있더군요.

나를 알고, 인정하는 데서부터 진짜 치유가 시작됩니다. 다장쥔궈의 따뜻한 펜촉이 한국 독자의 응어리진 마음을 어루만지고 내면의 모난 부분을 이끌어 치유의 길로 들어서게 하길 기도합니다.

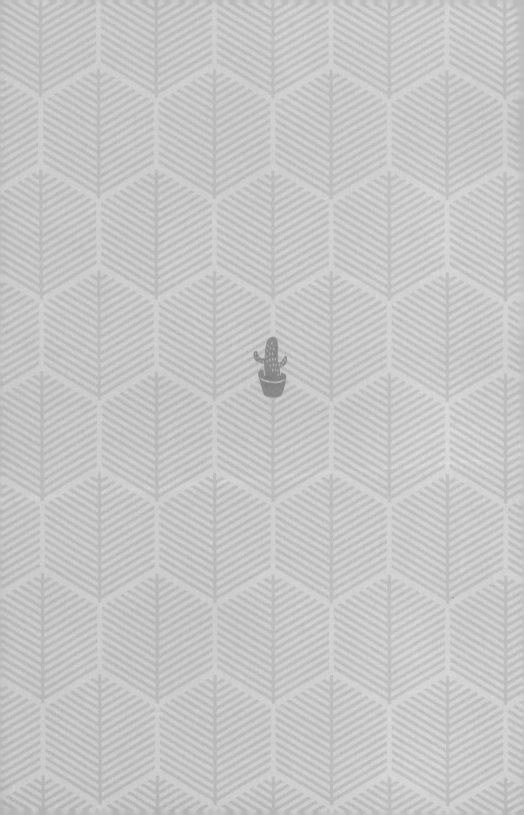